杜月笙先生遺照

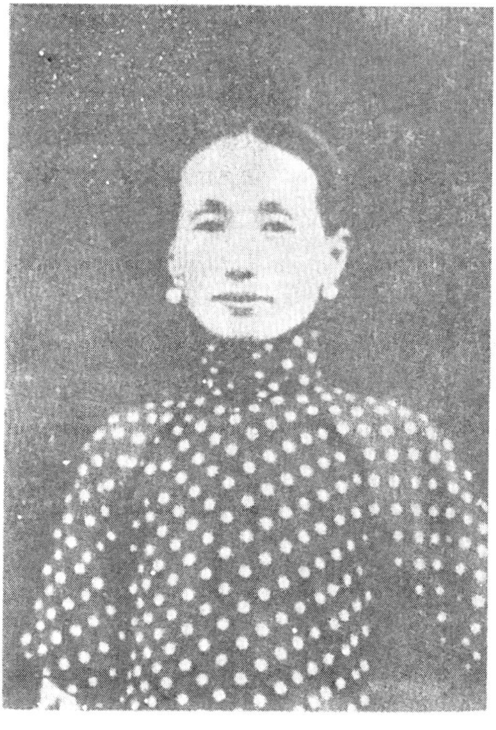

杜氏原配夫人沈月英

前坐者爲張靜江（人傑），後立者右起第一人爲張嘯林，第二人爲錢新之，第六人爲杜月笙。

杜月笙（×）與黃金榮（△）合影

爲本社出版「杜月笙傳」說幾句話

劉紹唐

連載「杜月笙傳」，是傳記文學雜誌創刊六年來的新嘗試。所謂新嘗試：

第一、是觀念問題。杜月笙先生雖名聞天下，對民國政治有影響、有貢獻，但究屬黑社會人物起家，藉煙賭發跡，受其惠者甚多，受其害者也並非無有，可以說有譽有毀，有恩有怨。若干人士（包括本刊部分同仁）因而有了：這樣一個人物值不值得寫「傳」，應不應該寫「傳」的問題？因爲我國傳統觀念認爲，只有所謂「正人君子」或「一代完人」才可以「立傳」。本刊創刊之初，即曾遭遇過這一類的問題，但我們認爲這種傳統觀念是錯誤的，是我國傳記文學所以不發達的一種絆腳石。我們的看法，只要有真材實料，肯說老實話，任何人都可以寫傳。上述錯誤觀念，不但應該糾正，更應進一步去否定它。關於「杜月笙傳」，我們最後的結論是：只要關係人方面能夠無保留的提供資料；而在寫作上不受到任何干擾，絕對值得寫，並且應該寫。這也正是我們一向主張爲拓寬傳記文學領域而努力的夙願。

第二、是材料的問題。籌寫「杜月笙傳」，首先遭遇到的問題，就是除了只能憑藉口述資料外，幾乎找不到任何直接的文字資料。杜氏自稱「樸實無文」，因爲他出身寒微而未受教育，終其一生沒有信函日記等材料遺留下來。中年以後，雖顯赫一時，對民國政治及政治人物有極重要的影響，也主持過許多大企業，但正式史料記載則絕無僅有。這是一個頗爲耐人尋味的問題。推其原因：一方面由於杜氏具有謙沖的美德，許多事情由他出面解決，他卻不願別人在事後提起；另一方面，若干人士受杜氏之惠以後，往往有一種極微妙的心理，即在事後多不願或不敢甚至不屑把杜某人的關係坦白地說出來。在這種「口說爲憑」的情形之下寫傳記，最容易也最困難。容易者可以說「死無對證」；困難者眾說紛紜，各是其是，取捨爲艱。

第三、是寫作問題。撰寫「杜月笙傳」雖籌備經年，但連載之初，我們只有全書的一個輪廓、一個簡單的寫作大綱，並非全書業已寫就。每期的稿子都是根據訪問筆記及口述錄音的整理與反覆研究而來。這種寫作的方式，在我們創刊以來也是第一次。正因爲如此，我們在本傳發表之初以及連載期間，仍不斷公開登報徵集資料，執筆人與編者隨時都在注意各種新發現的資料以及各方的批評與反應。感謝爲我們提供文字或口頭資料的許多讀者，這都是我們原定寫作計劃以外的收穫。現在全傳只完成了三分之一，我們願在此再一次表示公開徵集資料與接受批評的誠意。我們願意這一部傳記文學的鉅構，是在杜氏至親好友門生弟子，甚至反對杜氏的人的通力合作之下，完成的集體創作。好替杜氏及歷史留下比較可信的記錄。

「杜月笙傳」在本刊連載以來，獲得極大的成功。這種成功當然要歸功於執筆人章君穀先生。君穀做過著名的報紙與雜誌的編輯，是出色的小說家兼歷史小說家，他寫過幾部極成功的傳記。但他在寫「杜月笙傳」時的那種任勞任怨、虛懷若谷與鍥而不捨的精神，是任何成名作家所不能及的。他一向不用助手，獨來獨往，朋友們經常看到他攜帶筆記簿和原子筆，手提重達十五斤的錄音機，風塵僕僕，揮汗如雨，一天到晚東奔西跑，採訪搜集，直到深夜才能開始整理或撰寫。因而有人說他是「用跑新聞的方法找材料，以做苦工的氣力寫傳記」，確是他工作情形的最佳寫照。

與杜氏往來最密且與杜氏早年親友也有密切接觸的陸京士與萬墨林兩先生，時常驚佩君穀的「寫誰像誰」。寫誰像誰，這除了說明君穀的智慧與文學修養以外，也正是代表他所下的苦功夫之深。

「杜月笙傳」受海內外讀者的歡迎與讚賞，對執筆人應該是最大的安慰。但這一寫作「工程」尚有一大半還沒有完成，希望他能再接再勵，爲讀者、爲歷史，完成這一部傳記文學的著作。

不可諱言的，「杜月笙傳」在陸續發表期間，內容方面也引起一些批評與討論。近一百萬字而主要部分係根據口述資料所寫成的傳記，其中遺漏的、錯誤的或需要修正的地方原是不可避免的。最難得的是執筆人的態度，他對於來自各方面的批評與反應，無論是善意的或惡意的，他都一一小心求證，反覆研判。此次第一冊排印成書時，較在「傳記文學」連載時，新寫的與改寫的地方達數萬字之多。極其顯而易見的，諸如「黃金榮的出道」、「清洪兩幫簡史」、「杜月笙與桂生姐之間」、「張嘯林的出身和往事」、「黎元洪遊滬情形」以及「徐寶山的事蹟與被刺」等等章節，讀者試與發表時之本刊作一比較，即不難發現。

「杜月笙傳」能順利在「傳記文學」雜誌連載，以及陸續編印成書，我們要向所有參加口述與提供資料的諸位先生（恕不列舉，請參看陸京士先生「寫在杜月笙傳之前」一文）表示最大的謝意。特別是陸京士先生不但一開始即負主要的籌備之責，而且每期付印之前對原稿均細心加以校訂，貢獻尤多。

最後我們要感謝近代史學者沈雲龍教授，在本書付印之前，他花了很多的時間和精力，將全書中的重要史實，作了一次檢查和修訂的工作，從而益增加了本書的歷史價值。

杜月笙傳

第一冊

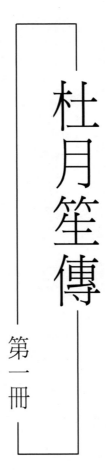

杜月笙傳 第一冊

目錄

寫在「杜月笙傳」之前

陸京士

十五年前的心願

民國四十一年十一月，恆社同仁紀念先師杜月笙先生逝世週年，蒐集當代名賢鴻文一十五篇，印行「杜月笙先生紀念集初集」。輯印告成，同仁等曾在斯集「編後」，許下心願：「先師生前交遊，遍及海內外，貢獻於國家社會者，初非一端。同人紀念計劃，原爲三大部分：一爲紀念集，茲已先出初集，此後將視文稿蒐集情況，續出二集三集。二爲年譜，以歲月爲序，詮次先後，一一紀述，但以人手有限，資料不易蒐集，深慮倉卒成書，難免舛誤，故懸此願望，期諸異日。三爲章回體小說，先生起家寒素，於艱苦中長成，蚤年生活，頗多令人振奮事蹟，尤其於社會基層方面，貢獻獨多。同人爲求深入民眾，昭垂久遠計，擬延攬能文之士，撰述語體文小說一部，公諸當世。深信大陸重光，爲期不遠，此一計劃，必可實現。」

如今歲月匆匆，轉瞬即屆民國五十六年，距先師之遽歸道山，忽忽十六年了。而於恆社同仁三願之立，亦已一十五載於茲。當時計劃的三個部分：「杜月笙先生紀念集二集」，業於民國四十三年八月問世，輯臺港兩地賢碩彥耆，友好門人華袞之褒、名山之作凡十七篇，附刊先師病逝前後，各地報章記載，輿論一斑，暨舉殯安厝紀實，輓詞祭文悼章，都二十萬言。即杜月笙先生年譜，經十餘年之搜羅考校，增補修訂，全稿體制粲然大備，去年年底且印就「年譜資料」一種，分致先生各地親友，門人舊屬，請各就所知先生事蹟，詳予補列。唯以先生生平，延攬能文之士，撰爲小說一端，醖釀多時，幾經周章，迄至今日，方始略現端倪，且改小說而爲傳記，乃不得不在全文問世之前，備述經過，有以說明。

首先摘引香港星島晚報，對於爲杜月笙先生立傳之事，所持的看法與論評。該報有謂：「蓋棺論定，杜氏一生的事蹟是動人的，如果能有人寫下翔實生動的傳記，將是近世最可貴的歷史性報告文學。可是，寫『行狀』寫『墓誌銘』的多，能寫杜氏傳記的人未必有。半世紀來的上海，反映了新舊轉形，封建社會到資本主義社會，革命力量的滋長與蛻化……。這一個萬花筒，只有在歷史家的顯微鏡下，才能夠看清。杜氏本人始終是站在政治圈子的邊緣，他的操守是舊道德的準繩，而他的一生卻是大時代大洪爐中的火煉。他的死，也正是這半世紀結束的鐘聲。」

詞簡意賅，深入肯綮，這一段文字，可以代表輿論界和一般人士，對於杜月笙先生之共同認識。語多推崇，竊以爲也唯有杜先生當之無愧。

民國四十年八月十六日，杜先生宿疾益厲，病逝香江。他那一篇膾炙人口，騰傳一時，被各地報章一再讚揚的遺囑，開頭第一段便坦然的說：

「余樸實無文，生平未嘗參加實際政治，然區區愛國之懷，不敢後人。……」

試將杜先生的遺囑，參證杜先生的一生事蹟，我們可以發現，如杜月笙先生者，不僅是二十世紀初葉與中期，在動盪不安，鬥爭尖銳的社會暨國家環境中，脫穎而出的曠世奇蹟，一代人豪；同時，他更是古今中外史乘裡極其罕見的一位成功人物。他一生中的每一面，都像時鐘的擺錘，從這一個極端，擺向另一個極端，所走的軌道，是由起點而至頂點，而在兩點之間，形成鮮明對比。於是，他的種種事蹟，向為令人興奮的談助與新聞資料，他是我們這一個時代中最突出的人物之一。

美國著名的專欄作家約翰根室（John Gunther），曾經在他的「亞洲內幕」（Inside Asia）一書中，形容杜月笙先生是「當代亞洲引人矚目的猛漢，中國最有趣的人物」。我認為凡是見過、或瞭解杜月笙先生的人都知道，杜先生的外貌和內心，表裡如一的是恂恂儒雅；而所謂「最有趣人物」，似不妨以「最富傳奇」的人物代之。

杜月笙先生在遺囑中自稱：「樸實無文」；毋庸諱言，他生平最大的遺憾，便是他少年時期因家貧輟學，從此失去接受正式教育的機會。若干年後他奮鬥成功，他所擁有的事業機構之一，大達輪船公司有一艘大達輪落成下水，他以董事長之尊，在高冠峨服，衣香鬢影者流的簇擁下，搭專輪去主持典禮，途經楊樹浦，他指著岸上的一間禮拜堂，不勝感喟的告訴楊管北先生說：

「那裏是我小時候讀書的地點，當時一個月學費只要五角錢，可惜因為家裡實在太窮了，讀到第五個月，先母繳不出學費，祇好停學。」

像這樣一位只讀過幾個月書的「樸實無文」之人，我們拋開他對國家、民族、社會的影響，以及他個人多方面的事功不談，即以交遊和識見而論，當代可與他相頡頏者恐不為多。駢文巨匠，當過黎元洪總統秘書長的饒漢祥氏，即曾撰贈他一副楹聯，而被杜先生懸在他上海華格臬路住宅第一進的大廳，文曰：

春申門下三千客
小杜城南尺五天

杜月笙先生的門下客，三教九流，無所不有。就中他以對待文人墨客、智識分子最爲敬重，謙恭和悅，優禮有加。也正由於他的禮謙文士，向來是「一身傲骨，目空四海」的章士釗、洪憲要角「生平願爲帝王師」的楊度，不但能和他傾心結交，尙且樂於爲他所用。滬上報人如汪松年、趙君豪、唐世昌、余哲文、姚蘇鳳、朱庭筠、張志韓等諸兄，更曾向他敬執弟子之禮。

除了奉行「行有餘力，則以學文」不懈，杜先生直到暮年，一向都請了老師在家，教他讀書寫字。

他自己勵志進修，勤讀不輟，但凡遇有重大的問題發生，屬於專門範圍，而不是他的智識能力所可瞭解；杜先生會立刻想到某人對於此一問題有所研究，或者某人對此具有實際的經驗，他便把某人某人分別找來，爲他詳細講授。那時候他聚精會神的聽講，聽不懂的地方頓時便問，接連的請幾位先生講解下來，於是，他學問也有了，經驗也得到，據而處理問題，自然迎刃而解。這是他善於吸收學識經驗的過人之處。

於焉，方治先生曾謂：「先生嘗以幼年未能致力學問爲憾，可是他的刻苦自勵，愼思明辨的工夫，較之一般自命爲通儒學者，並無遜色。蓋因天賦甚厚，虛懷若谷，有以致之。他把宇宙間的經緯萬象，都作爲研究的課題；社會上的美惡是非，都視作人生的明鏡。因此，他的卓越見解，超人智慧，誠非常人所可望其項背。」

旨哉斯言，入木三分。由於方治先生這一段月旦之評，使我想起過去有人「封」杜先生為社會學博士。我以為這並不是對杜先生失敬的一種諷嘲，而是很允當的稱號。故前行政院長俞鴻鈞先生撰「憶杜月笙先生」一文中便說：「……先生交遊遍天下，士農工商各階層無不普及，故其社會經驗，更較任何人豐富。」

杜先生因為自己幼年失學，及長對於文化教育事業，極為重視，他曾斥資數十萬元，在上海北新涇剏設正始中學，貧家子弟，一律免費。這所中學管教綦嚴，規模又大，前後若干年間，為國家造就不少人才。北伐時期軍政要角陳群，當他宦海失意，潦倒申江的時期，便曾應杜先生的延攬，擔任過正始中學的校長。

在文化事業中，杜先生和上海新聞界淵源頗深，早年他便擔任申時通信社董事長。抗戰勝利以後，他更出任申報董事長、新聞報董事、商報董事長等重要職務。此外，他又曾任世界書局代董事長、大東書局董事長，以及中華書局的董事。如所週知，申新二報素稱國內歷史最久、規模最大的報業巨擘，商報是後起之秀，但在上海淪匪以前，大有後來居上，四方矚目之概。如世界、如大東、如中華，都是久執文化出版業牛耳的大書局。杜先生遙遙領導，能夠做到上下一心，員工翕從。他由祇讀過幾個月書的市井中人，一躍而為文化、教育、新聞界的領袖之士，這份榮耀，豈是輕易得來？汲長補短，徒利自身，而杜先生卻能更上層樓，將他平生莫大的遺憾，化為對文化教育服務的熱忱，個人不忮不求，但求盡心盡力，兼且一一發乎至誠，難怪他在這一方面，能以一介布衣，繫天下之重望，而其一生行誼亦以儒俠相竝先了。

不做官、不受公祿

杜先生在他的遺囑中又說：

「……生平未參加實際政治，然區區愛國之懷，不敢後人。……」

誠然，這是紀實之句。終先生一生，從未擔任過政府的公職，接受過國家的俸祿，然而望重東南的廣泛人緣，忠黨愛國的一腔衷誠，前後四十年間，論一介平民而為黨國所盡力量之大之多，恐怕也是無人可與杜先生比擬。舉其犖犖著者：蚤在民國十五年，國民革命軍北伐軍興，先總統蔣公揮戈北向，先生便聯絡志友，秘密響應。十六年竭力遊說奉系軍閥畢庶澄，放棄淞滬，同時並組設共進會，協助革命，參加清黨，粉碎共匪暴力組織，企圖攫奪上海之陰謀。祝紹周先生時任國民革命軍第二十六軍第二師參謀長，以當時駐滬深受先生之助，曾經撰文盛予頌揚：「杜先生朝夕參與籌劃，竟無倦容，新工人糾察隊，多其從者，出力尤大。先生在滬，僅一介平民已耳！無官守，無職責，而獨忠黨愛國如是，當亦天性忠義所使然也。」

由於這驚天動地的一幕，杜先生厥功至偉，蔣總司令親自延見，請他擔任總司令部少將參議，先生表示僅能接受名義。那年他正四十歲，春秋鼎盛，意興頗豪，曾經穿起少將軍服，拍了一幀照片。自此以後便不聞他再提起這事，此為先生穿軍服的第一次，同時也是最後一次。

清黨以後，杜先生聲譽鵲起，成為舉國聞名的大人物。二十年九一八事變，馬占山孤軍抗敵，先生籌款十萬匯往慰勞。二十一年一二八變作，淞滬淪爲戰場，先生籌組地方維持會，供應軍需，撫輯流亡，開軍民合作，共禦強侮之先河。二十六年抗日軍興，先生成立抗敵後援會、江浙行動總隊，發動全民，支援前線，籌募救國公債，數逾七千五百餘萬元。上海淪陷，日閥百計籠絡羈縻，杜先生大義凜然，輕裝簡從，偕錢永銘先生乘外輪赴港。自此協助中樞，策動滬上地下工作，功勳卓著，昭昭在人耳目。如鋤奸肅諜，搜集情報，汪精衛靦顏事敵，轟動全球之高陶反正事件，即由先生幕後策畫，一力促成。

抗戰中期，杜先生移居重慶，僕僕風塵於西北西南道上，全力協助中央穩定金融、建立工業、搜集物資，供中樞平準之需，對於八年抗戰，實有莫大之貢獻。卅三年盟邦並肩作戰，先生更奉樞府邀赴浙江淳安，策應盟軍登陸。

勝利後，先生還居上海，由於國家社會對他的倚畀更殷，當時所擁有的頭銜，除了本文第一節所列文化教育界外，真是洋洋大觀，令人嘆爲觀止。茲予紀略如下：國民大會代表（一度當選主席團）、上海市參議會議長（爲了表示謙沖自抑，曾堅辭議長一職）、中國紅十字會總會副會長、全國輪船業總會理事長、全國棉紡織業總會理事長、上海市商會監事、上海市工業會主任委員、上海市地方協會會長、上海市銀行公會理事、上海市水果業公會理事長、上海慈善團體聯合會理事長。工商業界，他更以上海領導階層中數一數二的人物，維持其不作第二人想的崇高地位，他是榮豐、大豐、恆大、沙市、中國紡織等各大紗廠的董事長，中國、交通兩銀行的董事，中國通商銀行董事長兼總經理，中匯、浦東、國信等銀行董事長，上海南市華商電氣公司董事長，民豐、華豐兩造紙公司董事長，華豐麵粉廠董事長，上海魚市場理事長，上海華商證劵交易所理事長，招商局、復興輪船公司常務理事，大通、大達、裕中輪船公司董事長，中華、通濟、嘉陵、揚子等貿易公司，中國茶葉公司，暨西北毛紡織廠董事長。

以上所列一連串重要而顯赫的職位，多一半是杜先生私人擁有的事業，一部分是他膺選擔任的民意代表職務，另部分則於公私合營機構，由他出面代表國家或官方的資本，其餘的是有因特殊情形，而由黨政雙方認爲他是適宜人選，加以聘任。在林林總總這許多要職之中，我們不難發現，杜先生對於他不做官、不受公祿的原則，始終硜硜自守，一成不變，縱使他一生與黨政首要聯繫極多，關係密切，然而，在他六十四年的生命史上，他永遠保持做一位中華民國一品大百姓。錢永銘先生撰「杜先生傳」，贊曰：「洪範五福，厥難考令終，先生自稱出身寒微，樸質無文，迺其樹立之偉，涵照之廣，徵諸近世，無與抗衡，即戰國四君，朱家、郭解，亦難並擬。先生起布衣，無尺寸之藉，而其功績，炳若日星，敝屣名爵，孜孜爲善，惟恐弗及，被其澤者，不知凡幾。舉國上下，咸尊曰杜先生而不名。於戲，可尙也已！」

誠然，錢先生的贊頌，堪稱對杜先生的月旦之評，公正允當，並無一字詞費。而「杜先生」這個稱號，風行大江南北，以及西南東北西北邊陲，人人尊稱杜先生而不名。杜先生三個字，竟比那些十張名片都印不完的頭銜，彌足珍貴多矣。

義粟仁漿施於四海

杜月笙先生遺囑又有云：「……誠以余出身寒微，所受國家社會之恩賜殊多，義之所在，不敢不盡力以赴之也。」

先生在世，無論在任何場合，在任何人面前，向不諱言他「出身寒微」。這是他樸質謙抑，和易近人，而且真誠坦白，胸無城府處。杜先生的童年，不僅對他個人，是一頁血淚辛酸史，即令於他的家族，也有不盡的痛苦與悲慘。杜先生誕生於遜清光緒十四年，民前二十四年，時值清廷積弱，外侮日亟，歐西各國勢力，相繼侵入淞滬，上海若干農工商小市民階級，環境日蹙，生計艱難。杜先生降臨人間，他的尊翁文卿公正設米肆於上海楊樹浦，越一年，母氏朱太夫人帶他由浦東高橋杜家花園舊宅，遷赴楊樹浦依文卿公同住。又一年朱太夫人誕一女，產後即告病逝，以致杜先生不僅在襁褓中痛失慈母，而且連他那位等於從未謀面的胞妹，也因家運的蹇滯，送給一位黃姓的寧波人，作為螟蛉。

先生四歲，所幸文卿公續弦張氏夫人，對先生視同己出，備予鍾愛。然而好景不常，五歲時文卿公病歿，張氏夫人撫育遺孤，撐門立戶。又過了兩年，米店因經營不善，被迫歇業。張氏夫人只好攜同先生，遄返高橋，勉力維持生活。不及一載，衣食兩缺，母子二人實在撐不下去，張氏夫人被迫脫離杜氏門庭，留下先生這個八歲大的孤兒，茫茫人海，煢獨無依。幸有他的外祖母朱太夫人予以收容，但是外家的生活清苦，先生不願閒居坐食，因此一應成人的操作，亦往往挺身任之。到十五歲那年，他一肩行李，兩手空空，和外祖母在八字橋畔對泣而別，孑然一身，到華洋雜處的十里洋場，去求生存，打天下。

在這樣窮苦困厄的環境之中，杜先生的父母雙親相繼病故，家貧以至無力營葬，兩口靈柩，先後停在杜家花園宅外的田塍上，僅於靈柩上面覆蓋一些稻草，聊蔽風雨。荒丘暴露，為人子者情何以堪？但是家境如此，椎心刺骨，徒呼奈何？

杜先生是從孤寒艱困中掙扎奮鬥出來的，因此他極其瞭解民間疾苦，人生劫難。他從小時候起便已立下誓願，博施濟眾，他曾慨然的說：

「將來杜某人有了錢，但凡遇到窮人，我都要加以接濟！」

這句話，杜先生確能終身奉行不渝。從民國七年起，夏施痧藥，冬賑寒衣，死贈棺衾，年節送現錢，他對浦東故鄉數以千計的貧弱病苦，一直照拂濟助到民國二十六年八一三事變為止。而平時任何人倘有緩急相求，不論數額大小，他無不欣然應命。戰前每月拿著專摺，到杜公館支領生活費的，多達二百餘戶。自民國二十四年迄二十六年，短短三年之間，他個人捐輸的各項義款，為數即達一百五十萬元之巨。至於民國十六年北伐之役，十七年陝北旱災，二十年長江大水災，二十一年一二八事變，幾度大難，廬舍為墟，災黎遍野，流離失所，都曾由杜先生登高一呼，國人景從，於是廣施賑濟，全活無算。以是杜先生逝世後，張岳軍先生輓詞中有：「卜氏輸財，歷濟艱危昭史乘」之句，而王正廷先生亦曾輓以：「是大眾衛星，義粟仁漿施四海！」

先生早歲飽受貧窮的苦楚，待他成功發迹以後，他仍自奉儉約，不尚奢靡。他在飲食方面毫不講究，山珍海味，固所不辭，一碗鹹泡飯，也能吃得津津有味。衣著一道，他更是常年一襲長衫，怡然自然。

仁民愛物，薄己厚人，這是杜先生立身處世的一大原則，且能身體力行，歷數十年而不渝。香港時報民國四十年八月十九日的一篇社評，對於杜先生的此一美德，論說得相當透澈：「杜氏以一『出身寒微』、『樸實無文』的平民，崛起海隅，……平日立身行己，對人接物，尚道義，重然諾，處處揭示著『樸質無文』的本性，即處處表現著令人尊愛的美德。因此，他能以布衣而抗顏當代名公鉅卿，廣交四方智勇力辯之士，無貴賤，無貧富，皆樂與接近。他又能急人之急，憂人之憂，忍人之所不能忍，救人之所不可救。故其事業的發揚大成，固由於他的才智使然，而社會大眾在無形中給予他的同情鼓勵，也有很大的影響，這些果實的獲致，即是從他一生的義行中產造出來的。」

友天下士・讀古人書

提到杜月笙先生的才智，以筆者和他過從二十餘年，情深肺腑，誼重骨肉，朝夕親炙教益，長年累月所獲致的印象而言，我必須承認，杜先生縱或只讀過幾個月的書，「樸質無文」，然而他慎思明辨，目光如炬，他的才智多半是由天賦而來，亦即錢永銘先生所說的：「智慧天縱，仁心夙具。」除此而外，那便是他天性「有容乃大，無欲則剛」。國之大老許世英先生，和杜先生訂交二十餘載，屢共寓廬，常同晨昏，許先生嘗留心觀察杜先生怎樣治亂理棼，待人接物。許先生說：「觀其治事，恒若不假思索，而無鉅細，罔不衷於至當。其交遊也，事上無諂，遇下有恩，富貴貧賤，死生不易，其態純然，如渾金太璞，不待雕飾而成大器！」吳鐵城先生也曾說過：「……先生，昭代超人之一，重言之，一非常人也。先生獨有其至性至德，良知良能，得天者厚，與生俱來，發爲行動，均合於造化之自然，有若春風之煦育，甘露之膏澤，滋榮萬物，造福群生。」方治先生尤曰：「先生嘗以幼年未能致力學問爲憾，但是他的刻苦自勵，慎思明辨的功夫，較之一般自命爲通儒學者，並無遜色，蓋因天賦甚厚，虛懷若谷有以致之。他把宇宙的經緯萬象，都作爲研究的課題，社會上的是非美惡，都視作人生的明鏡。因此，他的卓越見解，超人智慧，誠非常人所可望其項背。」

綜合以上三位先生的高論，加上筆者個人對於杜先生的瞭解，杜先生之所以崛起滬濱，領導群倫，寖假成爲一代賢豪，其基於個人才智方面的因素，我以爲似可歸納四點：(一)天分智慧絕高，(二)魄力雄渾，(三)虛懷若谷，對人從無驕矜之態，成就愈大，愈發謙虛。「滿招損，謙受益」，就杜先生而言，確已發揮得淋漓盡致，(四)杜先生還有一項異於常人的最大優點，便是「知人善任」。

杜先生一生嚴格遵守他個人所創的許多原則，其中最重要的原則之一，便是「知人、善任」，無論在任何情形下，處理人事問題，從不假手他人。

以我個人親身體驗所得，杜先生用人的方法，非常巧妙。我們不必諱言，杜先生的門下三千客，莨莠不齊，魚龍曼衍。但是杜先生用人的第一步先是知人，他以一雙慧眼，豐富的閱歷和過人的社會經驗，門下客有什麼長處，什麼短處，他可以在短暫時間之內，洞悉無遺。然後，他便取其所長，截其所短，使每一個人都能置身發揮長處的工作崗位。

杜先生品評天下人才，列爲四等。有本領而無脾氣者居上，有本領也有脾氣者列中，無本領亦無脾氣者下焉之，無本領反有脾氣者不入流，屬於劣等。他所謂的本領，不一定是精嫻韜略如諸葛亮，或則爲萬人敵如猛張飛，他只著重那些頭腦靈活、手腕玲瓏，可以開闢天地，打出江山的奮鬥人物。他所嫌棄的人，倒不是一語不合，拔刀相向的莽漢；而是那些色厲內荏，表裡不一，經不起打擊與考驗的儒夫。他喜歡寧可胯下受辱，終於大節不虧，有如淮陰侯韓信那般的能忍自了漢。凡在杜先生門下的諸君子都知道：即使是雞鳴狗盜之徒，穿窬鼠竊者流，有本領的不稀奇，少氣節的必定存身不住。

杜先生平時很少對人疾言厲色，擺出拒人千里之外的架勢，他了然一個人如有長處，必也有其短缺。他用人之所長，而身教言教潛移默化去其所短。但凡入了杜先生的門，很少人會入寶山而空手回，這是杜先生偉大高明的地方，也是人人樂於爲他所用的癥結所在。

先生嘗謂與筆者夙有宿緣，自民國十七年忝列杜門座上客後，接席歡談，每每聊到夜闌人靜，猶仍悵悵興辭。但有一日不得見面，先生或遣信使，或來電話，輒常殷殷爲念。由於長時間的相處，我仰體先生待人的許多長處，譬如先生對我所謂種種，即從不曾自他人口中聞及。尤足奇者，先生對門下諸君的生活情形，經濟狀況，瞭然有若指掌，某人發生了困難，他必能如時如份，伸出援手；他的餽贈，向以親手相授，從不假諸第三者，因此受惠的人，分外覺得溫暖感激。「天知、地知、爾知、我知」，杜先生這麼做，決不是故弄玄虛，足恭鄉愿，而是由於他自己深知貧窮的痛苦，瞭解涸轍之鮒，將伯之呼，是多麼令人難堪的事。他能解人之厄，濟人之困，同時更能以最虔誠、最體貼的心情出之。

杜先生和門下士相處，往往談笑風生，不拘形迹，使人以為他是最可親近，最足以信託的好朋友，而不是道貌岸然的師尊，或是高不可攀的上司。杜先生擁有龐大的事業，總綰數以百計的機構，但是跟他辦事的人，上下交讙，親切有如家人父子，在他所主持的單位中，看不出有半點衙門化的迹象，更不會出現所謂的官場作風。這不僅能夠在無形中提高工作效率，而且，他所用的工作人員，咸以為跟隨杜先生工作，是一件很榮幸、很合宜、很有意義的事情。

在杜先生的腦海中，彷彿有一整套搜羅宏富的人事資料，分門別類，一索即得，尤其新的資料尚在不斷的增補修訂。每逢有一件事發生，需要什麼人去處理，他可以不假思考，運籌一心，調兵遣將，立刻派出最適當的人選。他這項本領，也是由他的天賦得來，否則的話，以他一個人的精力，面臨那麼許多的問題，主持如此龐大的事業，如果遇事不能當機立斷，知人善任，那是無論如何也應付不了的。

門生部屬，對於他忠誠的程度，是杜先生平素最注意的一件事。他目光銳利，思想敏捷，判斷力極強，因此他頗能識人、鑒人。在他面前「掉鎗花」，無異是作繭自縛。不過，杜先生雖能洞若觀火，使心懷叵測者在他面前無從遁形，但若被他看出了破綻，他也是心存厚道，絕不當面抓破臉皮，而希望能以他的一腔至誠，將之潛移默化。他常告誡我們說：「對人必須誠懇，即使有人欺瞞我於一時，我總能以誠字來感動他，使他心悅誠服。我的處世之道，盡在一個誠字，你們舉一反三，方始可以談交友。」上海華格臬路杜宅的門聯，一向都是：「友天下士、讀古人書」，這兩句聯語，最足以說明杜先生的胸襟和爲人了。

先生治事，講究原則，力求以簡馭繁，一樁事情交給了某一個人，他便絕對寄予信任，使其放手去做，設非必要，他決不干涉掣肘，徒增辦事人員的困擾。他所主持的各個機構，大事件他早有指示，小事情他從不過問。每凡創辦一項事業，朋友需他幫助投資的，不論數額多大，他總是悉索敝賦，一力肩承，一言爲定，了無吝色。但如他自已要叛業了，他反而詳加考慮，再三審慎。旁人見他這樣，頗感訝異，曾有人當面問他：「以先生個性如此豪爽，財力如此雄厚，辦一個事業，何須經過這麼審慎的考慮？」

杜先生總是正色的回答：

「我自小失學，又沒有一技之長，我能差堪自立，完全是靠友好們的信任，因此我若負責一件事情，就只許成功，不能失敗。這是我怕別人笑我不學無術的關係，我怎麼能和那些有學問有根柢的人相比呢。」

三千萬日元的故事

杜月笙先生遺囑的最後一段：

「……茲當永訣，深以未能目覩中華民國之復興爲憾，但望余之子弟，及多年從遊之士，能繼余志，各竭忠誠，是所大願。」

先生對於國家民族之忠誠，到他臨終依然神明朗澈，心繫邦國。因此香港工商日報社論贊曰：

「……年前上海不守，平素自以爲讀書萬卷，深知出處進退的所謂士大夫，大多數均因經不起現實考驗，而紛向惡勢力投降，惟杜氏飄然來港，閉門謝客，以表示其義不帝秦的忠貞氣質，久而益堅。故今日蓋棺論定，杜氏高風俠骨，大節無虧，即此一點，就無愧其爲一代人雄了。」

高風亮節，義不帝秦。在杜先生的一生中迭有表現，自民國二十六年抗日役起，他曾兩度避亂香江。而且在抗戰之前，還有一件鮮爲外間所知的軼話。日閥陰謀侵略中國，處心積慮，無所不用其極，他們早在大戰未起之時，即已深知杜先生爲東南支柱，一代人望，擁有無法估計之潛力，因而千方百計，亟思籠絡。上海日總領事館，甚至月費多金，專事搜集有關杜先生的情報，對他的一舉一動，一言一行，及與先生時常往還的各界人士，靡不密切注意。素以「中國通」著稱的坂西、土肥原，更與先生慇懃結納，謙恭備至。民國二十六年初，日本海軍軍令部長永野修身訪問歐陸，自日內瓦返日，途經上海，特地拜訪杜先生，面告日本政府願斥巨資日幣三千萬元，與先生合辦「中日建設銀公司」，用意是想和宋子文先生所辦的「中國建設銀公司」相爭競。杜先生洞燭其奸，以中國人不便與日人合作爲詞立予拒絕。

然而永野仍不死心，他故示慷慨的說：

「杜先生既然不便與日本政府合作，那麼，就由杜先生個人出面組設公司好了。日本方面一定全力支援，作杜先生的後盾。三千萬日元，可以無條件提供先生作爲創辦資金。」

三千萬日元，以當時的幣值，無疑是一筆鉅額款項，當時杜先生如果接受，再利用日人在華的侵略勢力，對先生個人來說，其作用將無比重大，富可敵國，誠此之謂。但是先生高瞻遠矚，大義凜然，他依然峻拒日方這一次最大的政治投資。嗣後日方一再煽惑，先生始終不爲所動，於是日人只好知難而退。旋不久日閥猙獰面目暴露，先後在北平蘆溝橋和上海淞滬之濱挑起戰火，全面戰爭於焉爆發。淞滬撤守，日人又百計羈縻先生，請他務必留在上海，而先生則寧願放棄龐大的物業，偕宋子文、錢永銘、胡筆江諸先生秘密赴港，以示追隨中樞，共襄抗戰大業。到那時候日本人還是不肯死心，數度派人赴港接洽，先生一概不予接見，使日方人員奇窘無比。

三十八年共匪賣國殘民，紅流氾濫，四月南京淪陷，上海告警，杜先生喘疾已甚嚴重，但仍毅然決然，抱病棄家離滬，以避共匪狂燄；同時正告國際，匪僞政權之不獲民眾支持。四月三十日挈眷南行，又到香港。不料未及兩年半，他便因病情惡化，竟而撒手塵寰。

奉召赴港侍疾

杜月笙先生身材頎長，面容清癯，高額隆準，雙目炯炯有光。他嘗說自己少年時期營養不良，中年以後事務煩忙，心力交瘁。因此他的健康情形並不太好。民國三十年十月，杜先生自香港飛赴重慶，參加國民參政會議，空中驟遭日機攔擊，機師升高閃避，先生原有氣管炎宿疾，自此哮喘大作，呼吸艱難。抗戰期間，久住重慶，由於山城多霧，地氣濕鬱，使他的喘症更趨嚴重，以他的病況，每可覘知氣壓高低，所以杜先生常常自嘲的說：

「我的身體像是一隻寒暑表，每天天一亮，就可以曉得當日的氣候如何？」

三十八年共匪叛亂日亟，先生慨然離滬，作客香港。由於憂國憂時，心情十分鬱悒，體力日益衰退，病魔纏身，使他極感痛苦。不勝煩悶的時候，他便大發牢騷：

「有兩隻腳，偏偏不良於行，想說說話，又是氣促難言，我豈不是變成活死人了！」

在香港一住兩年多，香江的名醫良藥，幾乎逐一試遍，可是對於他的喘疾，依舊一無是處。卅八年底大陸全面陷匪，中樞播遷臺灣。杜先生每天所聽到的消息，不是某些意志不堅的朋友，被共匪誘騙回到上海，飽經折磨；便是滯留滬上不及撤離的家人親友，如何如何的被共匪清算鬪爭，這位平生最愛重親友的巨人，由於自己病困香江，愛莫能助，內心的苦悶，益難排揎，因而影響到他的病勢，有如江河日下，險象環生。不久，他便氧氣罩須臾不離口鼻，否則，他即無法呼吸。

卅九年六月，一度瀕於垂危，幸賴名醫會診，搶救得宜，總算脫離險境，漸有起色。但是到了民國四十年七月，他的兩腳開始痲痺，下半身形同癱瘓。這時候，我正在臺灣，負有一項相當重要的任務。下旬，突接先生來函，告訴我說：他的病情惡化，體力更衰，希望即日摒擋一切，專程飛港，以便晤談。

接到了先生的這一封信，我的心情，極爲沈重，同時憂急交併，方寸大亂。我一面馳函慰問，一面趕辦出入境手續，準備啓程赴港。在辦理各項手續之際，我更分訪杜先生在臺友好、恆社同人，如洪蘭友、陶百川、劉航琛、王新衡、呂光等諸先生。因爲當時我已深知，先生病勢惡化至此，恐難再有回天之力，我此去就不得不作萬一的準備，一應善後事宜，我都要向這幾位先生預先請教。

正在五內如焚，日夜奔波，突又接到杜維藩兄自香港拍來的電報，他說杜先生自從接悉我即日赴港的信息，他神情大爲振奮，危殆之勢稍減。電文中還說杜先生想吃臺灣的西瓜等物，囑我行前莫忘了買些帶到香港去。

七月廿七日，又獲急電，趣我速行。廿九日，又是一封急電來催，電文竟是病危，火速飛港。是時，我諸事摒擋已竣，飛機票亦經訂好，於是我立即覆電，準定八月一日某時自臺北起飛。

然而，八月一日那一天，湊巧香港有颱風過境，飛機無法降落，迫不得已，我將行期展延到八月二日。不曾想到，這一個意外的躭擱，竟使杜先生大感失望。那日狂風驟雨，籠罩全港，杜先生明知我無法成行，但他還在寄望於萬一，他苦苦的等我，直到晚上，收到我翌日起飛的電報，方始不盡慨嘆的說：

「今天我許了一個心願，京士如果今天能到香港，我的病還可以得救。現在來了電報，說他無法趕到，我就曉得我這個病沒有希望了。」

當時，環侍左右的杜維藩、朱文德諸兄，紛紛的向杜先生竭力譬解，勸他寬心。先生卻似理非理，很不耐煩的說：

「好了，好了，不要講了。」

八月二日，上午，我乘民航公司客機飛港，一路憂心似箭，直嫌飛機飛得太慢，正午抵達啓德機場，搶先下機，一眼看見吳開先、沈楚寶、杜維藩、朱文德諸兄都在機場迎候。朱文德兄見我到了，轉身先去打電話，通知杜先生。先生獲電以後，居然表示不相信，連聲的說：

「假的，假的。」

偕吳開先兄等驅車急赴堅尼地臺十八號杜宅，匆匆直趨病榻之前，一眼看見先生骨立形銷，病容憔悴，心中有如萬箭攢刺。而先生聽說我果然來了，欣慰之情，溢於言表，他竭力掙扎坐起，噙著兩眶熱淚，伸出他枯瘠抖索的手，欠身向前，牢牢的抓住我不放。那對猶仍神明強固、銳利如昔的眸子，透過淚膜盯望著我，他苦笑著說：「好了好了，你終於來了，這下我可以不死了！」

我的右手和先生緊緊相握，久久不釋，心裡正有無限的酸楚和淒涼，我在想：先生這麼樣苦苦的盼我來，而我卻無法對他的頑疾有所助益，先生愛我如此深厚，我又怎樣能報答先生的知遇於萬一？最使我愴痛不已的是，我追隨先生二十餘年，幾乎朝夕與共，唯獨此次為了奔走國是，和先生離別，那裡想到此刻相見，竟是這麼一個生離死別的場面！

當時我強忍眼淚，不敢哭出聲來，耳朵裡只聽到先生在氣喘咻咻的說：

「唉，就是我的兒子，也不能得到消息立刻趕來。京士，你竟會丟開一切，飛來看我，我確實是十分的感激，十分的感激！」

說這幾句話時，先生的臉色，忽又轉為悲戚。我唯恐他激動之後，又起傷感，對於病體大不適宜。我不能不開口說話了，我委婉的勸請先生，安心靜養，少說幾句話，免得費力。我說我既已到了香港，相聚的日子正長，有話何妨慢慢的談呢。

然而先生還要向我訴說他的病狀，他說：

「自七月初起，我兩隻腳突然痲痺，從此路也不能走了。想想我竟跟當年的張靜江先生一樣，真正沒有意思。後來日夜的喘，喘得厲害，連覺都不能睡。你看，我病到這種地步，不會再有希望了。因此我一再打電報催你來，有許多事情我要託付給你，再遲，就怕來不及。好了，你今天果然來了，我總算放了心，或許，我這病還可以得救呢。」

聽了他的話，我心如刀割，但仍勉持鎮定，竭力的安慰他，使他恢復平靜。先生問過我還沒有吃中飯，興匆匆的命人送飯進來，就在病榻上和我一起吃，吃飯時他還在滔滔不絕的談話。飯後，他實在太疲乏，欹在枕上，沈沈的睡去。

從這一刻開始，直到八月十六日下午四時五十分，杜先生哲人其萎，長瞑不視，我除了每天下午二時左右，乘先生小睡，抽暇到朋友處去休息片刻，整整十五天裡，我始終侍疾榻畔，須臾不敢輕離。

一代人豪溘逝香江

杜先生罹染的是喘息重症，病情惡化，因此他眠食全無定時，每次入睡，爲時極暫，有時候我們以爲他睡著了，其實他是在假寐深思，我偶然動一動身子，他便會睜開眼來望我，或則呼喚飲食，或則談幾句話。他的喘息症使他呼吸困難，不得不完全依賴氧氣，偶或一個接不上，他會立刻氣息咻咻，額汗涔涔，臉部脹成青紫色，即令在熟睡之中，他也必然一驚而醒。

十五天侍疾，我發現杜先生實有不盡的話要說，或叮嚀家人，或告誡門下，或則自行處理他的身後各事。他間歇著緘口無言，其實是他在蓄積精力，要把以下想說的幾句話講完，這種痛苦，不是常人所可以忍受的。

負責診治的香港中西名醫，如梁寶鑑、吳必彰、吳子深、丁濟萬、朱鶴皋諸先生，都是杜宅的常年醫師，且與先生一家均有深厚的友誼。我向他們叩詢病情，他們一致表示情勢嚴重，因爲杜先生「精氣神」三者悉告虛之，因之藥石刀圭已難奏效，聆此，使我愈感悲戚。

八月四日早晨，杜先生面容平靜，心智清澈，他命我從速準備後事，其於棺木衣衾，莫不逐一指示，不厭求詳。當時姚、孟諸夫人，和維藩以次諸弟妹，都在日以繼夜，親侍湯藥。聽到杜先生預爲安排他的身後，情不自禁的掩面飲泣。此情此景，及今思之，猶覺愴然。

遵照先生的囑咐，我於六日下午七時，邀集錢永銘、金廷蓀、吳開先、徐采丞、顧嘉棠諸先生，在杜宅會商先生身後事宜。即席決定遺囑稿三件，其一對於國家社會，其二訓勉子女，其三詳列財產處理方式。會後大家一同去看先生，將會商內容說給他聽。這時候先生聚精會神，一對銳利的眸子，又復射出智慧的光芒，他作了數處修正，也有若干補充，最後他微微頷首，表示同意。

九點鐘，諸事已畢，家人友好或坐或立，都在他的病榻之前，杜先生精神轉好，情緒也很穩定，他交代了一些家務瑣事，然後話題一轉，突如其來的談到了他一向諱莫如深的遺產問題，他說：

「我有一筆錢，數目是十萬美金，一向託由現在美國的宋子良先生保管。宋先生是講道義的朋友，這筆錢除了他和我以外，就沒有任何第三者知道了。我只有這筆現款，留給家屬作爲生活費用。」

七日，凌晨五時，杜先生的病況突起變化，在一陣急喘以後，他面泛苦笑的對我說：

「京士，這一次，算是到了我們永別的時候，我希望你從今以後，對你的這些弟妹要多加照料，盡力協助。恆社的社務你要負責維持，你須記得，做事情需要毅力，同時更少不了金錢。」

言罷，杜先生轉眼盯視他的家人，鄭重其事的說：「京士有十萬塊港幣存在我這裡，你們應該即刻歸還。」

我聽了，大吃一驚，連忙當眾否認，這是子虛烏有之事，我何曾有十萬港幣存放在先生手裡？我明明知道，先生故意這樣說，純然是爲了顧念恆社同仁來日的團結，他想交給我十萬港幣，以充恆社的經費，卻又不便直指，於是乃以存款爲託詞。先生用心之苦，愛護之深，確實令人深切感動，永矢弗諼，但是我卻唯有衷心銘感而已。

我一再否認，先生卻再三堅稱如故，移時，先生又說：

「啊，朱汝山那邊，我還有十萬塊錢。」

朱家是上海豪富，汝山兄當時正在杜先生的病榻之旁，以先生語焉不詳，立即聲明的說：

「先生，你交給我的是十萬港幣，不是美金。」

杜先生點點頭：

「不錯，是港幣，不是美金。」

翌日，朱汝山兄便打了一張十萬港幣的支票，面呈杜先生，先生一定要把這張支票交給我，我不受，先生居然氣得罵人，無可奈何，我只好當著先生的面收下，使他心安。一個轉身，我又把支票還給杜夫人。

這一整天，先生都在安排家務，語語叮嚀，有條不紊，其間他曾喟然長歎，感慨萬千的說：

「自從共匪禍患大陸，我早早地把杜美路的房子賣了，賣房子的錢，本來是想移作逃難的資斧。那裡想到這筆錢不及三年就快光了，物質上這麼困難，精神上我更加苦悶。苦悶吧，苦悶吧，讓它去悶到底好了，反正我要走啦！」

當其時，鐘鳴六響，杜先生突告昏厥，忙亂中有人把他的脈，發現他脈息全無，而便溺猶在自洩，侍疾諸人嚇得手足無措。六點二十分，吳必彰醫師匆匆趕到，施用人工呼吸法，竭力搶救，直到七時正，杜先生方始悠悠醒轉，有了呼吸。八點鐘接連打兩次強心針，神志漸漸恢復，八時四十五分他勉力坐起，命我逐一朗讀他的三封遺囑。

從枕頭底下掏出圖章，由萬墨林兄協助，他在三封遺囑上用了印，再請錢永銘、徐采丞、吳開先、顧嘉棠和我作見證人，一一分別簽蓋。家人親友環立四周，氣氛之沈鬱肅穆，及今歷歷如在眼前。

八日，正值立秋，杜先生時醒時眠，貌極委頓，嘴裡躁渴，頻頻呼備西瓜汁。十二點鐘忽告清醒，他眼睛望著親友們說：

「我要說的話都已經說完了，你們還有什麼事情，趕快趁此機會問我。」

側過臉來，杜先生又望著我問：

「宋子良先生的覆電來了嗎？」

「來了。」我應聲而答：「宋先生說是有這麼一筆錢存在他那裡，除了本金，這些年來還添了些利息。」

「很好。」先生連連頷首，眉宇間洋溢一片欣然自慰的神情。

這一天，大概是杜先生的排洩系統已告損壞，無論大小便，都必需藉由手術之助。他身受的痛苦誠非筆墨所可形容，因此他曾籲求般的說：

「我的病已屬無可救藥了，你們千萬不要再用藥物吊住我，使我臨終還要吃盡苦頭。」

八月九日晨起已呈精神恍惚狀態，發譫語，答非所問，但在外表上看來似乎又有起色，這時親友們頗感振奮，有人建議更換主治醫師，送先生到養和醫院急救。先生聞言不以為然，他怫然變色的說：

「該辦的事我都已經給你們辦了，何苦還要另外增加我的痛苦！」

自此，從八月十日到十二日，先生一直陷於昏迷狀態之中，不眠不食，不言不動，但我看得出來，他在苟延殘喘，彷彿有所期待。

十二日，吳必彰、梁寶鑑兩醫師俯允親友要求，並杜先生子女簽立字據，於深夜一至三時，輸血二百五十西西，遂而漸告甦醒，唯口已噤，目難張。八月十三日復告昏厥，經護士急注強心劑，十四日以後竟以銅梗為通小便，悲夫！先生彷彿知覺全失，不關痛癢。十六日下午二時三十分，故國民大會秘書長洪蘭友先生兼程自臺飛港，抵步後即急趨病榻之前，朗聲宣達總統蔣公慰問之忱，眷念至意，並謂臺灣軍民同心，氣象萬千，齊步奮進，國家民族復興在望，請先生安心靜養，勿憂勿慮。杜先生於是努目奮睛，展視洪蘭公，而緊執其手，泫然涕下，嘴唇翕張，發出此一代賢豪，海內物望的最後一語，詞曰：

「好，好，大家有希望！」

先生溘然長逝於民國四十年八月十六日下午四時五十分，恰值洪蘭友先生啣命而來的兩小時二十分後。

杜先生治喪香江，萬人空巷，寄厝汐止，以待收京。總統蔣公頒賜輓額，文曰：「義節聿昭。」

親友畢集籌編傳記

民國五十五年十二月二十一日，京士柬邀杜先生家人親屬，友好門下，餐敍於安東街華僑二村自宅，翩然光降者，計有杜月笙夫人姚谷香女士、黃金榮先生令媳黃李志清女士、杜維藩先生暨夫人、杜維垣夫人，以及吳經熊、吳開先、劉航琛、楊管北、王新衡、呂光、萬墨林、楊克天、水祥雲、唐纘之、吳樂園、顧筱園、張芝舲、徐忠霖、殷新甫、朱庭筠、邊定遠、王先青等諸先生。即席決定，恆社同人爲杜月笙先生編寫傳記的計劃，應予從速進行。十五年前，訂定計劃之初，原想覓一能文之士，將先生一生事蹟，以章回體語文體，撰一小說，公諸於世。不過晚近五六年來，由於「傳記文學」雜誌之大力提倡，傳記作品，早已風行海內外，擁有廣大讀者，其銷行之廣與影響之深，遠在小說之上。同人爲求深入民間，昭垂久遠，乃將原先之計劃稍予改變，正式爲杜月笙先生撰寫傳記一部，其中資料，由先生的家人親屬，故舊門生，各就所知，分別提供，同時並參證史實，內容務求其真切純摯、生動翔實，以期信而有徵。

「杜月笙傳」，經恆社同人公決，延請當代頗負盛譽之名作家章君穀先生執筆。章君穀先生籍隸江蘇吳縣，曾任職於上海申報、臺灣新生報，並任自由談、作品等雜誌編輯，中國青年寫作協會總幹事，中華民國第一屆特殊優秀青年。他的作品，散見於各大報章雜誌。邇近兩年，從事回憶錄、自傳之執筆工作，每一部出版，輒能轟動一時，傳誦遐邇，海內外輿論，交相推崇，不愧爲目今最傑出的職業作家之一。以章先生豐富的學驗，史學的修養，優美的文筆，及其專心一志，鍥而不捨的工作態度，擔任「杜月笙傳」的執筆人，相信他必能駕輕就熟，勝任愉快，而有更成功的收穫。

杜月笙先生的一生，出身寒微，崛起市井，而正氣磅礡，大義凜然，言重季諾，行儗陶居。由平淡而臻於絢爛，夠得上是一位多姿多采的傳奇人物。恆社同人當年計劃，原擬期諸反攻勝利，大陸重光，同人等旋歸故里，再行蒐集散失資料，重訪先生舊遊之地，編著斯傳。惟倏忽多年，老成凋謝，杜先生生前至親友好，門下諸人，先後物逝者有許世英、錢永銘、洪蘭友、金廷蓀、徐采丞、顧嘉棠等諸先生，深恐遷延日久，資料徵集更爲不易，爰決即日著手，開始編纂，並承「傳記文學」雜誌發行人劉紹唐先生慨允，於五十六年元月份起增加篇幅，逐期刊載。乃由恆社同人，一心一德，共同爲此一工作而努力，因此將來斯傳告成，也可以說是杜先生至親好友暨恆社同人的集體創作。不過，同人等迭經戰亂，馬齒日增，原有與杜先生相關之各項資料，泰半散失；歲月悠遠，記憶容有未週，斯傳連載時期，迭蒙各界人士賜予指正補充。若干細節問題，且引起報章連載多日之討論，吉光片羽，彌足珍貴。乃經章君穀先生一一查證，有以增刪，「杜月笙傳」出版單行本時，內容與連載期間不盡相同，其故即在於此。謹予說明，並對熱心協助諸君子，敬致無上謝忱。

「杜月笙傳」在「傳記文學」雜誌逐期發表，佳評潮湧，轟動一時，此固由於章君穀先生茹古含今，機杼一家，而評者每多稱斯傳之坦率無私，真誠感人，能將杜氏一生事蹟，毫無隱匿，和盤托出，遂使萬千讀者，對於杜氏爲人益增瞭解。而於其出身寒微，崛起里閈，成爲一代賢豪之艱辛奮鬪歷程，俱感驚羨欽挹。由此可見同人等在籌商立傳之時，議決「內容務求其真切純摯，生動翔實，以期信而有徵」之原則，尙屬可採可行。同人等極其忭慰感激之餘，深願章君穀先生此一煌煌巨著之問世，能爲吾國傳記文學，開闢新的紀元。

01

出身寒微先世難考

中華民國二十年六月十日，耗資紋銀四十餘萬兩，籌建經年的「杜氏家祠」落成；時值杜月笙（鏞）先生四十四歲，事業絢爛之極，聲譽如日中天，以他個人的心情來說，「衣錦榮歸，躊躇滿志」，約略可以當之。

因爲他出身一個小商人的家庭，三歲失恃，五歲失怙，八歲那年，愛他如同己出的繼母，以生活所迫，脫離杜氏門庭。杜月笙依食外家，十五歲出外謀生，赤手空拳，渡江到上海求生存，打天下。外祖母送他到半途之中的八字橋，相對泣別，當時他淚眼望著高橋，立了個誓：

「來日我若不能榮宗耀祖，誓不言歸！」

廿九年後，杜月笙在浦東高橋原籍「奉主入祠」，眾庶騰歡，百朋寵錫，盛況堪稱空前，時至今日，仍然有人津津樂道，許爲民國開元以後，太平盛世的無上豪舉。先總統蔣公題贈匾額，再頒祝詞，此外贈匾的還有三位退職總統暨執政，徐世昌、曹錕、段祺瑞；以及吳佩孚、章太炎、于右任、李烈鈞、張學良、張宗昌、馬福祥、班禪等，致翰章祝詞的有胡漢民、汪精衛、鄭孝胥、楊度、何成濬、谷正倫、楊杰、鄧錫侯，全國各省各埠，均派代表專程致賀。在杜月笙與其家人之後列隊行進的親友，多達五六千人。上海市民，幾於空城而出，麕集街道兩側參觀。曾有人說，當時盛況，較諸倫敦英皇加冕，亦無遜色。

然而無可否認，杜月笙在這一派花團錦簇、雍容華貴之中，他的內心仍有幾許悲酸，一縷惆悵。除了回首當年的艱辛，他還有一腔憾恨；由於父母死得早，近支族人丁口單薄，杜月笙不但對他的先世茫無所知，甚至連他祖父的名諱也說不上來。

幸有一代樸學大師，古文泰斗章炳麟（太炎），根據杜月笙兒時聽聞杜家是由浙江海寧遷來這一點，詳徵博引，考校杜氏世系，確定江南之杜，以山陰杜衍始著。章太炎爲此特地寫了一篇「高橋杜氏祠堂記」，爲傳誦一時的皇皇之作，同時也是爲杜月笙寫傳記最重要的一篇文獻：

「杜之先出於帝堯。夏時有劉累，及周封於杜，爲杜伯。其子隰叔違難於周，適晉而爲范氏，范氏支子在秦者復爲劉，以啓漢家。故杜也、范也、劉也，皆同出也。杜氏在漢也，有衛史大夫周，始自南陽徙茂陵。自是至唐世爲九望。其八祖皆御史大夫。惟在濮陽者祖七國時杜赫，自江以南無聞焉。宋世有祁公衍，實家山陰，江南之杜自是始著也。高橋者，上海浦東之鄉也。杜氏宅其地，蓋不知幾何世？其署郡猶曰京兆。末孫鏞自寒微起爲任俠，以討祆寇，有安集上海功，江南北豪傑皆宗之。始就高橋建祠堂，祀其父祖以上，同堂異室之制，近世雖至尊猶然。故諸子庶不立別廟，獨爲一堂，以昭穆敘群主，蓋通制然也。凡祠堂爲阯八畝，其堧地以待設塾及圖書館，所以流世澤率後昆也。余處上海，久與鏞習識。祠成而鏞請爲之記。夫祠堂者，上以具歲時之享，下使子孫瞻焉，以梱致其室家者也。杜氏在漢唐，其爲卿相者以十數，盛矣。上推至帝堯，又彌盛矣。雖然，自堯之盛，尙不能覆露其子，使襲大寶，其餘雖登公輔，賜湯沐之邑，曾微百年，後之人至不能指其先世里居所在，此鏞所知也。爲子孫者，豈不在於自振拔乎哉？和以處宗族，勤以長地材，福倍漢唐盛世可也。其兄弟不輯，其居處日婨，禍倍矜寡無告可也。抑聞之古之訓言，保姓受氏以守宗祊，世不絕祀，不可謂不朽。稱不朽者，惟立德立功立言，宜追觀杜氏之先，立德莫如大司空林，立功莫如當陽侯預，立言莫如岐公佑，其取法非遠也。鏞既以討賊有功，其當益崇明德，爲後世程法。然後課以道藝，使其就文質，化爲畔諺，以企於古之立言者。有是三者，而濟以和宗族，勤地材，則於守其宗祊也何有。不然，皆之九望，奄然泯沒於今者七八矣。雖有丹楹之座，窮九州美味之饗，其足以傳嗣者幾何？吁！可畏也，迺記之云爾。」

章文中所稱的：「宋世有祁公衍，實家山陰，江南之杜自是始著也。」以及「自堯之盛，尙不能覆露其子，使襲大寶，其餘雖登公輔，賜湯沐之邑，曾微百年，後之人至不能指其先世里居所在，此鏞所知也。爲子孫者，豈不在於自振拔乎哉？」其實，杜月笙對於纂修譜牒這一樁大事，始終念念不忘，曾經多方致力，民國十九年（一九三〇）起，即已分刊告白，廣事徵集資料。民國三十八年（一九四九），猶仍延請學人代爲編纂，可惜大功尙未告成，中共渡江，上海淪陷，杜月笙挈家人匆匆避難香港。這部未完成的族譜，因之陷於大陸，束諸高閣。

02

襁褓之中喪母失妹

杜鏞，字月生，後改月笙。民前二十四年，遜清光緒十四年（一八八八）戊子，陰曆七月十五，中元節日，誕生於上海縣高橋鎮杜氏祖宅杜家花園。

杜家花園，其實是一幢湫隘狹窄的平房。當中一間堂屋，兩側各有臥室兩間，由杜月笙的伯父和父親杜文卿，兩兄弟一家一半，同屋各炊。屋後，有一座小小的園子，種些菓樹、花卉。早年杜文卿兩兄弟都很窮，祖宅年久失修，破爛不堪；環堵之室，茨以蒿萊，蓬戶甕牖，上漏下濕；僅可聊蔽風雨而已。後園的花菓，乏人經營，任其自生自滅，每當長了些不成熟的菓實，頑童們便翻牆而入，摘它一個精光。

杜月笙是杜文卿的長子，但他降臨人世，杜文卿卻並不在家，他為了謀生，和朋友在上海楊樹浦，開了一家小米店。由於經濟關係，他把妻兒留在鄉間祖宅，艱苦度日。每當杜文卿無法接濟家用，杜月笙的母親朱太夫人，便去幫人洗衣服，賺取微薄的工資。

高橋鎮，舊名天燈下，又稱天燈頭，位於上海縣城東北三十六里處，地屬高昌鄉，第二十二保。由於一條黃浦江將上海縣橫剖為二：江東的地區叫浦東，江西的地區曰浦西，因此，杜家素稱浦東人。

全鎮有兩三千戶人家，率多爲農民、小商人、泥水土木匠作。鎮上的兩家殷實富戶，一姓謝、一姓周，都是泥水木匠師傅。所謂殷實，祇不過家境小康，衣食無憂。

有一條潺湲的溪流，名曰界浜，它界分高橋鎮爲南北兩區，浜北屬寶山縣境，浜南係上海縣轄。因此，杜月笙的至親，同時又是追隨他最久的萬墨林君，雖然和他同住高橋鎮，但是萬墨林的家在浜北，他的籍貫是寶山；杜家花園在浜南，杜月笙籍隸上海。

上海，遠在戰國時代，曾爲楚國春申君的封地，春申君名黃歇，他在楚國當了二十多年的宰相，寬厚愛人，尊賢重士，門下食客三千餘眾。他的上賓都穿珠履，與齊之孟嘗、趙之平原、魏之信陵，爲史家並稱戰國四君。黃浦江，古稱春申江，上海俗名申江，又叫歇浦，都是紀念春申君的緣故。春申君有沒有到過上海？大有疑問。因爲上海縣城，建於元朝，舊制城高兩丈四尺，但是建成後的城牆，只有一丈四五，城門窄小，地勢偪仄；明清兩代曾經一再擴建城門，以應商旅需要。到了清朝，它被劃屬松江府治。

在清道光十八年（一八三八），清廷派林則徐前往廣東，查辦海口禁煙事件，翌年（一八三九），林則徐查燬英商鴉片，而鴉片戰爭起。二十年（一八四〇）英人陷舟山；二十一年（一八四一年），復陷定海，侵寧波；廿二年（一八四二年），陷上海、寶山，入長江，中英簽訂南京條約，鴉片戰爭告終。南京條約喪權失地，清廷同意闢上海、廣州、福州、廈門、寧波五口通商。二十六年（一八四六），劃定英租界，爲中國有租界之始。上海由沒沒無聞的一座小城，寖假躋於國際都市之林，當以此爲嚆矢。嗣後，於道光二十八年（一八四八），劃美租界；二十九年（一八四九）暨咸豐十一年（一八六一），兩度劃定法租界。

在尚未劃為通商口岸之前，上海的商市，係以豆業為領袖。民間使用的貨幣，是銀兩與制錢。當時經營豆業的商人，勢力很大，米麥行商所用的斗斛，其較準之權，全部操在豆業幫手裡。上海的邑廟三穗堂，俗稱較斛廳，廳上置有鐵皮斛兩隻。一為廟斛的樣斛，即漕斛，嘉慶十八年（一八一三）官頒。一為海斛的樣斛，也是官頒的，兩種樣斛容量不同，廟斛一石，約當海斛九斗。而豆業用廟斛，專量由北運南的豆類，米麥雜糧業則通用海斛。這是豆業幫所規定的不成文法。

通商以後，海禁大開，租界不斷擴充，新興事業風起雲湧，小小豆幫控制上海市場的局面，不旋踵間被粉碎瓦解，上海市民的生活本質，起了極大的變化。首先是通用貨幣，改成了墨西哥銀元，上海人在銀元之一面鑄刻老鷹，乃稱為鷹洋，又簡稱洋。一塊鷹洋應該折合若干文錢，各業並不統一，由他們自行訂定，逐日掛牌。民間典質債約，莫所適從，只好權以衣莊業掛牌兌價為準。於是有很長一段時期，民間債券數額載明：「洋照衣牌」字樣。

隨著外人勢力的入侵，上海小商人在沈重壓力下苟延殘喘，徬徨失據，宣告破產倒閉的時有所聞。杜文卿和朋友合夥所開設的米店，規模極小，他既乏資本，又不善經營，這爿米店在時代轉變的巨大浪潮裡，有如一葉孤舟，經常都是風雨飄搖，險象環生。

尤其自杜月笙出生的那一年起，上海年年天災人禍，疫癘大作，因此，杜月笙幼年境遇相當悲慘，他所存在的大環境—上海，小環境—家庭，以及他自身的遭遇，同樣的是禍不單行，屢瀕絕境。

光緒十五年（一八八九），他生甫一齡，當年七月，上海時疫蔓延，城鄉死者為數極多。八月二十四日起，霪雨四十五天，倉儲稻米棉花大量霉爛，於是大饑，民不聊生。杜月笙的母親朱太夫人在高橋實在無以爲食，抱著襁褓中的杜月笙，步行二十餘里，到楊樹浦投奔丈夫。

可是杜文卿的米店裡，情形更壞，米穀供求失調，而價格一日數漲，米賣出去，無法補貨；他正在焦頭爛額，妻子和長兒同時來到，一則以喜，一則以憂。朱太夫人不久便發現，連她這位米店老闆娘，居然也會巧婦難爲無米之炊。

兩夫妻牛衣對泣，商議著如何從絕境中打開生路。楊樹浦是中國最早的工業區之一，當時已經開了幾爿紗廠。朱太夫人聽說紗廠女工的入息不壞，自告奮勇，要去做工。

這一個意見起先被杜文卿否決，因爲朱太夫人常年營養不良，體質孱弱，而且當時她又有了身孕，杜月笙纔祇一歲多點，經常需要母親照料；除此以外，他還有更大的隱衷：他認爲自己身爲男子漢，連一妻一兒都養不活，還要朱太夫人拋頭露面去做工，這是他內心所無法忍受的事情。

爲了朱太夫人該不該去做工的問題，兩夫妻爭執了很久，但是坐食山空，生路缺缺，臨到束手待斃的最後關頭，杜文卿終於讓她的妻子進了工廠，腆著大肚皮，拋下了一歲多的奶孩子。

在饑餓死亡線上掙扎，朱太夫人所採取的無異自殺之舉，她爲杜文卿和杜月笙兩父子，爲一家生活付出了生命的代價。

光緒十六年（一八九〇），杜月笙實足年齡兩歲，叫名三歲，那一年夏天，上海流行霍亂，絕大多數的患者猝不及救，馬路上，溝渠中，不時可見倒斃的路人。霍亂的魔掌不曾伸到杜家人的頭上，但是朱太夫人卻在黑暗恐怖時期，生下了一個女兒，產後，她由於極度的衰弱而死亡。

杜文卿悼念亡妻，痛不欲生，他一手抱著一個孩子，守住他妻子的屍體，號啕大哭。親友們幫助他料理喪事，他罄其所有，為他的妻子買了一口白木棺材，並且僱人抬回高橋故鄉，他將朱太夫人的靈柩，浮厝在距離杜家花園不遠的田塍上，他自己一面哭著，一面取來一束束的稻草，綑在靈柩的四周。貧窮潦倒，以致妻子的棺木荒丘暴露，這是他終生引為憾恨的一件事。

朱太夫人之死，給予杜文卿莫大打擊，亂世為人，生不如死。可是他拋不下一對失去母親的小兒女。他把杜月笙和他的妹妹，一同抱回楊樹浦，一面要為生活奮鬥，一面親自哺育兩個孩子。撐到精疲力竭，他無法支撐得住，他唯有忍痛割愛；犧牲女兒，將她送給別人領養。

若干年後，杜月笙歷盡滄桑，自力奮鬥成功，他身為滬上聞人，舉國欽重的大闊老，擁貲千萬，揮金如土。他便曾一再公開佈露，希望能夠找到他的妹妹，圖個兄妹相見。他所掌握的唯一線索，──他妹妹當年是被送給一位姓黃的寧波商人。從此以後，他受過不少次騙，經常有人報告假消息，或竟是冒充，一直到他民國四十年（一九五一）病逝香港，以杜月笙這樣顯赫的聲勢和地位，他這個渴切的願望，始終沒有達成。

妻子死後，米店照開，杜文卿內外兼顧，早已心力交瘁。一位溫柔可親，沈默寡言的女人，悄然參加一向都在苦難裡的杜家，她是杜文卿的續絃張太夫人，雖然他們並未經過正式結合手續。

她年紀很輕，對於杜月笙這個自小失去母親，一直不曾好好調養的孩子，有一份與嫡母相埒的摯切情感。她愛護杜月笙，無微不至，如同己出。家境雖則貧困如故，可是，偎倚在張太夫人身畔，仍還是杜月笙童年時期最幸福快樂的一段時光。

可惜美好的時光猶如曇花一現，他的幼小心靈，不久又受到更大的創傷。

03

繼母失蹤就食外家

光緒十八年（一八九二），杜月笙五歲，漸漸懂得人事，自以爲他的家庭相當美滿，父母雙親對他是一例的暱愛備至。這一年，上海夏秋大旱，居民紛紛逃荒就食，杜月笙一家三口，困守楊樹浦。陰曆十二月初九，天降大雪，氣候奇冷，杜文卿得了病，不及醫藥，油盡燈枯，他病死於妻兒之前。

溫柔沈默的張太夫人，表現得無比堅強。她和杜月笙遵禮成服，爲杜文卿備就衣衾棺木，母子倆哭著扶柩還鄉。和杜月笙的生母死時一樣，無以營葬。杜文卿的靈柩由他繼室和愛兒束以稻草，也是暫厝在田塍上。他和他的元配朱氏夫人，雖然死都無法同穴，但是總算並肩而厝，免於荒丘暴露。數年後，像似奇蹟，兩口棺木之間，長出一棵黃楊樹，枝繁葉茂，覆蔭杜文卿夫婦的遺骸。這一棵樹，至今應仍存在。

二十五年後，杜月笙發跡了，他一心想選擇一處好穴，爲他的父母落葬，藉以了卻他抱憾多年的一大心願。可是，請了幾位風水先生，竟都異口同聲的說：他父母浮厝的那塊地方，正好是一處寅葬卯發的血地，祇可浮葬，不能入土，因爲一旦入土，風水便將破壞無餘。尤其那一棵黃楊樹，更是杜氏子孫世代榮枯的根源，動也動不得。曾有人謂杜月笙爲了迷信風水，於是任其父母靈柩繼續風吹雨打，他光前裕後的建立杜祠，盛況一時無兩，但卻始終不讓他的父母入土爲安。其實這是錯責了他，以杜月笙這樣畢生講求孝悌忠信的至性中人，他既能大建祠堂，怎會迷信風水不謀父母安於窀穸。杜月笙之不獲遷葬父母，完全是由於親戚尊長的堅決反對，這也是舊時風俗使然，譬如說杜月笙唯一的尊親老娘舅朱揚聲先生，便曾極力以爲不可，他的論據是父母死後靈柩萬萬不得移動，否則死者於九泉之下，必也不得安寧。

張太夫人不愧爲女中健者，她挈同杜月笙還鄉，草草浮厝了文卿公的靈柩，不久又回到楊樹浦，撐門立戶，以一介荏弱的女流，繼續開設杜文卿遺留下的米店，謀求兩母子的嚼穀之地。

光緒十九年（一八九三），杜月笙六歲，張太夫人爲他束髮受書，備下束脩，進了一家私塾，塾師是一位瞿老太太，多年後她還記得起杜月笙這個孩子來，她對由她啓蒙的杜月笙，總是暱愛而歡然的讚譽：

「月生小時候讀書，聰明是聰明格，就是相當的頑皮！」

這一年，三月，上海忽自西北來大風，冰雹隨之急降，大者如拳，小者如豆。猛一陣風雹，使得全上海的麥苗盡摧。

光緒二十年（一八九四），朝鮮東學黨亂起，清廷遣兵敉平，遂與日本開戰，而海陸兩路均敗，啓日人覬覦我國土之貪念。同年，孫中山先生創立興中會於美國之檀香山，國民革命，於焉有所契機。

上海方面，平靜無事。人海中的一泓小小漣漪，張太夫人無法撐持楊樹浦那爿小米店，被迫關門歇業，她帶著七歲的杜月笙回高橋。房子是有得住的，生活費用全無著落。她基於對月笙的一片愛心，咬緊牙關，也去幫人家洗衣服，賺幾文錢，不夠兩母子的伙食。

境遇是如此的困苦，張太夫人仍還殷殷的以杜月笙前途爲念，她深知杜月笙天賦聰明，像他這樣的孩子應該好好讀書，她利用洗衣工資，節衣縮食，每月湊五角錢，送杜月笙到一家私塾讀書。一連讀了四個月，到第五個月開始必須繳費時，她實在拿不出錢來，她和杜月笙抱頭痛哭，杜月笙自此輟學。

光緒二十一年（一八九五），杜月笙八歲，雖說是髫齡童子，但他八年之間失恃失怙又失卻了弱妹，幼小心靈實已飽經磨折，偏在這時他又受到更深鉅的刺激，張太夫人因爲沒有人給她衣服洗，無法生活，竟然被迫脫離杜氏門庭，一去杳如黃鶴。

那年正月廿二日，戊時，上海大地震，房舍人畜，損失無算，秋季又有瘟疫盛行，患吐瀉症死者甚多，儼然是霍亂重演。

當時浦東一帶，盛行一種流氓地痞同流合污的組織，名曰：「蟻媒黨」，聲勢浩大，從者甚多。他們的行徑卑劣，等於人口販子，但凡見了蓬門弱質，青年寡婦，必定千方百計，威逼利誘，以墮其節，以遂其欲。或則逼她們改嫁，或則迫她們賣身青樓，種種罪惡，罄竹難書。因此上海士紳痛鍼時弊，紛紛組織保節會以謀對抗，旌揚節婦，助以衣食之需：三林鄉、陳行鄉俱由上海邑紳秦榮光倡呼設立，唯高橋尙未納入範圍。而張太夫人究係怎樣墮入奸計，流落何方？以當時杜月笙年幼，始終無法查究。

繼母神秘失蹤，杜月笙不但乏人照料，而且連飯都沒有得吃。對面住的堂兄杜金龍，學徒出身，在上海做煙紙店生意，一年到頭，難得回家幾天。所謂煙紙店，是一種擺在馬路旁邊的錢幣兌換攤，因爲上海五方雜處，幣値繁複，一兩銀子換多少制錢。幾千銅錢折幾塊鷹洋？零數湊整筆，整筆化零數，成爲人們的日常需要，於是這一類小型兌換店應運而生，街頭巷尾，所在多有。業者整天守住攤子，換得的是蠅頭小利，養家活口都很困難。

堂兄常年不在家，堂嫂那邊常時缺米缺油，杜月笙不便在他們家就食。八歲的小孩全無生活能力，餓了些時；他只好哭哭啼啼，找上外婆家；外婆是他生母朱太夫人的母親，對這個孤苦伶仃、饑寒交迫的外孫，相當鍾愛。

04

纔十三歲踏進賭棚

有一天，杜月笙居然結交上朋友了，那時一群遊手好閒的少年，被鎮上人視爲野孩子的，他們來和杜月笙攀談，很同情他的際遇，不容於父母家人的頑童，和茫然無所歸依的孤兒，結合在一起，他們成了衆人側目的一群，他們整天在茶館賭棚流連，到手什麼便吃什麼。

儘量避免再上外婆家，杜月笙從此成爲名符其實的流浪兒，和他那些小朋友們混在一起，由於海闊天空，無拘無束，他的脾氣與本性漸漸發揮。他好高騖遠，愛面子，重然諾，慷慨熱情，處事公正無倚。同伴中如果發生爭執，鬧出糾紛，他每能公平合理，片言解決。更令人難以想像的，是這個十多歲的孩子，膽子大得驚人。有一次，在賭棚裡耍錢的大人，開玩笑的慫恿他：

「你也來下個注吧？」

下注就下注，他心裏作了決定。可是，錢呢？他到那裡去找下注的錢？活到十二三歲，他彷彿始終不曾跟金錢發生過關係。沒有人會給他錢用，同時，他也沒有賺錢的本領。這一個難題，困擾了他好些天，他悶悶悒悒，搜索枯腸，一心想找一筆錢下注。他要參加賭博，並不是爲了輸贏，他所著急的，是他應該掙回這個面子，別人分明是在嘲笑他，看輕他，討厭他整天盡在賭棚逡巡，作壁上觀。他知道他只要下注一次，他很可能不再被人視作野孩子。

在瀕於絕望的瞬間，一線靈光閃入腦際；家裡還有些衣服傢俬，可以變賣，可以典押。流浪兒的腳步跑遍了高橋鎮，他曉得那裡有收買舊貨舊衣服的小商人，那裡有兼營典押的小店鋪。杜家花園裡他那個家，自從父母雙亡，繼母又一去無音訊，兩間房子塵封已久，但是只要打開房門，裡面多少還能找出點東西來，那是屬於他自己的地方，屬於他自己的東西，他儘可任意處置，任何人無權干涉。

於是，父母遺下來的破布爛棉花，殘缺不全的傢俱，鍋灶碗筷，瓶瓶罐罐，只要是能夠換兩文錢的，他起先悄悄的拿，後來便公然的搬，一批批的拿出去換錢。終於，他賣到手了幾毛錢，把錢揣在身上，他昂首闊步，上賭棚去。

賭棚裡的大人相顧愕然，平時的玩伴們大驚失色，十三歲的杜月笙，居然掏得出錢來，上檯子押寶？怎麼樣個賭法，他因爲看得多了，相當在行。他若無其事的在棚子裡賭博，心中卻感覺得到，無數對驚奇艷羨的目光，正盯在自己的身上。那一瞬間他內心的喜悅無法形容。他不但儼然像個大人，而且，他竟然也成了呼盧喝雉的能手。

著實的贏了兩文；他被那群頑伴歡呼簇擁，擁出賭棚，擁上大街。杜月笙贏了錢，他很豪爽的請客。就在這一天，他成了一羣玩伴的首領，他在賭棚裡賭過一次，間接的也提高了他們這一群的地位。

終其一生，杜月笙對他十三歲從事賭博的這一幕，可以說是無時或忘，驟然的被人注意，被人重視，被人談論，被人擁護，使他得到從所未有的喜悅驕傲。那一場五毛錢的賭博，對他一生有極大影響。他從這一件小事重新發現了自己，他不是累贅，眾人嫌的厭物，死活無人過問的孤兒，他也是一個圓顱方趾，具有生存權利的人，同時，只要他有所「表現」，他就可以獲得人家另眼相看。

成功發迹以後的杜月笙，參透人情世故，看穿大千世界，他以無比豐富的社會經驗、人事閱歷，他不時用四句上海人的打話，告誡他的部屬和門人：

「吃是明功，著是威風，嫖是落空，賭是對沖。」

而他自己一生，不講究吃著，唯獨對於賭博，興趣之高，終身不渝。即使他往後的起家與發達，也和賭博具有密切的關係。

又渡過了一年多流浪兒的生涯，家裡的破爛全給他賣光了，在高橋鎮上親友父老的心目中，他是一個壞小囝，敗家子，無可救藥的「小癟三」，鄙視和謾罵紛紛的向他拋來。杜月笙覺得無法忍耐，做一群野孩子的首領，早已不能滿足他日益升高的欲望。那時候他發育得很好，身體結棍，頭腦靈活，自己感到混身都是勁道。他開始憧憬光明燦爛的遠景，他要發達，他想遠走高飛，他的目標是距離高橋很近的上海，不斷在開闢建設的商埠、海港，紅塵十丈，五花八門，他認爲他在上海可以大顯身手。

終於有那麼一天，他試探的向堂嫂露了口風；他想把歸他名下的那一半祖屋賣掉，得來的錢，準備帶去上海打天下。

堂嫂聽說以後大吃一驚，連忙去通知他的老娘舅，以及他的姑丈萬春發。因爲她知道杜月笙天不怕，地不怕，唯獨對這兩位尊親頗爲畏憚，他娘舅和姑丈管得住他。

平時早就把杜月笙看不順眼，如今聽說他膽敢起意出賣祖宅，老娘舅朱揚聲聞訊赫然大怒，他親自去把杜月笙捉來，捉進祖宅堂屋，不由分說，將他打了一頓，一邊打時一邊破口大罵，罵他是杜家不肖的子孫，天生成的敗家精。同時他再向杜月笙提出警告，他再敢提一句賣祖屋的話，不但老娘舅還要將他狠狠的打，而且他的姑丈萬春發說過了的：他那邊也要請杜月笙「吃生活」！

挨了這一頓毒打，杜月笙在高橋再也存身不住了，他受了羞辱之外，又復成爲鎭上人笑談的材料。他痛感自己沒臉見人，他必須離開高橋，不論身邊有沒有盤纏？到上海後那來的活命本錢？

想起世間還有一位對他稍存愛心的人，他的外祖母，不願老人家爲他突然失蹤而牽掛。杜月笙悄悄的跑去告訴了她，老外婆以爲這樣無異生離死別；回想這孩子的身世淒涼，迭經滄桑，心中一酸，當時就哭了；祖孫兩人哭得好不傷心，聲聲悲泣中，老外婆告訴他說：

「明朝，我要送你一程。」

多虧老外婆親自設法，替杜月笙討到了一封薦函，由一位鄉鄰寫信，叫他帶到十六舖的一家水果店，薦他去當學徒。得到這一封信，他算是在上海有了落腳的地方。如果做得好，他仍然大有前途。

光緒二十八年（一九〇二），民前十年，一個春光明媚的早晨，纏著小腳的老外婆，白髮皤皤，兩眼流淚，一步步的送她外孫上路。

杜月笙當時只有十五歲，個子長得高，一副小大人模樣，他身上穿一套粗布褂褲，背上揹個小包袱，那裏面有他僅存的幾件換洗衣裳，以及少得可憐的錢。

05

黃浦灘上　小東門裡

從八字橋穿過洋涇鎮，欽賜仰殿，滾滾濁流的黃浦江，橫躺在杜月笙的腳下。他找到了渡頭，默默的隨著眾人上了木船，付過船資，縮在渡船的一角，心裏分辨不出是恐懼，還是喜悅？不過若干年後，他還記得些當時的感想，儘管浦東浦西只有一江之隔，在家鄉的高橋人，卻多的是一輩子都不曾到過上海，因而，他彷彿又有點兒沾沾自喜。

杜月笙闖進上海的那年，上海僅是一座方圓十里的小城，一丈四五尺高的城牆，殘破缺裂，蒼苔斑剝，城外有一條護城壕。壕裡是東倒西歪，湫隘囂塵的小平房，壕外便是租界，這條護城壕後來被填平，成了區分華界與租界的民國路。

高樓大廈還不曾開始興築，外灘的外白渡橋，祇是一座平橋，跑馬廳但見一片蘆蒿，泥城橋北，荒煙蔓蔓。杜月笙在外灘下了船，折往西走，轉眼之間便到了十六舖。

當年的十六舖，市廛已經相當繁盛，因爲它是上海水陸交通的要衝，從外灘直到大東門，沿黃浦江建有太古、怡和、招商、寧紹等輪船公司的碼頭。北向津沽；南下寧紹、港粵，西航長江上游各埠，以及往來外洋的輪隻，都在這裡停泊。因此各大碼頭附近，人煙稠密，店肆貨棧鱗次櫛比，每天從早到晚，一片熙攘熱鬧氣象。

人聲鼎沸，摩肩接踵，碼頭附近更是大呼小叫，吵吵鬧鬧，浦東鄉下來的小孩子，幾曾見過這樣熱鬧囂雜的場面？杜月笙雜在人叢中，目迷五色，隨波逐流，也不記得走了多久，看見街邊一連串的有著許多家水果行。這才猛然記起此行目的，問了兩次訊，找到了鴻元盛水果店。

鴻元盛店面不大，生意做得倒是滿發達。十六舖的水果店，多半是中盤批發，他們從大盤水果行批來各色水果，轉賣給上海各地的水果店、水果攤、挑賣水果的小販。有時候，爲了爭取更高的利潤，他們也會派人直接到輪船上去批買，或者推銷貨色，給各地前來採辦的商賈。

老闆看過了薦函，收留了杜月笙，命他做一名學徒。學徒沒有薪水，只供吃住，一個月發一兩塊剃頭洇浴錢。店裡自老闆以下，有店員，兜生意的跑街，以及其他比較杜月笙資深的「師兄」。他杜月笙初來乍到，又是鄉下人，年紀小，識字不多，一切外行，百事不懂，難免要吃苦、受氣。他到鴻元盛的頭三個月，生意上的事情，連一點邊都沾不著。他的主要工作，是服侍師兄、店員、跑街，被他們支來使去，做這做那。漸漸的，他算巴結上了老闆、老闆娘，成了老闆的小廝；老闆娘做家務的得力助手，倒夜壺，刷馬桶，什麼苦差使都落在他身上。有一段時期，爲了求生存，圖發展，他確能盡心盡力，任勞任怨，不叫苦，不喊累，天不亮起床，一直做到深更半夜。店裡每一個人都安歇了，纔捱得著他攤開地舖睡覺。

由於他初期的表現很好，吃苦耐勞，忠誠可靠，店老闆漸漸的對他寄予信任，開始派他跑腿了。跑腿之初，做的全是粗活，譬如背負肩挑，送貨提貨，工作毫不重要，不過，他仍然私心欣慰，因爲他已從臥室廚房裡掙扎出來，跑碼頭，上大街，不免有天地開闊，眼前一亮的感覺。

但是一到大街和馬路上去，他不久便發覺，這所謂的十里洋場，花花世界，真正是光怪陸離，無奇不有。當時的上海，五方雜處，各路英雄好漢麕集，無分中外人士，都認為這裏是冒險家的樂園。上海遍地是黃金，消息不脛而走，終於引來大批胸懷大志、手法高明的人物，賭徒、騙子、盜賊、扒竊，咸以大上海為他們大顯身手、一展鴻猷的理想場合。軟騙硬搶，揩油調包，他們巧取豪奪，令人防不勝防。

這其間，杜月笙難免也上過若干當，吃過幾次虧，回店被師兄斥罵，老闆責打。於是他開始憬悟，要想在上海街道和碼頭上混，處在牛鬼神蛇、三山五嶽的人物之中，結交朋友，應該是首急之務。

然而，想在那種光怪陸離、波譎詭秘的複雜環境裡交朋友，以一個十五六歲鄉下的小夥計，既沒有請客置酒的本錢，又缺乏有力人物的汲引，那真是談何容易？因此，杜月笙在十六舖的第二段時期，是他一心一意，想要攀仙桂，步青雲，尋覓有力的奧援，訪求穩妥的靠山。他倒並非奢想毛錐脫穎，出人頭地，他唯一的目的，只不過能使自己不再吃虧，不再受欺。他滿心敬業樂羣的虔誠，一腔謙虛求教的意念，於是盲目的摸索了許久，其結果是一無所得，沒有人看得上這個浦東來的小夥子。

昏天黑地，瞎摸亂闖，在黃浦灘上幾度跌跤，摔得鼻腫眼青，頭昏腦脹。不久到了光緒三十年（一九〇四），杜月笙十七歲，那一年的大上海，在新舊勢力衝突，中西文化激盪下，終於爆出了革命性的火花。華夏睡獅覺醒了，徬徨失據、莫知所措的上海百姓屹立起來。那一年，日俄開戰，滬上震動。黃興組織的華興會，在湖南起義失敗，消息傳到上海，人人爲之熱血沸騰。滬上士紳又爲美國人虐待童工，倡議抵制美國貨。在一連串的民族自覺運動中，杜月笙風雲際會，得以扮演一個搖旗吶喊的小角色。他的搖旗吶喊，參與群眾活動，對於時艱毫無補益，但是對杜月笙個人，卻是意義重大的精神鼓舞。論者有謂過去與現代之上海，應以光緒三十年爲界畫，「貞下起元」，上海人特別強烈的國家民族思想，實自這一年開始啓發。這一項說法，用於杜月笙個人，毋寧更爲適合，因爲國家民族的觀念，確自這一年中他「已能策動群眾，預問時事」爲肇始。

杜月笙的心情無比振奮，他終於結交上許多朋友，許多憂國憂時、熱血沸騰的青年朋友。如果讓他狂熱的高呼口號，參加遊行，爲國家民族的利益奮鬭下去，杜月笙一生的歷史必會改寫，他將成爲革命先進政治人物。可惜鴻元盛的老闆，並不希望他的水果店裡養成這麼一位特出的人才，他指責杜月笙不該常時「成群結隊，好管閒事」，跺足大罵了他一頓，當眾下逐客令，他把興高采烈漸入佳境的杜月笙停了生意。

06

脫胎換骨再世爲人

無意間遇見了一位舊相識，當年和他同在鴻元盛當小夥計的王國生，如今熬到出了師，自立門戶，開了一爿頗具規模的潘源盛水果行。

王國生見杜月笙三四年來了無寸進，潦倒如昔，看在同門師兄弟的份上，拉他到潘源盛去幫忙。他對杜月笙待遇優渥，敬禮有加，兩個人不分店東夥友，平起平坐。而杜月笙也能感恩知己，相幫著王國生，把潘源盛的業務做得蒸蒸日上，大有起色。

辛亥革命以前的上海，建築物大都是兩三層樓的房子，望衡接宇，街道狹窄。但是輪船火車，轎馬舟楫，卻從國內國外，四鄉八鎮，日夜不停的帶來如潮人群。外來資金大量湧入，東南財富漸漸集中，兩百年前還是一片蘆花蕩的黃浦灘，如今正像一隻汽球，迅速的在灌入氣體，轉眼間便飽滿、膨脹，平地昇空！

但凡一個國際性的口岸，都市建築物越多，陰影下的黑暗面必將與之俱增，上海自亦不能例外。古老殘破的上海縣舊城，和現代面目的租界地區犬牙相錯，脣齒互依，若干接壤地點，寖假成爲罪惡淵藪。骯髒湫隘的環境，粗糙簡陋的設備，但卻聚集了熙來攘往的芸芸衆生，店員、車伕、小販、苦力，這些小市民們在整日的辛苦疲勞以後，都把那些低級的遊樂場所，視作消閒享樂的溫暖天堂。

電影還沒有傳到中國，戲院僅只寥寥的幾家。小市民的消遣享受是賭博和冶遊。民國以前，上海的賭局大多由廣東人開設，虹口一帶是他們的根據地，大小不一，各式各樣的賭檔，星羅棋佈，除此以外，北門外城根還有彩票發行場，販賣各國的彩票，而以呂宋彩票歷史最久，風行一時。

寶帶門外，一長串破落戶的東倒西歪屋，是風光旖旎的花煙間。花煙間是最低級的人肉市場，在那裡進進出出的全是短打客，偶或也有被野雞拉來的鄉下老倌。

杜月笙睜著好奇的眼睛，懷著熱切的嚮望，他一步步走近上海的心臟。光緒三十三年（一九〇七），他二十歲，在潘源盛水果店頗受王國生的重視，他已經算是潘源盛的店員，按月可以支領一份薪水，一年三節，還有花紅銀錢好分。有了進帳，他起先拿去添置一些日用品，接著便將全身上下換個煥然一新，果然是「人靠衣裝，佛要金裝」，二十歲的杜月笙，眉清目秀，長身玉立，服飾整潔，言詞便給，一掃往昔那副憔悴襤褸的窶人子相。「著是威風」，杜月笙攬鏡自照，頗有點兒洋洋得意。

由於經常耳濡目染，平時又肯虛心學習，十里洋場的市井少年習氣，可以從他一舉手一投足間，很顯然的看得出來。黃浦灘上混了幾年，杜月笙彷彿已經脫胎換骨，再世爲人。他早已不是娘舅家裡委委屈屈的小可憐，也不再是高橋街上，三瓦兩舍到處打流的小癟三。他有固定的職業，豐厚的收入。由於一向待人熱心誠懇，曉得察言觀色，臨機應變，使他很能討人歡喜，左右鄰舍，以及和他相交往者，個個都對他好，稱讚他會做人家，能夠刻苦耐勞，將來一定有出息。

當杜月笙財勢絕倫、炙手可熱、事業絢爛、登峯造極的時期，他由於精神和體力的關係，對於事務之繁劇，酬酢的忙碌，感到負荷沈重，心情難免煩躁，他每每會回憶二十歲左右，那一段平凡而輕鬆的短暫時光。他並不諱言，當他一度成了潘源盛的店員，他確已心滿意足。吃得飽，穿得暖，袋袋裡總有些銅板制錢叮噹響，比起兒時的蹇滯，少年的狼狽，相距何啻天淵之別。頭腦單純，見聞不廣的杜月笙，當時竟想不起來，人生除了眼前的安定生活以外，復有何求？

他曾追憶的說：實在是因為小時候苦難的日子過得太多，太慘了，驚弓之鳥，聞絃心悸。一旦安定下來，卻還在戰戰兢兢，惴惴不安，就怕災禍突又臨到他的頭上，再叫他去過那種觳觫戰慄，腹如雷鳴的日子。有時候夜裡睡得正熱，猛然間會一驚而起，心裡突突的跳，怔怔忡忡的呆坐著，彷彿會有誰要把他從這安謐的環境中拉走。無緣無故的心慌了一陣，慢慢的定下心來，仔細想時，這豈不是天下本無事，庸人自擾之嗎？但是過了很久，依然不能重新睡去，他便暗暗的立下心願，他要加倍努力，以求確保這一段美好的時光。

倘使他能始終保持這種心情，和王國生合作，小心翼翼，謹慎將事，惟以衣食粗安為已足，那麼，上海灘也許會多一個成功的水果商，但卻永遠不會出現一位翻手如雲覆手雨、忠肝義膽、叱吒風雲的杜月笙了。

然而大上海是一個多姿多采，波譎詭秘的花花世界，一口青紅皂白、五花八門的大染缸，處處充滿誘惑，處處洋溢罪惡，這中西並存、五方雜處的洪爐，正在急劇的進行熔化與混合。超速的發展與瞬息萬狀的複雜環境，逼著置身上海的人，為了應變而促成自己本身的變化，大上海要鑄造一批嶄新的人物。

在這大時代的洪爐中，煉鐵成鋼，自有其艱辛痛苦的歷程，如欲成就更大，必須忍受煎熬最久，千錘百鍊，磨磚成鏡，庶幾可算大上海的產兒。杜月笙開始在上海定居，除了好高逞強的年輕人血性，他等於是一張白紙，他從浦東鄉下進入上海城，沒有讀完一本書，也認不識幾個大字，明善惡，辨是非，確非他的能力之所及。他魂牽夢縈，朝思暮想，一心要保有安定與平靜的環境，但是一經受到誘惑，他便在渾渾噩噩中衝毀了內心的堤防。

起先是結交了一些年齡彷彿的小朋友，他和他們相處得很好。因爲愛重朋友不但是杜月笙的天性；抑且由於幼失怙恃，感情饑渴，他亟於獲得人間的溫暖，這使他抱定以仁義行事，以忠恕持躬的一貫主張，而把友情看得比生命更重。於是使每一個和他交結的人，都能對他推心置腹，當作知己。

這些鄰舍街坊，水果市場的同行，有的世居滬上，有的來自鄉間，他們都比較純潔天真，玩不出什麼花樣。杜月笙和他們相處，反倒顯得遠比他們成熟。因爲曾經受過苦難的磨練，同時又當過高橋一批浮浪子弟的首領，他富於機智，判斷力強，而且一腔正氣，公平無私。小朋友們偶然發生了糾紛，他有本領剖析曲直，以理服人，不論花費多少脣舌與力氣，只要是他管上了的事，他都非把事情擺平不可。他那種鍥而不捨的精神，和熱誠正直的態度，足以化干戈爲玉帛，使兩個打得頭破血流的仇人，變成朋友。

從此他在小朋友間嶄露頭角，脫穎而出，他受到小朋友的愛戴，成年人的推重，小朋友們尊稱他爲「月笙哥」，「請月笙哥評評理看」，成爲解決糾紛的最佳途徑。他的聲譽逐漸在法租界八仙橋一帶展開，就當年的地勢而言，那一帶恰好是大上海的心臟部份。

杜月笙和大上海是迹不可分的，他和後來巍然屹立的上海市，同樣的從低卑的一角一步步升高到九霄雲裡。當外灘一帶的摩天高樓，一記記的在打樁，杜月笙也在一天天的站定腳根。他和大上海同時成長，同時屹立，幾乎也可以說是同其命運。

環境漸次的優裕，聲望迅速的在提高，杜月笙大可以在八仙橋做個富足的商人，公平的紳士，那樣他個人也許會過得更舒服、更幸福，但是他早年實在缺少「英雄造時勢」的魄力，他經不起罪惡的誘惑，巨大的洪爐把他捲進去了。

幾個年紀較大的同行，自詡是嫖賭兩道中的斲輪高手，經常在杜月笙面前大談其嫖經與賭經，逗引得這個血氣方剛的大孩子心癢難搔，食指大動。起先他還能把持得住，自己警告自己，到那種地方去，幹不出好事來。萬一搞不好，身敗名裂，眼面前的飯碗，可能又要敲掉。

但是有一次，竟然有人向他挑釁，他們存心拖人下水，想起勸將不如激將：

「喂，杜月笙，你要是有種，跟我們一道白相去！倘使你能過賭檔不下注，看見姑娘不動心，那纔算你狠！」

當時他心想，這算得了什麼呢？去就去！一方面開開眼界，一方面測度一下自己，是否真有志氣？果若不下注不動心的話，趁此機會，以後還可以堵住他們的嘴，叫他們死了心，杜月笙決不同流合污。

於是，他坦然的跟著他們去了，其結果，是罪惡吞噬了他。杜月笙不但下了注，而且賭興越來越豪；不但動了心，甚至沈迷越來越深，他由於走馬章台，浪迹平康，險乎送了他的性命。

07

入清幫成了「悟」字輩

杜月笙在上海，可以說事事都由最低層往最高峯爬，心智、交遊、財富、事業、名譽、地位莫不如此，即使是他一生的兩大嗜好，也一概皆然。

上海的賭窟，首推豪華奢麗的俱樂部，次屬固定地址的中型總會，等而下之，是幽僻角落臨時擺設的賭棚，以及流動性質隨遇而安的賭攤。

杜月笙先從蹲在馬路邊的賭攤上賭起，擲骰子、押單雙，賭法單調，輸贏太小，他覺得不過癮，又鑽進賭棚去呼么喝六，推牌九、搓麻將，有一度他還迷於三十四門押其一，中了獲利三十倍的花會。他自制錢、銅板，賭到角子、銀洋。戰前他事業最興盛的時期，家裡每日設局，一場輸贏，高達三五十萬。

至於冶遊，上海的堂子分三等，長三，么二，最低級的是花煙間。二十歲的杜月笙，不敢上長三書寓，也逛不起么二堂子，他只有在那些拉客野雞、肉身佈施的花煙間裡流連徘徊。這和他後來在上海花國領袖面前一擲萬金，了無吝色，而每當走馬章台，叫花子密密層層排隊等著施捨的盛況，豈可同日而語？

小東門的陳世昌，綽號「套籤子福生」，胸無大志，幹的是賭和嫖兩檔營生。所謂套籤子，是一種街頭巷尾小來來的賭博。脫胎於花會，簡單而利便；一隻鐵筒，插卅二枝牌九，下尖上方，作籤子狀；或十六支分纏五四三二一不等的五色線絲鐵籤；莊家賭客，每人各抽五支。賭牌九則配出兩副大牌，比較大小，賭顏色即比較誰的顏色多。業者一手抱籤筒，一手挽竹籃。竹籃裡裝的花生糖果，也可以賭菓品，也可以賭現錢。

「套籤子福生」陳世昌，起先挽籃抱筒，就在小東門、十六舖一帶，沿街兜賣兜賭；為了適應環境的需要，他未能免俗，投身「清幫」。「清幫」僅次於洪門，是我國第二大幫會，歷史已有三百餘年。「清幫」的祖師是羅祖，剏始人為翁、潘、錢三位同門兄弟，都是江淮人。他們分別收徒，立下三堂六部二十四輩，以及十大幫規。

三堂是「翁佑堂」、「潘安堂」、「錢保堂」。六部分別執管引見、傳道、掌簿、用印、司禮、監察各事。二十四輩猶如家族訂定的輩行，計為「清靜道德，文成佛法，仁倫智慧，本來自信，元明興禮，大通悟學」。民國以前，上海灘上的清幫中人，係以大字輩當家，如張仁奎、高士奎、樊瑾成、王德齡都是大字輩的人物。陳世昌是小角色，算「通」字輩，而杜月笙那時候初出茅廬，拜了陳世昌為師，於焉成了清幫中的悟字輩。有人以為堂堂杜月笙，竟會拜陳世昌為師，殊不值得。其實在二十歲的杜月笙心目中，陳世昌就不失為一位像樣的人物了。

自從杜月笙寄情摴蒱，迷戀花叢，他便和陳世昌結了不解緣。陳世昌慧眼識人，很看重杜月笙，而杜月笙恰巧也想在陰陽地界找個穩妥的靠山，得力的奧援，免得遇事上當吃虧，於是他們二人一拍即合，由陳世昌開香堂，收了杜月笙這個為清幫光前裕後，義節聿昭的門人。

08

從黃金榮發跡說起

和杜月笙同時進香堂，入清幫，拜陳世昌爲「老頭子」的，據他自己記憶所及，大概有十多個人。這十多位「同參弟兄」，往後風雲際會，卓有聲名者，除杜月笙外，要算馬祥生和袁珊寶，而其中尤以袁珊寶和杜月笙最接近。他是上海小東門當地人氏，就在潘源盛隔壁的一家水果行裡學生意。杜袁二人少年時期一搭一檔，同出同進，是頂要好的朋友。杜月笙個性豪爽慷慨，袁珊寶爲人熱心誠懇，因此他們兩位在一起時，曲盡牡丹綠葉，相得益彰之致，於是一雙好友從小到大始終分不開。杜月笙躋身上海三大亨的行列，在華格臬路營建華宅，袁珊寶便蓋一幢房子在李梅路，和杜月笙的住宅前後毗連，以便老兄弟倆經常走動、談天。

當時的馬祥生，比杜月笙、袁珊寶路子寬得多，他是常州人，到上海來找生路，不久便由於朋友的介紹，進了法租界同孚里黃公館。

同孚里黃公館，是早年上海聲勢顯赫、炙手可熱的大亨——黃金榮的家。

黃金榮，祖籍浙江紹興，太平天國之役，紹興失陷，他父親帶了全家大小，遷往上海避亂，先住浦東，後往蘇州擔任捕快，繼而再遷上海定居，做點小生意，維持生活。因此黃金榮小時候在蘇州住過，他不但對蘇州地面很熟悉，還有許多他父親留下來的人事關係。

黃金榮昆季五位，他行三，恰好上有兄姐，下有弟妹，不過老大早死，他便儼然長子，兒時的黃金榮，身體不好，經常哭鬧，看相的說這個小囝恐怕養不大，他父母只好把他寄名在和尚廟裡，從此改稱他的乳名叫和尚。黃金榮早期那個「和尚」的綽號，其實正是他的乳名。「和尚」吃母親的奶，一直吃到六歲為止。

從小不大喜歡讀書，卻是專愛寫字，小小年紀字寫得好，十多歲便開始賺銅鈿。年關將屆，他便擺個攤子賣春聯，據他自己後來說：「斗大的『福』字，我寫起來最拿手。」

姐姐出嫁，嫁給一位裱畫店的老闆，黃金榮的父母見他讀書興致缺缺，又聽說他不時到姐夫店裡去，欣賞那些已裱未裱，寄賣非賣的名人字畫，盤桓竟日，樂之不疲；以為他愛做這門行業，揀個好日子，把他送到裱畫店去學生意，好在姐夫姐姐不是外人，管教照拂這個弟弟，自會盡心盡力。黃金榮的脾氣也怪，叫他無事躭在店裡看看玩玩，他很喜歡，認真要他調漿糊，裁紙張，他頓時便大不耐煩。在裱畫店裡混了幾個月，一甩袖子，說不幹就是不幹。

回家閒著無事，都二十來歲了，纔通過父親當年老底子的關係，走上他父親的老路，吃捕快飯，他進入法租界巡捕房。

法國人在上海開闢租界，時間上較英租界略晚，地點則侷處於上海縣城與英界之間。道光二十九年（一八四九），及咸豐十一年（一八六一），兩次劃地，僅有七百四十三畝。光緒二十六年（一九〇〇），又闢新閘區的一小部分，約有千畝之譜，擅加擴充。

由於租界的面積倍增，巡捕房工作益為繁重，尤其上海華洋雜處，往往一街之兩畔，便分屬兩國的租界。為了維持治安，掌理庶政，英租界招募了大批印度巡捕，上海人見他們頭纏紅巾，稱之為紅頭阿三。法國人也就近取才，時在光緒二十六年七月二十七日，第一批安南巡捕二十九人係由法國殖民地安南調來。但是這些安南巡捕和印度阿三只能顯顯威風，擺擺架勢，因為他們和英國人法國人一樣，跟租界裡的華民言語不通，無法執行警察任務。於是當時法租界當局亟於延攬一批好手、幹才，在地方上吃得開的角色，替他們擔任「包打聽」工作。

法租界巡捕房為法國駐滬總領事白藻泰，公董局總董白爾（Paul）所設立。（法租界東至藍維靄路，西抵浦柏路的那一條白爾路，就是為了紀念他而命名），這一個組織隸屬於公董局警務處之下。當巡捕房成立之初，法租界上的外國人大為反對，因為他們大都僱用私人保鑣，認為增設巡捕房，對他們並無裨益，反而要增加他們的納稅負擔。

白爾不理，巡捕房終於成立，並且為了事實需要，僱用中國包探（又名華捕、巡捕、上海人俗稱包打聽），第一位中國領班包探是綽號「大塊頭」的徐安寶，他曾經是黃金榮的頂頭上司。

黃金榮運道不錯，當他初進法捕房時，恰逢租界當局公告調整華捕待遇，以徐安寶為例，他月薪紋銀四十兩，然後服務滿五年，每月加六兩，滿十年，加十二兩，滿十五年，加二十兩，滿二十年，連本俸帶加薪，每月可得紋銀六十五兩之多。

法捕房當時的編制，西探十三，華探十三，各給巡捕卡一張，編號自十三至一，按照年資淺深編列，並且依序遞升。黃金榮剛進法捕房，他所得的那一張卡編為十三號，有此一卡在手，便能管理眾人之事，權力之大，只要通過外國人，盡可生殺予奪，一手包辦。於是乎租界華民在不勝凜懼之餘，暗底下既艷且羡，又敬又怕，喊他們爲「揑卡的人」。

巡捕房的職責是警奸察宄，維持治安，另外還有一項不成文法的任務，就是協助執政當局，推行政令。由於法國人初立租界，和他們治下的華裔「子民」語言不通，扞格難入，華籍巡捕的地位和職責，益形重要，他們是統治階層與被統治者之間的橋樑。

09

一語不合拂袖而去

黃金榮能夠躍登華捕的顯赫行列，完全由於他父親是舊捕快的前輩，四面八方，都吃得開。因此他進了法捕房，著上號衣（制服）以後，難免有點趾高氣揚，目無餘子。他年輕，不太懂得人情世故，辦事過於認真，尤其少年氣盛，遇事爭先，因此使他在同行中人緣並不太好。有一次，陽曆年間，他到外國頭腦家裡去拜年，別的包打聽都是衣著樸素，故作寒酸，表示他們平素一清如水，不曾搞錢，唯有黃金榮，鮮衣怒馬，派頭一絡，他穿一襲簇新的絳紫色緞袍，湖色一字襟綢馬褂，跑到外國頭腦家裡，外國頭腦一看見他這一身裝束，大不以爲然，當時便說是：

「你穿得太漂亮了！」

「有啥不可以？」黃金榮振振有詞的回答：「我們當包打聽的，有時候還要化裝辦案呢，什麼衣服我們都要穿穿！」

外國頭腦懂的中國話不多，看黃金榮一本正經，以爲他在有意頂撞，當時就板起臉孔大聲的說：

「不行不行！」

「啥個不行？」黃金榮毫不示弱，眼睛一彈，他上前砰的一拍檯子：「你說不行，我今天就不吃你這碗飯！」

說罷，他從懷中掏出第十三號包打聽卡，當場摜給那個外國頭腦，一個轉身，揚長去了。

一時不想回家，帶了一名得力的伴當，綽號「鬧天宮」的徐福生，到蘇州去開碼頭，蘇州是舊游之地，朋友很多，其中最要好的，便是後來做到蘇州市商會會長，人稱「蘇州杜月笙」的劉正康。黃金榮住在劉正康家裡，不久由於朋友幫忙，他在蘇州盤門外青陽地開了一爿老天宮戲館。

上海人有一個專門名詞，稱呼三百六十行之外，從事一種特殊行業的人，那便是所謂的「三光碼子」。「碼子」，泛泛的指一般男性小人物，親切中帶點狎暱的意味。譬如說，「壽頭碼子」意爲傻瓜，「朝陽碼子」指店老板，「掃青碼子」謂剃頭師傅，「三光碼子」稱的是包打聽助手，——他們不支薪，不拿餉，在巡捕房的花名冊上挨不著份。他們只是亮起包打聽的名號，藉他們的勢力，靠他們的撐腰，替某一位包打聽跑腿當差，偵辦案件，勾當點公事，抬抬自己的身價，碰到雞毛蒜皮的小案子，瞎摸亂撞的賊骨頭，他們也能抓人，動刑，揚言：「跟我到巡捕房裡去！」而把對方嚇得魂靈出竅，屁滾尿流。在大都市裡，有權斯有財，凡此三光碼子長年累月跟著包打聽賣命辦事，忠心耿耿，勤勤懇懇，或爲徒弟，或爲朋友，卻是不但不問包打聽拿錢用，說不定反倒明裡暗裡，孝敬幾文。讓包打聽心中暗道：「某人蠻落檻格！」（這傢伙挺夠意思）。

徐福生，在三光碼子中，要算是文武全才，狠來兮的角色。他對於黃金榮，一腔忠忱，心無二用，因此他一直都是黃金榮的心腹大將，託身黃門，歷數十年之久。當日黃金榮一怒辭差，到了蘇州，徐福生遂亦追隨左右，黃金榮在劉正康家裡孵荳芽（彷彿「飲食終日，無所事事」），徐福生便到一家茶館店裡，屈爲跑堂。

清末民初的戲館，跟茶館也差不了好多，一個小小戲台，三面低窄樓座，連同戲台面前的池座在一起，擺那麼二三十張方桌，看客喝茶、嗑瓜子、吃水果，懶怠看時聊起天來亦無不可，前台歸茶房侍候茶水，大門口由案目負責招徠看客。進戲館不用買票，票資便包含在茶錢裡頭。——由於戲館只有這麼點兒規模，所以，當黃金榮的老天宮揭幕，徐福生白天仍還在茶館跑堂，只不過晚間去照拂照拂。

10

法國頭腦移樽就教

在蘇州一住幾年，某次，上海法租界接連出了幾件巨案，久久不能偵破，法捕房的外國大頭腦和二頭腦（亦即捏西捕一號、二號卡的人），心中煩惱，相偕到蘇州遊玩。他們在茶館遇見徐福生，還記得起他從前是幫黃金榮跑腿的三光碼子，由他想起黃金榮的辦事認真，破案最有辦法，當時他們便將徐福生喊過來說：

「黃金榮這個人不錯，既能幹，在法租界又兜得轉，前些年他一怒而去，我們一直都在想念他。聽說他也在蘇州，如今正是法捕房用人之際，你如果能夠把他找來，我們必定加以重用。」

熬了這麼些年，佳音自天而降，徐福生欣喜若狂，連聲喏喏，他圍裙都來不及脫，上氣不接下氣跑到還不曾開場的老天宮戲館。黃金榮正將幾張方桌拼起來，邀了一大群人，呼盧喝雉的，大推其牌九。而且當時正是春風得意，贏了不少的錢。他聽徐福生跑來一報告，眉飛色舞，一躍而起，贏到手的錢都不要了，他拉住徐福生的手，兩人飛快的跑回茶館去。

跟法捕房大二頭腦一談，彼此都很滿意，但當法國人問他什麼時候可以動身回上海？黃金榮忽的眉頭一皺，他沉吟俄頃，方說：

「等二位明天遊過了靈巖、天平回來，我自會給你們答覆。」

原來，這時候黃金榮剛剛成親，有一回，黃金榮單槍匹馬，跑到蘇州府衙門一位捕快家中辦交涉。那位捕快是個溫吞水，遇事畏首畏尾，極不漂亮。相形之下，益發顯得黃金榮人物軒昂，派頭一絡，手條子明快，擔得起肩胛。這種情形看在捕快太太林桂生的眼裡，居然慧眼識英雄，芳心極其仰慕，不久，她便和懦弱無能、志趣不合的丈夫脫離，成爲黃金榮的床頭人。

這位林桂生女士，身材矮小，相貌平平，衣著樸素，不施脂粉，但卻精明能幹，目光銳利，她的心胸見識，往往勝過鬚眉，黃金榮把她佩服得五體投地，事事言聽計從，不敢違逆。這日，他回家把法捕房找他的事情一說，林桂生不假思索，脫口便說：

「這樣好的機會，當然要去。」

黃金榮興高采烈的說：

「那麼，我明天就去回覆他們囉。」

「慢一點，」林桂生一轉眼珠，指他一條明路：「這次他們把你請回去，可見得一定是有什麼難辦的大案，你不妨端端架子，拿個蹻。你去跟他們說：你辦案子不比旁人，全仗手底下的人多，這許多人也是要吃飯的，你一定得有個地方安頓他們。就這樣吧，你叫他們准你做點旁的事情，比方說，讓你在租界裡開戲館。」

「這個恐怕很難辦得到，」黃金榮搔搔頭說：「外國人的章程裡訂得有，捕房裡的人不許兼營他業。」

「啥個章程？」林桂生輕蔑的一撇嘴：「章程也是人訂出來的！他們不答應這一條，你就說你不能做！」

第二天，黃金榮愁眉苦臉，無精打采，去給法國人回音。他認定這樁事情一定不成了，但是不曾想到，兩位法國頭腦勸他不動，居然無可奈何的說：

「請你等我們回到上海，向上級請示過了，再寫信來答覆你。」

三天後，信到了，黃金榮歡喜得跳了起來。法國人在信上寫著：「所有條件悉遵台命，務請剋日動身，來滬接任新職。」

他喊來徐福生，把老天宮戲院交給他繼續經營，找到好買主，立刻盤掉，再去上海當他的「三光碼子」。自己則和林桂生摒擋行李，搭火車回到了上海。

就靠林桂生的靈機一動，拿了次蹻，黃金榮自此打開了他的黃金世界，由鄭家木橋的一爿老共舞台開始，黃金榮先後開設過共舞台、大舞台、黃金大戲院。抗戰時期，他更斥資一百萬元，盤下規模全國第一的「大世界」，因而使他成爲上海娛樂界的「眾家老闆」，黃老闆的尊號不脛而走，最盛時期，單在他那一系列戲院裡支薪的員工，多達一千餘人。

11 聚寶樓上群英畢集

黃金榮到上海後，因爲自己手裡有點錢，他買下老北門民國路同孚里一整條的衖堂房子。自己住一幢，餘下七幢則分配給他的朋友和手下分住。

上海法租界公董局，下設警務、工程、稅捐三處及救火會與衛生局，後來又增設一個分類營業處。警務處在盧家灣，老上海習稱：「盧家灣老行」。老行是一幢三層樓的建築，三樓是政治部，二樓刑事部，一樓則爲盧家灣巡捕房，這是法租界七個巡捕房之一。其餘的六個，最大而最重要的是大自鳴鐘巡捕房，以次類推，乃是嵩山路、善鐘路、貝當路、盧家灣、徐家匯。黃金榮這次是在大自鳴鐘巡捕房當差。

大自鳴鐘巡捕房座落法大馬路，巍巍高塔上嵌一隻大自鳴鐘。這隻自鳴鐘是上海灘最古老、最有名的，它和後來設置的外灘江海關大自鳴鐘，以及跑馬廳西的大自鳴鐘鼎足而三，號稱上海三大自鳴鐘。而歷史悠久、臥虎藏龍的法大馬路巡捕房，也就習於被人叫做：「大自鳴鐘巡捕房。」

當法捕房的包打聽，黃金榮不穿號衣（制服），不帶手槍手銬，也不到捕房裡去辦公，他當時的工作情形舒適而奇特，每天早晨九、十點起床，盥洗已畢，著好衣裳，便悠哉遊哉的去上茶館，他每天必去的那家茶館叫「聚寶樓」，地址在法大馬路，老上海人人耳熟能詳。黃浦灘上從前有兩個稱號，恭維後來那些風雲際會、灼手可熱的法租界「三光碼子」，即所謂：「社會大學畢業」、「聚寶樓出身」。

聚寶樓是黃金榮早年的根據地，他每天往固定的座位上一坐，立刻便有川流不息的人跑來跟他打招呼、談公事、講斤頭、交換情報、打聽消息。

據現仍健在的黃金榮長媳黃李志清女士追憶說：

「想想也是好笑，我們老太爺一輩子不會開鎗，絕少出手打人，而且一生一世不說法國話，但是他卻在法捕房做了三四十年的總探長。職位升到無法再升，法國人還要拉牢他，於是只好又破規矩，把法國人自家才可以得的榮譽職務讓出來。」

黃李志清女士說黃金榮「絕少出手打人」，那是因爲黃金榮畢竟也有一次忍無可忍，打了上海英租界大亨，後來又成爲他兒女親家的沈杏山一記耳光。那一記耳光的分量比山還重，因爲他打出了神通廣大的三鑫公司，打出了黃金榮、杜月笙、張嘯林上海三大亨的地位，以及他們萬千徒眾的錦衣玉食，合計起來價值億萬的驚人財產。

黃金榮林桂生夫婦，同是對於杜月笙的一生，具有重大影響的人。而和杜月笙同在黃公館後門裡住竈披間，終於登堂入室，分庭抗禮的，便是那一個月落星稀的深夜，和他同在陳老頭子開的大香堂裡，磕了幾十上百個頭的同參弟兄，當年在黃家打雜的馬祥生。

12

歡天喜地進了香堂

那夜，月落星稀，一天黯沉，從小東門到市郊一座小廟，平整的石板路上，不時出現三三兩兩的夜行人。他們一個個面容嚴肅，埋頭疾走，即使遇見了相熟的朋友，也都不打招呼。

杜月笙和袁珊寶，心中熱烈興奮而又緊張，因爲他們早經預習開香堂的禮儀，準備好了拜師紅帖，以及紅紙包裡的贄敬，只要通過大典，他們就將是清幫中的「小師傅」了。

在進香堂以前，按照幫裡的「切口」，他們都算是「倥子」。晚間，杜月笙和袁珊寶這兩個「倥子」，曾經爲了贄敬應該包多少錢，有過一番小小的爭執，他們兩人罄其所有，把身邊的錢集攏來，一共只有三塊銀元，依袁珊寶的打算，每人包一隻洋，剩下一元還可以混幾天日腳。但是杜月笙堅持一家一塊半，袁珊寶不答應，爭了半天不得結果，杜月笙讓他去送一塊洋鈿，自己爽性多送五角。他暗暗的去向王國生借了一塊錢，瞞著袁珊寶，打開紅紙包，一淘攏進去，若干年後他解釋當時的心情：進香堂入清幫是他一生中的一件大事體，彷彿不這麼做，就不足以表示自己的誠心和歡喜。

行行重行行，走到了那座小廟，老頭子陳世昌邀來撐場面、「趕香堂」的前輩都到齊了，雙扇廟門，關住了大殿裡的香煙繚繞，燭火搖曳，以及神龕前的一列黃紙黑字牌位，和幢幢來往的人影。除了十多位即將入幫的倥子，還有一位引見師留在廟外，陪伴他們。

等了一會，點齊人數，引見師帶領這一隊「倥子」直趨廟門。只見他伸手在門上輕輕的敲三下，於是，裡面有人高聲的問了：「你是何人？」

從此引見師和裡面問話的人，開始一個字也不許出錯的對答，引見師通名報姓的答道：「我是某某人，特來趕香堂。」

「此地抱香而上，你阿有三幫九代？」

「有格。」

「你帶錢來否？」

「帶格。」

「帶了多少？」

「一百一十九文，內有一文小錢。」

答對了，廟門呀然一聲，敞開。引見師一馬當先，把十來個「倥子」領到神案之前，杜月笙抬眼一望，只見那一大幅黃紙上面，整齊的寫著十七位祖師的牌位，正當中的一位是：

「敕封供奉上達下摩祖師之神位。」

自達摩祖師以次，供奉祖師的名諱是任慧可、彭僧燦、葉道信、萬弘忍、楊慧能、金清源、羅淨修、陸道遠、翁德意、錢德正、潘德林、王文敏、姚文全、建號隆武的明朝唐王、和建號永曆的桂王。往後大磕其頭的時候他又看到，大門外還供了一位「小爺」，他是明末忠臣史可法，因爲上面有唐王、桂王兩位明代帝王，史可法是人臣，不便與帝王同列，方始委屈他守在門外。

本命師，也就是他們這一群「倥子」未來的「老頭子」陳世昌，端一張靠背椅，往當中一坐。他的兩旁，雁序般排開兩行趕香堂的前輩，又稱「爺叔」。在幾十位爺叔當中，除了本命師和引見師，還有分司執事的八師，稱爲「傳道師、執堂師、護法師、文堂師、武堂師、巡堂師、讚禮師、抱香師」，這便是所謂的香堂十大師了。

有人端了一盆水來，從本命師起始，挨著輩份次序，請大家一一淨手，淨手代表沐浴。水只有一盆，手倒有好幾十雙，輪到杜月笙洗時，乾淨水幾乎變成了爛泥漿。他非但不以爲意，而且懷著滿腔虔敬，把自己的手洗得更髒。

淨好了手還要齋戒，盛一大海碗水，又從本命師依次傳下去，一人喝一口，喝時嘴巴不許碰到碗邊。一口水喝下去就算齋戒過了，從此一其心志，迎接神祖。

沐浴齋戒已畢，抱香師從列隊中邁前一步，面朝殿外，拉開嗓門，高聲喝起四句請祖詩：

「歷代祖師下山來，紅氈鋪地步蓮台；普渡弟子幫中進，萬朵蓮花遍地開。」

然後，他把一手執燭一手持香，將香與燭搭成十字，在每一座牌位前磕三個頭，磕完頭隨即獻上香燭。五十一個頭磕好，十七副香燭獻齊。這位抱香師再從神案中央將五支抱頭香點燃，捧到廟門口，再一次把廟門關牢，轉身進來，大喝一聲：

「本命師參祖！」

參祖就是參拜祖師，陳世昌離座就位，面向壇上，先默默的唸詩一首，然後自家報名：

「我陳世昌，上海縣人，報名上香！」

這時，左班排頭閃出讚禮師來，朗聲讚禮，令本命、引進、傳道、執堂、護法、文堂、武堂、巡堂各師挨著次序，每人在每一牌位前磕三個頭。等最末一個巡堂師磕完，他自己也恭恭敬敬的走上去，如法炮製，照磕不誤。

十大師參祖過後，輪到趕香的朋友依樣畫胡蘆。參罷祖，執堂師走出來，介紹幫裡的朋友相互見禮。於是趕香堂的也分列左右，齊齊的排了兩行。

至此，杜月笙精神一振，他知道入幫大典就要開始了。

引進師和傳道師，領著杜月笙一行參拜祖師，參拜香堂十大師，參拜所有在場的爺叔。一連串一兩百個頭磕下來，體力差些的，已經覺得腰腿不大靈活了。這時，「倥子」群裡領頭的一位，還要向在場的同幫客氣一下：

「先進山門爲師，後進山門爲徒。各位老大受禮！」

說完立刻率著眾家兄弟，向上磕個總頭。這時讚禮師父手捧一大把香，分給「倥子們一人三枝。杜月笙等人雙手捧定，十來個弟兄一字兒排開，齊齊並肩跪下，等傳道師升座，交代三幫九代。所謂三幫九代也就是幫裡的祖先世系，徒子徒孫字輩，來龍去脈，細細吩咐清楚。

終於輪到本命師陳世昌登場了，他站在壇前，俯望著杜月笙那一幫矮了半截的人，彎下腰來照例的問：

「你們進幫，是自身情願，還是人勸？」

十來個人異口同聲的回答：

「自身所願。」

於是陳世昌站直身子厲聲告誡：

「既是自願，要聽明白。安清幫不請不帶，不來不怪，來者受戒。進幫容易出幫難，千金買不進，萬金買不出！」齊聲應了是，隨即就將預先備好的拜師帖和贄敬呈遞上去。拜師帖是一幅紅紙，正面當中一行，恭楷「陳老夫子」，右邊爲三代簡歷，自己的姓名年齡籍貫，左邊由引見師預先簽押，附誌年月日。

拜師帖的反面，寫好一十六字的誓詞：

「一祖流傳，萬世千秋，水往東流，永不回頭！」

陳世昌收齊了贄敬和拜師帖，又喊一聲：

「小師傅受禮！」

眾目睽睽之下，陳世昌要拿出他的看家本領來了，面對十多位小師傅，他將傳授一幫三代的歷史，十大幫規，以及記載清幫各種「切口」的秘本。清幫幫規相當嚴格，違者輕則罰跪香堂，重則戒板、除籍，甚至三刀六洞，秘密處死。後來杜月笙向朋友坦然承認，對他這麼一個缺乏教養，浪跡滬濱的孤兒來說，清幫十大幫規確曾在他立身處世方面，具有重大的教育意義。

茲誌清幫的十大幫規於次：

一、不許欺師滅祖。

二、不准藐視前人。

三、不准扒灰放龍。（註：扒灰，指吃裡扒外；放龍，指出賣幫裡。）
四、不准奸邪淫盜。
五、不准江湖亂道。
六、不准引水帶跳。
七、不准擾亂幫規。
八、不准以卑爲尊。
九、不准開閘放水。
十、不准欺軟凌弱。

除此十大幫規以外，還有一項更嚴格的規定：必須確守幫中秘密。任何人進了清幫，便得「上不傳父兄，下不傳妻兒」。縱使在自家幫裡，也是只有縱的關係而無橫的聯繫，即所謂：「師知其徒，徒識其師。」同參弟兄之中，經常來往不多的，照樣的像是路人一般。因此，倘若遇到事情，必須要找自家人的時候，他們便唯有利用秘本上規定的切口、動作和手勢，種種暗號，都要背誦得一字不差。熟練得一毫不爽。譬如說進茶館酒樓必定右腳先跨進門檻，左手拎著袍衩，盤切口時對方頭一句問：「貴幫有多少船？」應該答以：「一千九百九十一隻半。」當地老大有事相商，斟茶時要鳳凰三點頭——一杯茶分做三次斟滿。如果來人比當地老大輩份低，需以大拇指在桌面三跪九叩首，輩份相同，用大拇指在碗蓋上點點就行了。

清幫人最忌「倥子」冒充，因此切口不熟，手勢動作不符，不但得不到所需要的幫助，而且大有惹上殺身之禍的可能，杜月笙早年確實把老頭子陳世昌的秘本背得滾瓜爛熟，因為他聽說只要動作符合，對答如流，便可以分文不帶走遍天下，到處有在幫中人供應吃住，解決困難，贈送盤纏，甚至替他賣命報仇——清幫中人是最講義氣的。當年，杜月笙深以為能夠參加這麼一個擁有百餘萬眾的秘密團體，感到興奮鼓舞，熱血沸騰。

現在，祇要聽完老頭子講完清幫的歷史和宗旨，杜月笙第一次參加的重大儀典，即將宣告完成。

13

清洪兩幫一頁簡史

清（幫）、洪（會）一脈兩支，都是我國民間秘密革命組織「天地會」裡分出來的，兩者俱有三百年以上的歷史。由於晚近清幫中人，一致認爲杜月笙是清幫空前絕後、超凡入聖的人物，我們如欲了解他的一生，必須對於天地會以至其支脈清幫的歷史及沿革，首先有所認識。

這裡面包含一連串曲折離奇，血淚交織的故事。

明末，清兵入關，崇禎皇帝縊死煤山；史可法在揚州奮戰不屈，兵敗殉國。他部下有一位幕僚洪英，字啓盛，山西平揚府太平縣人，崇禎四年（一六三一）辛未進士。蒲城蔡德忠、懷來方大洪、涿州馬超興、絳州胡德帝、李式開，慕名來歸，成爲他的幹部。史可法死難，他猶招撫部眾二萬，節節抵抗清軍。順治二年（一六四五）五月十三日，洪英身受重傷，死於三叉河，臨終前命蔡德忠等南下福建，往投鄭成功。

順治十八年（一六六一），鄭成功退守臺灣，招兵買馬，徐圖反攻。清睿親王多爾衮反間破壞，散佈：「好男不當兵，好鐵不打釘」的說法，鄭成功帳下文士集議，創設「漢留」，開山立堂，定名「金臺山」、「明倫堂」。軍營之中，一律兄弟稱呼，共同以「反清復明」爲宗旨。

爲了聯絡志士，建立反清力量，鄭成功派大將陳近南赴珠江流域，萬雲龍往黃河流域，蔡德英等五人到長江流域，從事地下工作。其中陳近南因語言不通，地方不熟，將珠江流域的工作交付蔡德英等五人，自己遠走雲南、貴州，四川，在湖北襄陽附近的白鶴洞以修道爲掩護，糾集志士，共籌大舉。雍正十二年（一七三四）七月廿五日在紅花亭歃血爲盟，兄弟結義。當時夜色朦朧，天發紅光，眾人驚異，以爲天意助成，因號「洪家大會」，揭竿起義，這是洪門的由來。

康熙二十年（一六八一），鄭成功嗣子鄭經病死，鄭克塽立。兩年後，施琅攻臺灣，鄭克塽在失敗以後將洪門弟兄花名冊、規章（俗稱海底）、以及鄭成功的「延平郡王招討大元帥印」，藏諸鐵箱，沉於海底。

四川藥材商人郭永泰，以經商爲掩護，由川入閩，謀求切實連絡，一日到達金門，借宿一漁民家，見其米缸蓋上，赫然有漢留規程及海底，急忙追問，知是漁民在臺灣近海撈出鐵箱。「大元帥印」，已以十兩紋銀，售予鄰家。郭永泰出資贖回帶返四川，嗣後漢留（洪門）弟兄，身上所攜的憑證，即蓋用此印，謂之爲「寶」。同時又因爲蓋用不週，於是訂有許多暗號，名爲「海底」，見面盤問，必須對答如流，這便叫做：「有寶獻寶，無寶盤考。」

乾隆年間（一七三六至一七九五），天地會人士翁德正、錢德慧、潘德林，趁清廷困於盜賊遍地，漕運受阻，徵募督辦漕運人員，到北京城揭了皇榜，建議清廷組織「清幫」，承攬漕運，俾與「洪門」對抗。他們提出「替天行道，戴髮修行」的口號，表面上說替「王子」行道，實際是指替「天地會」行道，至於「戴髮修行」，則是企圖保有漢人髮式，不予薙芟。清廷不知是計，同時又格於形勢，允准立幫。因爲漕運是當時國內交通的動脈，漕連不通，清廷生機即受威脅。

翁錢潘三位反閭計成，隨即打著奉旨督辦漕運的幌子，建立組織，尊達摩菩提祖師爲始祖，二祖慧可禪師，三祖僧燦禪師，四祖道信禪師，五祖弘忍禪師，六祖慧能禪師，金祖清源禪師，林靜修祖師，陳靜覺祖師，趙靜玄祖師，周靜靈祖師，羅靜卿祖師，陸道元祖師，再下來便是翁、錢、潘三祖，往上數還有王降祖文陞，宿祖文久，蕭祖文全，王小祖文功，姚祖文靄。

又定了金祖演傳二十四代法字，亦即二十四輩排行，也就是自金祖清源禪師往下數，實爲：「清（清源）靜（林靜修、陳靜覺、趙靜玄、周靜靈、羅靜卿）道（陸道元）德（翁錢潘），文成佛法，仁倫智慧，本來自信，元明興禮，大通悟學。」

翁錢潘三位的組織能力極強，於是清幫發展迅速，不久便遍佈山東、江蘇、浙江、安徽、湖北、湖南、福建、廣東、河北、河南等省份，擁有幫頭（分支機構）一百二十八幫半，船隻九千九百九十九艘半。

一般說來，清幫組織嚴密，於有清一代，處於半公開的狀態之下，處境不如洪幫的險惡，但其聲勢，則遠不及洪幫廣泛浩大。清幫講究宗派尊卑，有「師徒如父子」之說。洪幫崇尚手足義氣，他們尊奉的三把半香，一是羊角哀左伯桃生死全交，二是劉關張桃園三結義，三是梁山泊裡一百零八將，半把香名爲「瓦崗威風」，採自唐史，由於單雄信死於自家兄弟之手，瓦崗的半把香還是秦瓊捧頭一哭，哭出來的。洪幫有所謂：「兄不大，弟不小」，在幫的人地位一律平等，互以兄弟相稱，不過清洪兩幫木本水源，同屬漢留（又稱洪門，又稱天地會，三合會，三點會，因時因地因限於環境，這群從事秘密反抗工作者的團體名稱一改再改，會名幫名不一而足）。所以雙方如在江湖上相遇，必以「清洪原是一家」，或者「只是有金盆開花，沒有清洪分家」為聯絡口語，以免發生誤會。

清洪兩幫對於吸收人才，有一個共同之點。那便是他們著重實行，不尙理想，因此他們的組織章程雖由明末士大夫如顧炎武、王夫之、傅青主、黃梨洲等諸人所定，但是他們對於知識份子的爭攬始終興趣不高，這大概是由於他們重視實際工作的緣故。

三百餘年以來，清洪兩幫人士，以反清復明，進行種族革命為職志，生死以之，艱難備嘗，他們拋頭顱，灑熱血，義旗迭舉，前仆後繼，他們形成古今中外歷史最悠久、規模最壯大的秘密會黨。滿人應付這一股沛然莫之能禦的民族正氣，二百六十八年來經常焦頭爛額，疲於奔命。統治階層為欲造成民間對於種族革命者的反感，不惜誣蔑誹謗，羅織入罪，將許多惡劣的稱號加諸他們頭上，譬如叫他們「光棍」，稱他們「流氓」。於是清洪兩幫的人士也想出巧妙的解釋以資對抗。他們說「光」是正大光明，「棍」是正道可倚，「流」是漢流，「氓」是亡國之民。還有所謂：「光棍嘴裡出聖旨」，表示一言即出，駟馬難追，正如為人交口讚譽，欽仰備至的，杜月笙所慣說的：「閑話一句。」

還有一項掌故，清幫因為承攬漕運，早先開香堂都在船上，因此凡在船上進香堂的悉稱「方門」，後來由於：「糧船不行運，雀桿不點頭（意指糧船行不得，旗桿高高在上，不予示可）。」的說法，開始改在陸上收徒，但為保持秘密，每擇荒郊野外的孤廟，在廟裡進香堂的，名之為「圓門」。

清幫十大幫規，光明正大，尊師守法，入幫者須以仁義禮智信爲立身之本，而特別講究義氣，他們的尊師、敬老精神，值得令人效法。師有所命，弟子謹從，即使赴湯蹈火，莫不奮勇爭先。所以他們的道友輾轉引進，短短時期中即已遍及全國。辛亥革命，清幫中人躬與其役者不勝枚舉，嗣後但有公益事項，不論出錢出力，他們必定踴躍輸將，決不後人。凡此種種，都是清幫的傳統精神所使然。

杜月笙加入清幫，在輩份上落到倒數第二，自他的「悟」字輩往下數，二十四輩就祇剩了個「學」字，嗣後雖說有人續了二十四字，謂爲「後二十四輩」，如「萬家依歸，戒律傳寶，濟渡輪廻，普門開放，應照乾坤，戴髮修行。」但是，幫會持續到民國初年，算是登峰造極，發揮得淋漓盡致，及至杜月笙身上，更是光芒萬丈，如日中天，自有清幫三百餘年來，堪稱不作第二人想。不久國民革命軍北伐成功，全國統一，這個兼容並蓄、包羅萬象的民間秘密組織，也就是由於時代和環境的關係，從此盛極而衰，臨到日薄崦嵫時分了。

杜月笙在清幫中的地位非常崇高而傑出。他使清幫發揚光大，是由於他個人的條件與時代的因素造成。他那些口碑載道，傳誦遐邇的義行，可以說就是清幫所標榜精神的一種自然流露。因此，清幫的組織容或渙散，但它由於杜月笙這個人所發生的影響，勢將在無形中傳播久遠。同時，對於杜月笙個人，清幫十大幫規，以及師友之間的砥磨切磋，敦品勵行，影響至爲重大。這位少讀詩書，幾可謂爲胸無點墨的海上聞人，能夠一輩子抱定忠義兩個字，從上海十六舖、八仙橋那一片爛泥巴裡，爬上了二十四層直聳雲霄的摩天大樓的頂端，他的成功基礎，也正是清幫裡傳授給他的那一套

「社會哲學」，無怪乎後來有人稱他「社會學博士」。如果我們以他一生的行誼，和清幫的十大幫規及其所標榜的精神，一一加以對照，當不難發現其間的關連。因此我們可以這麼說：加入清幫，是杜月笙一生最重大的一個轉折點。

14

從「泥鰍」到跳龍門

杜月笙中年以後曾經對他一位知己朋友，推心置腹，很懇摯也很沉痛的說過這麼一段話：「看我們今朝的排場，像煞鯉魚跳過了龍門，化魚爲龍，身價百倍了，但是你要曉得，我跳龍門比你難得多。你好比是條鯉魚，修滿五百年道行就可以跳，我是河濱裡的一條泥鰍，先要修了一千年才能化身爲鯉，再修五百年才有跳龍門的資格。因此之故，我無論做任何事體，都是只可成功，不許失敗的，譬如說我們兩個同時垮下來，你不過還你的鯉魚之身，我呢，我又要變回一條泥鰍囉！」

杜月笙自況泥鰍，當然是指他由貧微而富貴，從起步到成功的那一段艱苦歷程。在此一階段中他因環境的感染，自身學識修養之所囿，積非成是，隨波逐流。他曾搶過煙土，包庇過賭場，做過中國空前絕後的煙土大王。在罪惡邊緣杜月笙的行徑簡直是罄竹難書。但是，以他個人的身世和環境言，我們唯有同情，站在國家社會利益的立場看，我們難免嫌惡，如若證以他一生的事業和成就，我們就不能不爲之咋舌，嘆爲觀止！「萬丈高樓從地起，英雄何論出身低」的說法，在杜月笙身上已獲得充分的證明。

少年時期的杜月笙，吃喝嫖賭，無所不爲！自從拜了陳世昌爲師，近朱者赤，近墨者黑，嫖賭兩檔，他算是都挨進半個身子去了。

首先發生的嚴重問題，是經濟恐慌。起先在潘源盛水果行規規矩矩的做事，省吃儉用，一個月拿幾塊大洋薪水，還能夠添置些衣服鞋襪，把自己打扮得光光鮮鮮，整齊體面。如今沉溺於嫖和賭，而且迷戀日深，常時留連。那戔戔可數的幾塊錢，又怎麼夠用咧？當年的杜月笙，胳臂不粗，拳頭不狠，他有小白相人的氣慨，卻還做不來當保鏢，抱枱腳那一類的勾當，因此白吃白嫖，也就輪不到他的身上。而當兩手空空，奇癢難熬的時候，他比任何人更感到痛苦煩惱。

加入清幫，頭一樁好處是朋友多，有硬紥的後台，無論走到哪裡，只要背得出切口，通得過「盤考」，到處都有自家人，可以為他解決困難，壯勢撐腰，最低限度不至於吃虧上當，受人欺侮。王國生風聞杜月笙已拜過老頭子，立刻便利用他這一層關係，請他專任跑街。上十六舖碼頭提貨銷貨，到同行間送貨收款。杜月笙頭腦靈活，交際手腕不惡，在十六舖那許多家水果店的跑街裡面，他無疑是最出色當行的一位。王國生因此大有深慶得人之感，可是，他的憂愁煩惱，也就不旋踵的來到。

杜月笙天天要去賭錢，在賭國上海，他喜歡的是麻將與挖花，麻將是我國的國賭，黃浦灘上，連三尺童子也能上桌搓幾圈，挖花是葉子戲的一種，也就是紙牌。從事這兩種賭博，不但需要金錢，尤其浪費時間。少年人體力強，精神旺，杜月笙的賭興又特別濃，一上桌子就不想下來，往往接連搓個三日兩夜，都是稀鬆平常的事情。於是，潘源盛水果行便常時找不到杜月笙的人，甚至於有時候，他會接連失蹤三五天。

念在當年一道做過學徒，看在師兄的份上，王國生隱忍不發，只是乘杜月笙紅腫雙眼，呵欠連天的回來時，婉言向他規勸。店子小，人手少，何況杜月笙的跑街工作又很重要，他一連幾天不來店，生意都停下來沒有人做了。王國生說：

「事體歸事體，白相歸白相。凡事總要有個限度。」

曠工的次數與日俱增，王國生的勸告便越來越多，話也越說越重，杜月笙生來是個受不住閑話，服軟不服硬的性格。王國生對他動之以情，待之以禮，叫他賠出條性命來顧全友道，他也嘸沒言話講。然而，倘若有朝一日，王國生搭起老闆架子，那他就萬萬不能服貼。何況，他正爲嫖賭兩門的用度羅掘俱空，束手無策，心中的焦燥比王國生更勝十倍，王國生的晚娘面孔一擺出來，他便爽性心腸一硬，「橫豎橫，拆牛棚」了。

他開始挪用店裡的款項，只要有錢過手，他便先拿去試試運道，贏了的話，公歸公來私歸私。輸了呢，反正「有賭不爲輸」，又去挪一票來，希望再贏了時立刻彌補虧空。

於是乎，虧空越弄越大了。麻將和挖花輸贏有限，不足以解決他的燃眉之急，他從白相人切口叫做「小枱子」的亭子間裡，麻將、挖花桌上急急的跑出來，他要贏得多，必須從事另外一種迹近瘋狂的賭博。

一片草萊，滿目蓬蒿的江灣和南市一帶，設有使上海人風靡了好幾十年的花會賭場，花會是賭博的名目之一，由廣東傳來江南，而在上海附近最爲流行。諸法是列出三十六個人名，每人附以動物肖屬，稱爲花神。例如林太平（龍）、王坤山（虎）、趙天瑞（花狗）、田福雙（田狗）、羅只得（黑狗），黃志高（曲鱔）、陳攀桂（田螺）等等，名目繁多，不一而足。

花會開賭叫開筒，賭場上擺一張檯子，檯前坐好一個人，背對著賭客。他的頭頂上掛一幅布，布上寫著前次開出花神的名氏。另外又有一幅布寫的是此次開筒的神名，嚴密裹紮，高懸樑上，這一捲布謂之為彩筒。財客可在三十六位花神中擇其一，寫好，附以賭注，投入一個大木櫃裡，等到大家押完了注，忽的砲竹喧天，震耳欲聾，檯前坐的人把彩筒一抽，布捲徐徐散開。布上所寫的神名赫然出現，押中了的，照賭注賠二十八倍，這也就是說：押一元可獲二十七元，押百元者足贏兩千七百塊。其餘押不中的賭注，到由賭場老闆統吃。

以一元博二十七，彩金不可謂不多，誘以大利，於是好賭之徒趨之如鶩。賭場為了招徠賭客，派出大批花言巧語、能說會道的兜攬者，不分男女，統叫「航船」。男航船專走大小商肆，勾引店員學徒；女航船則穿門過戶，登堂入室，誘惑三姑六婆，少婦長女。他們每拉一票財注，可以抽取什一之利。

杜月笙無須「航船」促駕，他早已嚮往花會的刺激，只要能贏，獲利最多。他並不喜歡那種單純機械的賭博，但是他為了急於清償店裡的虧欠，不得不行險僥倖，冀望萬一。有一段時期，他一天兩次，跑到花會賭場去鵠候「開筒」。「日筒」下午四點鐘，「夜筒」要到深夜十時。接連好幾個月下來，經常是載興以去，鎩羽而歸。輸得車資飯錢都落了空。

錢輸多了，同時也得到了教訓，在花會賭場真正能贏錢的，唯有賭場老板和航船。當年的杜月笙，他既無分文本錢，又沒有硬紮的靠山，在幫會裡他輩分太淺，道行不深，他的老頭子陳世昌，在賭界裡也並無地位，杜月笙對那高高在上，日進斗金的「賭老闆」，當然不敢痴心妄想。那麼，替賭場拉拉生意，當一名「航船」總可以夠格了吧。於是，在花會賭場老闆跟前做點工夫，討好賣乖，終於給他往賭台裡捱進了一腳，他開始當「航船」了，大街小巷，到處招攬，潘源盛那邊，簡直就抽不出時間去工作。他爽性早出晏歸，和王國生來個避不見面。

起先還肯老老實實的做，拉到生意，一五一十往彩筒裡送，後來眼見經他送入彩筒的賭注，一樣的是石沉大海，輸得無影無蹤。他想與其讓賭客瞎摸亂闖，何不由他這位識途老馬來個移花接木，代押代賭。他竟將賭客交付的錢，乾脆越俎代庖，由他全權作主。頭幾次，兩頭落空，到是不曾露出馬腳，然而手腳做得久了，誠所謂多行夜路定規遇著鬼，他自己賭花會輸脫了底，偏偏挪用賭客的賭本，明明中了的，反而被他移到統吃的名式上去了。這一下大事不好，杜月笙賠不出錢，又怕賭客追究，秘密公開，他可能吃賭場打手的「生活」。從此以後，他不敢再上花會場，為了恐怕賭客找他討帳，他東躲西藏，度過一段饑寒交迫的時光。夜裡，便在十六舖一家元泰煙紙店裡，和一位不知名的算命先生，合租一間密不通風的亭子間住宿。

自道光年間以迄民國十六年（一九二七），「花會」在上海盛行將及百年，民十（一九二一）左右，上海的花會業者中出了一位著名人物，那便是號稱「花會大王」的高蘭生；此人性格豪邁，揮金如土，他的發迹，卻因為他是杜月笙的入室弟子之一。這是當年以做做「航船」為已足的杜月笙，所萬萬想不到的。

15 易卦有云剝極而復

有一段時期，杜月笙跟著他的老頭子陳世昌，沿街兜賭，也去從事套籤子生涯，兩三個月後，一日，杜月笙偶然在八仙橋遇見同參弟兄袁珊寶。

驚鴻一瞥，原想躲開他的，但是老實忠厚，熱心誠懇的袁珊寶既然碰見了師父和師兄，豈有不過來打招呼的道理？他問了老頭子和師娘的好，趁陳世昌忙著做生意，他悄悄一拉杜月笙的衣袖，他把他拉到牆角落頭。

「你爲什麼不回潘源盛？」劈頭就是這麼一個令人難以置答的問題。

「算了吧！」杜月笙一聳肩胛：「我用空了店裡不少銅鈿，王國生一定把我恨之入骨，我何必再回去自討沒趣？」

「天地良心！」袁珊寶替王國生喊起冤來，他忙不及的說：「王國生天天都在惦記你，常說：『就不曉得月笙跑到那裡去了，自從他一走，我們店裡少了個角色，生意越來越差。』至於你欠店裡的錢，這麼久了，我就不曾聽他提過一個字。」

正在苦悶、徬徨、迹近絕望之中的杜月笙，聽了袁珊寶這幾句話，彷彿有一股暖流，衝進他冰封的心扉。如前所述，杜月笙是一個幼失怙恃，無家可歸的「孤小人」，他少年時期不曾經受過感情的滋潤，因此感情便對他構成一種無可抗拒的力量。只要有人對他動之以情，他會死心塌地，盡量報答。膾炙人口，傳誦久遠的「杜月笙處世哲學」，他曾說過人生有三碗難吃的麵（面的諧音），頭一碗便是「情面」。

從老實人袁珊寶的嘴裡，杜月笙曉得王國生對他「情」深似海，「面」重如山，他深心感動，圖報知己，拉著袁珊寶，去向老頭子說明：王國生對他友誼深摯，不咎既往，他想回他的水果業老本行。

出乎意外，老頭子欣然色喜的答應了，他不但答應讓杜月笙回潘源盛，而且還向他的兩位門徒，說了些勸勉鼓勵的話。

像似掙脫了桎梏枷鎖，鳶飛魚躍，海闊天空。那一日天氣特別晴朗，人逢喜事精神爽，杜月笙和袁珊寶兩個人，興高采烈，手攜著手，大踏步走向十六舖。

聽說杜月笙又回來了，王國生歡天喜地的從店裡迎出來。

爲了不辜負珍貴的友情，新生的希望，有一個多月的時光，杜月笙下定決心，戒除嫖賭，摒絕外務，他不再擔任跑街的工作，替王國生看店。由於他心智靈巧，又肯學習，他曾是一位很高明的水果行店員。終杜月笙的一生，不論在何時何地，當他拿起一隻蘋果或梨，但若持刀在手，他便會表演一手絕技，一面談笑自若，一面正眼兒也不瞧，卻以最快的速度，迴旋削掉薄薄的果皮，一圈圈果皮削下來寬度如一，不拗不斷，重新拼攏來時，又成爲一隻實已中空的梨或蘋果。

八年抗戰時期，杜月笙旅居重慶，川軍將領范紹增爲了聊盡地主之誼，每天迎邀杜月笙到他的來龍巷巨邸，呼盧喝雉，盡情玩樂。某日嘉賓雲集，座中有江倬雲，晚餐以後，杜月笙從水果盤中順手抓起一枚雪梨，但見他左手把梨右手持刀，轉眼間已將一片梨皮，成螺旋形削下。他的熟練手法，使旁觀者看得呆了，當時就有一位客人讚嘆的說：

「杜先生，你這手扦皮的本領真了不起。」

江倬雲在一旁聽了，不覺大吃一驚，此公冒失莽撞，竟然揭了杜月笙的底，只怕杜月笙會怫然不悅，驀然色變。那裡想到杜月笙竟是若無其事，和顏悅色的回答那人說：

「老兄，虧你還是外面跑跑的人，你竟連我杜月笙是水果行學徒出身，都不曉得麼？」

抗戰勝利，縱使杜月笙和上海水果業好幾十年不生關係，但是上海水果業的大亨如徐潤身、蔡潤聲等，仍舊尊奉杜月笙爲同業公會理事長，杜月笙也是不以爲忤，欣然接受。

王國生和袁珊寶兩位，可以說是杜月笙一輩子裡相當親密要好的朋友。袁珊寶和杜月笙關係之密切，往後記載尚多。談到王國生，抗戰八年，勝利還鄉，杜月笙曾經問起親朋友好的近況，他頭一個問的便是王國生。

初出道的杜月笙，飛揚浮躁，學養俱淺，他的定力當然不夠。回到潘源盛水果行一段時期以後，他又覺得寂寞無聊，日子難以排遣，於是他故態復萌，寄情摴蒲，浪迹煙花，活像一匹脫韁的野馬。

16

一場大病險乎送命

賭博冶遊，經常晨昏顛倒，眠食無常。杜月笙身體原本單薄，經不起雙重的戕傷，終於有一天，他頭重腳輕，混身痠痛，他發現自己爬不起床了。他這次生病，一上來便聲勢洶洶。客地病重，生死俄頃，朋友們表現得很夠義氣。王國生掏腰包幫他請醫生抓藥，袁珊寶把他揹到隔壁，睏在自己的小房間裡，以便就近照料。可是，杜月笙的病勢來得太猛，發高燒、說胡話，一連幾天昏迷不醒，醫生說他有性命之憂，望著他連連搖頭推托，不肯再開藥方，於是袁珊寶著急，王國生發慌，兩個小伙子全都沒了主意，趁著有一天杜月笙從悠悠中醒轉，他們忙不迭的問：

「月笙哥，你在高橋鄉下，還有什麼親眷嗎？」

杜月笙身體雖然虛弱，頭腦倒還清醒，他一聽這話，就曉得自己一定是不行了。兩位好朋友無非是在問他，一命嗚呼了以後，該去向誰報告凶耗？他滿心酸梗，強忍熱淚，聚精會神的想了想：父母雙亡，繼娘不知流落何方？唯一的胞妹送給別人家了，聽說外婆已經過世，老娘舅早已就看他不順眼，生母朱太夫人說是還有一位嫁到黃家的妹子，自己和她從來沒有連繫。至於他的伯父和堂兄麼，從小到大，面都不曾見過幾回，自己的死活跟他們有何相干呢？想不起一個關心自家的親人，天地寬闊，杜月笙像一支斷線風箏。不盡悲戚，無窮傷感，杜月笙灑落拋下成串的熱淚來。

王國生了然他的心事，眼看杜月笙形銷骨立，只剩了一口游絲般的氣息，想他恐怕難免淪爲孤魂野鬼了，心兒一酸，他眼圈兒紅紅的，爲了避免給杜月笙看到，他忙不迭的別過臉去。

偏有憨頭憨腦的袁珊寶，還在不停的追問：

「月笙哥，你快說，你有什麼親眷要去知會一聲？」

杜月笙被他逼得無可奈何，突然之間給他想起了這麼一個人，他有氣無力的說：

「要末，倷去告訴我格姑母，伊是我爺格阿姐，我姑丈在高橋鄉下種田，名叫萬春發。伊啦有個兒子，叫萬墨林，今年十歲，前一晌聽說伊也到小東門來了，勒浪(在)一家銅匠舖理學生意。」

當時，杜月笙斷斷續續，竭力掙扎，把這一段向他的兩位好友交代清楚，往後杜、王、袁三人全都不約而同的說，這是杜月笙死裡逃生，否極泰來的一大關鍵。如果那時候說漏了一句，或者王國生和袁珊寶聽錯了其中幾個字，他們兩位找不到萬墨林，請不來萬老太太，杜月笙一定逃不過那次關口。

王國生和袁珊寶聽清楚了，等杜月笙再度神志不清，暈睡過去，兩個人從他的病榻之前一躍而起，奔到街口，相互約好一左一右，分途去找銅匠舖裡學生意的萬墨林。

十六舖總共只有三五家銅匠舖，於是袁珊寶輕而易舉，找到了那位十歲的學徒，萬墨林年紀太小，不敢獨自回高橋。他說出他家的地址，袁珊寶託一位經常往來上海浦東的朋友，帶個口信到高橋去。

三天後，杜月笙的姑母，萬春發的太太，萬墨林的母親，邁動小腳，顫顫巍巍的走，走了大半天工夫，趕到十六舖來了。她一看到氣息奄奄，仰臉躺在床上的杜月笙，撲上去便是一場號啕大哭。

多虧這位骨肉情深，心地慈祥的萬老太太，她爲了救治姪兒杜月笙的險症，不惜喧賓奪主，請袁珊寶讓出房間，打張地舖，日以繼夜，整整服侍了杜月笙一百天。

醫生不肯開方子，萬老太太便到處求神拜佛，搜求丹方。不知是誰向她建議，蛤蟆糞是治他這種病的靈藥。上海人謂蛤蟆糞，其實是癩蛤蟆所產的蝌蚪，色黑，頭圓，尾巴細長，蠕蠕迴折。據說其性奇寒大涼。然而杜月笙服了這一味怪藥，居然寒熱盡去，霍然痊癒，把他從死神的魔掌中救了回來。

萬老太太不勝欣喜，她又邁動小腳遄返高橋。

杜月笙大病初痊，身體衰弱，他就在袁珊寶的房間裡，休養了半個多月。袁珊寶是一個最重義氣的朋友，他對杜月笙百依百順，唯命是從。有時候杜月笙熬不住了又要去賭，袁珊寶總歸悉索敝賦，全力供應，而且能夠做到衣袋空空而無難色，無怪乎終杜月笙一生，都把袁珊寶看作同生死，共患難，數十年如一日，情逾骨肉的好朋友。

杜月笙發了迹，袁珊寶也成爲黃浦灘上的聞人。他們二位向來率直坦白，對於當年往事，從不隱瞞。袁珊寶就曾這麼頗有得色的說過：

「月笙哥賭銅鈿輸脫了底，他就喊我縮在被窩高筒裡弗要起來，他把我的衣服褲子裹成一捲，送進當舖，當點錢來作賭本。每逢碰到這種事情，我總是躺在床上暗裡祝禱：南無阿彌陀佛觀世音菩薩，保佑月笙哥贏到銅鈿贖當回來。否則的話，我身上只有一套汗褂褲，豈不是一生一世都爬不起來啦！」

如果就讓杜月笙這麼昏天黑地，狂嫖爛賭的鬧下去，他自己一生一世不得翻身，連袁珊寶也將被他拖下爛泥坑。這兩位要好朋友的結局如何，著實令人不堪想像。然而，易卦「剝極而復」，俗話說得好：「瓦片兒也有翻身的一天」。杜袁兩搭擋在十六舖混到山窮水盡無路可走，杜月笙遇到了救星。

此人名喚黃振億，綽號「飯桶阿三」，由於他自家的平凡庸碌，平時很欣賞杜月笙的聰明伶俐，活絡機警。如今眼看他一場大病過後，不再到潘源盛店裡去了，靠著袁珊寶，貪吃懶做，好賭好嫖，幾乎就要變成「馬浪蕩」，心裡不禁覺得可惜了他他這塊好材料。有一天，他看到杜月笙正袖攏雙手，百無聊賴的當壓路機，於是跑過去拍拍他的肩頭，很誠懇的說：

「月笙，你這樣下去不是事體，假使你有心向上，我薦你到一個地方去，好啦？」

杜月笙懶洋洋的，抬起頭來望他一眼，問聲：

「啥場化？」

「八仙橋同孚里，」黃振億壓低聲音神秘的說：「黃金榮黃老板的公館。」

乍聽之下，杜月笙簡直不敢置信，像他這麼一個沒沒無聞，潦倒不堪的小朋友，能夠踏得進同孚里，上得了黃大老闆的門？黃金榮三個字，當時早已形成響噹噹的招牌，在小白相人的心目中，一方面畏之如虎，一方面衷心仰慕。法巡捕房間的這位華探頭目，財勢絕倫，威風八面，他一向高高在上，幾不可攀，黃金榮是端坐在青雲裡的人物，杜月笙也能到他的公館裡行走嗎？

同孚里距離民國路不遠，一排兩層樓的衖堂房子，裡面住的，都是法租界裡亨得起的角色。杜月笙曾不知幾次走過衖堂門口，他總是遠遠的探望兩眼，從來不敢越雷池一步，他會眺望同孚里附近人來車往，門庭如市，而那些進進出出的人，誰不是挺胸凸肚，趾高氣揚，他們席暖履豐，出手闊綽，平時生活，至少吃的是油，著的是綢。

當時杜月笙聽得呆了，黃振億連聲的喊他，方始把他從沉思中驚醒，他向黃振億笑笑。據他自己後來說，他答覆黃振億的那幾句話，說得委婉而得體，大有福至心靈，水到渠成之概。因爲他唯恐自己的反應太熱烈，會引起黃振億以爲他有所覬覦的疑慮，但如自己神情冷淡，那會降低黃振億的熱忱，甚至要批評他一句：這小伙子未免太不曉得好歹香臭。

可能是黃振億事先已在黃金榮面前提過這件事，但是他爲了表示自己在黃老闆跟前吃得開，有資格薦人。當他聽到杜月笙有意追隨黃老闆，開開眼界，見見世面時，黃振億頓時便拍拍胸脯，他大模大樣的說：「要末，你現在就去收拾行李，我馬上帶你一道去。」

杜月笙一聽，就曉得黃振億有把握，他大喜過望，同時連聲道謝，和他約好了見面的時間地點。黃振億轉身一走，他立刻歡呼雀躍起來，一路跑回十六舖，向埋頭清檢水果的袁珊寶說：

「你進來，我有事情告訴你。」

放下手頭的工作，袁珊寶跟他走進了小房間，杜月笙反手把門一關，拉袁珊寶同在床沿坐下。然後一五一十，將方才遇見黃振億的一幕，說了個一字不漏。

「這真是再好也不過的事情，」袁珊寶替好朋友高興，也是笑逐顏開；「黃老闆那邊場面大，來往的是體面人物，月笙哥，你這次算是一步登天了。」

「就怕——」杜月笙仍還揣著心事：「黃振億不過說說罷了，他沒有這麼大的面子。」

「黃振億是爺叔，通字輩的前人，」袁珊寶點醒他說：「他不會在我們小輩跟前開玩笑，何況，他一直都是熱心而老實的，他何苦跟你尋這種開心？」

細想想，袁珊寶的話確實不錯，倘若沒有因頭，黃振億決不會主動提起這個建議，而且說得那麼肯定。反正，究竟進不進得了黃公館，三五個鐘頭就分曉了。

17

一入黃門福至心靈

於是袁珊寶幫他收拾行李，一床被窩，幾件換洗衣服，一些毛巾牙刷，沒有一件是新的，或者是比較像樣些。杜月笙平時在生活上之馬虎，由此可以想見。

「我們的同參弟兄馬祥生，」送杜月笙出門時，袁珊寶叮嚀他說：「不是也在黃公館廚房間裡嗎？你進黃公館以後，可以去尋尋他，自己弟兄，他一定會照應你的。」

手裡拎著簡單的行李，杜月笙深深的點了點頭，表示他曉得了。袁珊寶送他到街口，兩位好朋友分手時，杜月笙特地停下來，鄭重其事的向袁珊寶說：

「我這次進黃公館，不管老闆叫我做啥，我必定盡心盡力，把事體做好。所以，或許有一段時間，我不能出來探望你。」

袁珊寶往後提起往事，總是眉飛色舞，津津樂道，他說他當時確有預感，認爲杜月笙進了黃公館，一定會否極泰來，前程有望。因爲他以前從不曾見過杜月笙這麼嚴肅認真，而他對這位好朋友極具信心，不論什麼事情，杜月笙祇要肯下決心做，那簡直是沒有不成功的。

「我們各人做各人的事，」袁珊寶欣然的鼓勵說：「等你有空的時候我們再碰頭。」

和黃振億在約定地點見了面，兩人略談數句，便往同孚里走。杜月笙記得，那日他進黃公館的辰光，大概是下午四點鐘左右。天氣晴朗，他一路上直感到心情歡暢，喜氣洋洋。沿途黃振億在和他說話，他嗯嗯啊啊，一個字也不會聽進耳朵。

但是，眼看著同孚里的衖堂總門在望，他的一顆心便逐漸往下沉，突然之間緊張起來了。越緊張便越著急，他在想，等下見到了黃老闆，十中有九，必定是一個字都說不出口。

一進同孚里的總門，衖堂口，過街樓下，一邊一條紅漆長板凳，凳上坐著五六名彪形大漢，一色黑香雲紗褂褲，微微的掀起袖口，對襟紐扣，板帶寬厚，一個個虎臂熊腰，目光閃閃，像煞戲台上的武生。黃振億跟他們很親熱的打招呼，那班人卻皮笑肉不笑，嗯嗯啊啊，意思彷彿在說：

「好啦，好啦，你們進去吧！」

穿出過街樓，頭頂上又顯露出天光，黃振億跟杜月笙咬個耳朵：

「他們都是黃老闆的保鑣，在衖堂口隨時等候差遣的。一聲老闆要出去，他們統統跟著走。」

杜月笙當時心想，到黃公館，至少這碗保鑣飯他吃不上，且看人家的胳臂有多粗，身胚有多壯？

走進黃公館的那座大門，門廊下，天井裡，來來往往，到處是人。黃振億不停的在打招呼，有時候又命他站住了喊誰了一聲。杜月笙原本緊張，此刻更加迷迷糊糊，頭昏腦脹。從大門口到客廳，一路上碰見過幾個人，黃振億教他如何稱呼；這一段，在杜月笙的記憶中構成一片空白，他太慌亂，於是全部忘得乾乾淨淨。

黃公館的客廳，佈置是中西合璧，百彩紛陳，紅木炕几，墊著大紅呢毡，紫檀木的八仙桌與靠背椅，覆以魚蟲花卉的湘繡圍披，波斯地毯，上置紫紅絲絨沙發。四面牆壁，層層疊疊的掛滿了名家字畫，楹聯立軸，王石谷的大幅山水，和西洋裸女橫陳圖，遙遙相對；洋文的獎狀，高懸在何紹基屏條之上，正當中是一幅關公讀春秋圖的彩色巨畫，真人大小，栩栩如生。兩旁懸一副泥金繡字長聯，——

「赤面秉赤心，騎赤兔追風，馳驅時無忘赤帝。
青燈照青史，仗青龍偃月，隱微處不愧青天。」

「老闆，」黃振億領在前頭，走到一張方桌前面，朗聲的說：「我介紹一個小囝給你。」

「啊！」一位方頭大耳，嘴巴闊長的矮胖子應一聲，轉過臉來，目光越過黃振億的肩頭，落在杜月笙的臉上：「蠻好。」

心裡一塊石頭落了地，聽起來，黃老闆大概是接受他了。杜月笙一篤定，臉上自然而然的流露出笑容。

黃金榮提起第一次見杜月笙的印象，他確實很滿意，因爲這個年輕人雖然衣著樸素，貌不驚人，但是「他蠻有氣派，在飯桶阿三後面立得筆直，臉孔上始終都是笑嘻嘻的。」

「你叫什麼名字？」黃金榮和顏悅色的望著他問。

起先還怕自己一句話也說不出來的呢；如今眼見鼎鼎大名的黃老闆這麼和藹親切，杜月笙的膽量陡然壯了十倍，他一開口便聲清氣朗，語驚四座：

「小姓杜，木土杜。名月生，月亮的月，學生子的生。」

月生是杜月笙的乳名，也是他發達以前所用的名字，因爲他誕生於七月十五日中元節，月圓之夜，他父親便爲他取名「月生」。後來他平步青雲，名動公卿，自有文士墨客爲他另題雅號，生上加竹字頭，取周禮大司樂疏：東方之樂謂「笙」，笙者生也。從此改稱「月笙」，確屬妙不可階。同時，又以同疏：「西方之樂謂鏞」，於是他便名鏞，號月笙。不過，他自己隨身攜帶的小小一顆金圖章，上面刻的陽文篆字，卻仍還是「月生」。

民國廿二年（一九三三），杜月笙的門生弟子十九人，籌組「恆社」，其後發展到社員逾一千人。「恆社」的社名，亦即由「月生」兩字轉爲「如月之恆」，這是民十六年（一九二七）上海政壇要人，後來擔任杜氏秘書的陳群所代擬，用意極佳。「恆社」的社徽，中間一座大鐘，鐘上懸一輪月，四周圍以十九顆星。十九顆星代表十九位發起組織「恆社」的門弟子，那座大鐘，即爲「鏞」字的象形，蓋根據「爾雅釋樂」，大鐘謂之「鏞」，至於鐘頂所懸之月，也是「如月之恆」的意思。

杜月笙在黃金榮面前通名報姓，黃金榮一聽，當即呵呵大笑，他笑著向在座幾位客人說：

「真是奇怪，來幫我忙的這般小朋友，怎麼個個都叫什麼生的？蘇州有徐福生，幫我開老天宮戲院，前面有個金廷蓀、顧掌生，廚房間裡有個常州人馬祥生……」

黃金榮所說的，便是日後驚天動地，四海聞名的「黃老板左右的八個生」，包括個個都是滬上聞人的杜月笙、金廷蓀、徐福生、吳榕生、馬祥生、顧掌生等。

主客談笑風生，一室盎然，杜月笙神態自若，心中有說不出的喜歡，無意間往桌子上一望，他眼睛都瞪圓了，咦，像黃老闆這種大好佬，怎樣也和自己一樣，公然在賭挖花紙牌呢？

其實這是杜月笙一時看走了眼，黃金榮和他的三位貴賓，玩的不是挖花，而是「銅旂」。銅旂也是紙牌的一種，和「挖花」約略彷彿，只不過少了一副「五魁」。玩「銅旂」是黃金榮唯一的嗜好，五六十年來樂此不疲，幾乎「一日不可無此君」。他的長媳李志清女士最近提起這些往事，還在覺得好笑，她說：「玩『銅旂』實在是雅得很，不管那個要和（湖），先要去問另外三位和不和？必定要大家都說實在和不了，方才可以把牌攤下來。想想，真是那有這種客氣的賭法？」

在牌桌邊上談了些時，黃金榮的隨和輕鬆，使杜月笙如沐春風，他彷彿有一種力量，能夠令人在不知不覺中跟他接近，認爲他是肝膽相照，推心置腹的朋友。頭一次見黃金榮，他的一言一行，一舉一動，都在杜月笙的心中留有深刻的印象。黃老闆並不是俯身相就，他依然高踞雲端，他是在一步步的將杜月笙拉上天空。

趁黃金榮顧著玩牌，杜月笙細細打量這位大老闆，他大概要比自己矮半個頭，肩胛塊頭並不太大，因此顯得他那顆胖大的頭顱，和他的身材頗不相襯。不過他卻有一張正田字臉，四四方方，誠所謂：「天庭飽滿，地角方圓」，他兩頰多肉，嘴濶唇厚，張口容拳，應該毫無問題。在他那張紫膛臉上，隱約可見一塊痳皮，這便是他綽號「痳皮金榮」的由來。同時，他有一對大眼睛，奮眦努睛時，目光炯炯，依稀可以洞澈別人的五臟六腑，但是威而不凌，嚴而不厲。他穿長袍、布鞋、白布襪，不管情緒喜怒哀樂，一開口便先衝出一句：「觸那娘！」這句口頭禪，終黃金榮一生，簡直就無法蠲免。

黃振億唯恐吵擾黃老闆的「賭」興，談了些時即便興辭，直到這時，黃老闆一語破題，不僅使杜月笙對他更加崇仰欽佩，而且，同時也證明了黃振億確是早已向黃老闆推薦過自己的。

因爲黃老闆唇角掛著微笑，眼睛望著杜月笙，開門見山的問：「馬祥生，你總認得的囉？」

杜月笙懍然一驚，連忙應了聲是。

「你去尋他。」黃金榮親暱的一揮手：「你就跟他一道住吧。」

道了聲謝，再度緊緊跟在黃振億的身後，走出了黃公館的客廳。

跨門檻的時候，杜月笙方始想起，自己手裡拎的行李，丟到那裡去了呢？是遺落在天井裡了，還是忘記在黃老闆的客廳裡？他回頭望了一眼，沒有，於是他心中又在暗暗的發急。

向黃振億再三道謝，並且把他送出大門外，杜月笙始終不曾提起行李失蹤的事，他怕惹起紛擾，鬧出笑話，同時，他更覺得不該再麻煩黃振億了。

有人帶他到後面的廚房間去，他發現黃公館的廚房相當大，除了一副灶台，櫥籠薪炭，還有兩張方桌，四面擺好四雙紅漆板凳。他心裡在想，難道在廚房間裡吃飯的人，就有兩桌之多？

睡覺的地方，他被分配到灶披間，也就是和廚房毗連的一間小屋，可以堆置物件，也可以住人。灶披間有兩張單人床。在空著的那一張床上，杜月笙的行李，不是好好的放在那裡嗎？

移時，馬祥生進來了，他正待和這位同參兄弟，黃公館裡唯一的熟人，熱烈相見。但是，馬祥生卻莫名其妙的望著他——事實上，他們方才在天井裡就見過面了，而他的行李，也是馬祥生順手接過來，替他放在空床上的。只怪杜月笙太緊張，將這一幕一概遺忘。這是他到黃公館第一次，可能還是唯一的一次鬧的笑話。他把它藏在心中很多年，往後才當件笑談，說給他的親信人聽。

進黃公館後的杜月笙，彷彿又變了一個人，他沉默機警，事事留神，平時除了奉公差遣，經常足不出戶。嫖賭兩門，在相當長的一段時間，他竟然全部戒絕。

他形容自己當時是「眼觀四方，耳聽八面」，保有戰戰兢兢的心情，懷著躍躍欲試的意念，他在黃公館初期，給予一般人的印象是做人誠懇，做事巴結，頭腦靈活，先意承旨。用了不多久工夫，黃公館上上下下的人都說：「杜月笙這小囝蠻靈格。」杜月笙自己卻認爲：大概是他脫運交運，流年走到旺角了，因此他才能夠「福至心靈，脫胎換骨」。

他在黃公館冷眼觀察，用心良苦，上自黃老闆，下至馬祥生，每一個人的生活習慣，脾氣性格，他都盡可能的揣摩測度，然後牢牢的記在心中，作爲他接觸時的準繩。高深莫測，謎一般的黃公館，現在豁然展現在他面前，成了他的研究對象。許多迷團逐漸的打開，許多有趣的事情被他發現，凡此，每每使他有著秘密的喜悅。

18

捕房探目在家納福

頭一樁令人驚奇，並且頗爲有趣的發現，是黃金榮雖然擔任法捕房的華捕頭目，但是他卻不必上班，不須穿著所謂的號衣（制服），儘管他經常在捉強盜、抓小偷、逮捕各色各樣的犯人，然而黃老闆是向來不帶手槍、警棍、手銬，或者其他武器的。別人家當探目、當巡捕，要餐風露宿，日以繼夜，在馬路上巡察、站崗。黃金榮這位華捕頭腦，卻好整以暇，優哉遊哉，彷彿在家休養納福的太平紳士。他早晨起床很晚，吃過中飯，幾乎是固定的幾位賭友，不約而同的來到，座位擺好，各據一方，一坐下去，便是接連三四個鐘頭打「銅旂」。

四五點鐘，銅旂收場，四位賭友嘻嘻哈哈的結賭帳，他們賭「銅旂」的輸贏，看在杜月笙的眼裡，似乎不小；但若以黃老闆身價來看，卻又未免微乎其微，渺不足道了。

晚飯前，黃老闆必定要到混堂裡去孵一孵，涊個浴，揩個身，扦次腳，敲腿捶背，這全套的舒適享受，是他在蘇州住久了，帶回上海的習慣。

起先杜月笙覺得很奇怪，法捕房把這麼重要的職位交給黃金榮，難道說，就讓他在家裡安享清福，頤養天年？後來時間一久，他方才明白，黃老闆辦公事，破案子，其實是一天二十四小時，採取「有事便管，無事不問」的全天候制度。往往在他用餐的時候，玩「銅旂」的時候，孵混堂的時候，甚至於在睡覺的時候，捕房裡有人來了，俯身湊近他的耳朵，低聲的報告出了什麼事情，於是，黃老闆眉頭一皺，眼睛珠子轉兩轉，他也偏過頭去，就在報告者的耳邊，簡單明瞭，吩咐個三言兩語，報告者連連點頭應諾，旋即離去。黃老闆照舊神態自若，吃他的，喝他的，玩他的或躺他的，縱有天大的事件發生，杜月笙也從不曾見他慌亂緊張過。

對於黃老闆的料事如神，以及迅速抓住問題中心，施展快刀斬亂蔴的智慧和手段，杜月笙佩服得五體投地。不過，時間久了，他又逐漸的發現，黃老闆當包打聽，實在是另有一套體制和辦法，他支領法捕房一份薪水，卻在家裡供養著十幾個人，這是大包打聽自己養小包打聽的制度。萬一出事，偵察的、抓人的、辦交涉的、吃講茶調解糾紛的，自然有人替他代勞；因此，無論發生了什麼問題，他都只要撥撥嘴唇皮，吩咐幾句，便算了結。

除此以外，黃老闆在外面還有極其廣泛的人事關係，達官顯要，三教九流，小癟三和討飯的叫花子，他幾乎在每一階層裡都有負得起責，幫得了忙，甚至出錢出力，替他冒險賣命的朋友。而這些朋友卻又不像普通交誼，他們不需要黃老闆交際聯絡，應酬往還，但凡黃老闆需要他們的時候，或者派個人去，或則撥隻電話，無不心領神會，馬到成功。

這許多交情是如何建立起來的呢？摸索的時間越久，杜月笙便越加有所憬悟，一句話：相互利用而已。在外表上看，黃金榮杜門蟄居，彷彿清靜無爲，與世無爭。事實上呢，他正像一隻八足鱆魚，他的觸鬚，暗暗的向外伸展，可以說是四面八方，無遠不屆。

怎麼樣相互利用呢？簡單得很，黃金榮雖然官卑職小，然而他卻是法租界華人治安方面的頭腦，法國人要利用他，只好對他言聽計從，表示絕對的信任，凡事經由黃金榮做了主，外國人就決不會打回票。因此，法國人苦心孤詣的爲他建立權威，中國人遇事要跟法國人打交道，自然而然的便捨遠求近，先透過黃老闆這座橋樑，而把關節給打好。在這種情形之下，每逢黃老闆向誰作什麼要求，誰還肯於拒絕？

黃金榮的確是個聰明人，他以簡馭繁，以靜制動，躺在家裡當治安機關主管，這還不算，對他個人和他的朋友，法捕房的那份薪水是渺不足道的，明裡暗裡，黃公館一個月的開銷，著實大得嚇人。爲了應付龐大的開銷，八足鱆魚的觸鬚，又要分爲明裡和暗裡，從兩個截然不同的方向，秘密的，卻也很緊張的隱隱蠕動。

許多事實展開在杜月笙的眼前，他用充滿好奇與驚訝的目光注視。當他將這些事實一一連貫起來，終於讓他了解黃老闆的種種內幕時，他簡直嚇得瞠目結舌。

第一件事是有那麼一天，黃老闆居然親自出馬了，而且黃公館裡上上下下都在忙碌緊張。杜月笙意味到這一定是發生了什麼大問題，他精神抖擻，準備藉此機會，大顯身手，表演一番。

從外面抬來一擔擔的棉衣棉褲，全是簇新的，數量足有兩三千套，杜月笙正在納悶，又不是軍隊裡發制服，要這許多棉衣做什麼？一會兒，又是一箱箱的銀角子抬進門來，略略估計也有兩三千元。兩三千元不是一個小數目，很像樣的房子都可以買它三四幢了。這是杜月笙頭一次看到那麼多錢，居然全部換成了銀角子，更加使他覺得不可思議。

臘月十五左右，朔風怒號，一天陰沉，看樣子可能會下雪，黃老闆穿了蘿蔔絲老羊皮袍，玄狐坎肩，精神奕奕的從家裡出發。在他後面，有四位彪形大漢緊緊相隨，那都是黃老闆的小包打聽兼保鏢，杜月笙也被吩咐跟了去幫忙。挑棉衣和抬銀角子木箱的，連成了長長的隊伍。

一到八仙橋，杜月笙看到了大場面，空地上有成千上萬的人，一個個衣衫褸襤，抖戰瑟縮，原來盡是些叫花子，他們吵吵鬧鬧，擠來擠去，在寒風料峭中臉上猶有喜色，仔細看時，居然還有條不紊的排好了隊伍。

端張靠背椅，在隊伍的排頭處一坐，叫花子們歡天喜地，親親熱熱的喊黃老闆。堆積如山的棉衣和銀角子都抬到黃金榮的身邊，由十來個人分別發放，叫花子不分男女老幼，每人一套棉衣，四角洋錢。杜月笙這才恍然大悟，原來是黃老闆親自監督，施放冬賑。

妙的是領到棉衣和錢的叫花子不許散去；馬祥生和杜月笙還有另外幾個人，大聲呼喝，來回不停跑，忙於把領了冬賑的人趕到附近的宏國寺裡。一面吆趕，一面還要監守他們，在全部冬賑發放完畢以前，一個人也不許放出來。

「這是爲什麼緣故呢？」抽個空，杜月笙問馬祥生：「發過了讓他們走，事情不就了結了嗎？」

「你尋開心！」馬祥生笑了笑說：「發過銅鈿衣裳不關起來，他們排頭領了再去排隊挨末尾，像這樣轉來轉去，莫說一天，一生一世都發不完。小開，四隻角子一套棉衣，究竟也値兩鈿吧。」

馬祥生說得不錯，真是不經一事，不長一智，黃浦灘什麼花樣都有，叫花子照說花梢還要高人一等，那能例外？

花了大半天功夫，冬賑發完了，黃老闆帶領家人，在叫花子群裡從廟裡一湧而出、歡呼雷動時徒步回家。路上，杜月笙忙了半天，跑得身上發熱，他悄悄的一拉馬祥生，提起了擱在心中已久的另一個問題：

「這麼多錢，都是巡捕房裡拿出來的？」

「不，」馬祥生搖搖頭說：「外國人才不管這種事呢。錢跟衣服，都是黃老闆自家出的。」

黃老闆自家出的？杜月笙聽了不禁大吃一驚，他脫口而出的問：

「黃老闆這麼有錢？」

這一次，馬祥生不曾答話，他望著杜月笙，擠擠眼睛，神祕的一笑。

黃老闆那來這許多錢？看情形，他簡直富可敵國麼！這一個謎，終於有一天被杜月笙自己揭開。那一次，黃公館空氣嚴肅，氣氛緊張，原來是公館裡面失竊了，何來膽大包天的賊，敢在太歲頭上動土，老虎嘴裡拔牙？

失竊的是體積很小的兩包東西，外面用皮紙嚴密包裹，打開來是硬硬的一塊，有點像糖年糕，杜月笙曾不止一次見過，蔴袋裡裝「糖年糕」運到黃公館來時，時間多半在月黑風高的深夜，只要是這種東西到了，黃公館一定戒備森嚴，如臨大敵。連自家人沒有派定工作的，都不許跑出來看，或者是自由走動。

那天黃公館裡有一只蔴布袋，被人悄悄的打開。黃老闆眉頭皺得很緊，他叫人把「糖年糕」倒出蔴袋來點數，點數的結果使黃公館上下人等全部爲之大驚失色，「糖年糕」少了兩塊。

比較起來當然是黃老闆鎮靜，他氣憤的罵了幾句三字經，然後吩咐他的手下：

「絕對不可聲張，你們給我暗地裡查。」

19

吉星高照運道太好

爲這件事，黃公館風聲鶴唳，草木皆兵，好朋友都不敢講私話，唯恐啓人疑竇，誤認作順手牽羊的家賊。沉悶緊張的空氣持續了兩三天。一日夜晚，杜月笙正躺在床上假寐，——從這時候起，他自出機杼的養成了一個習慣，一個終身奉行不懈的好習慣，他日必三反其身，檢討這一天裡面，可曾做錯了什麼事，說錯了什麼話，有什麼不曾盡心盡力、令人滿意的事情沒有？

他正在自我檢討，馬祥生大踏步的走進灶披間來，他一面脫衣就寢，一面連聲讚嘆的說：

「唉，我們老闆的度量真大！」

「什麼事？」杜月笙欠身而起，急急的問。

「那樁鬧家賊的案子查出來了。某人的親眷來白相，小赤佬不曾見過世面，那天見財起意，乘著四周無人，打開了蔴布袋，偷了兩塊『紅土』，他自己曉得從此不能再在上海蹲了，一腳逃回家鄉去。真是白白的便宜了他，兩塊『紅土』賣了幾百隻洋，聽說他已經在鄉下買房子成家嘞。」

又是天方夜譚似的故事，從馬祥生嘴裡說出來，當然不會有假，兩塊「紅土」可以賣到兩千塊錢，簡直令人不可想像。杜月笙後來算是搞清楚了，什麼「糖年糕」，那是從印度國漂洋過海運來的「紅土」，有人稱它「福壽膏」，其實呢，它是鴉片煙。

黃金榮查出了他自己家裡的竊案，他「宰相肚裡好撐船」，決定不予追究，挑那個大膽家賊發一票財。不過，杜月笙對這件事始終心存疑惑，黃老闆的度量真有這麼大嗎？還是這裡面有什麼蹊蹺？在黃老闆的眼裡，兩千塊銀洋鈿倒不算什麼了不起，問題是那個小赤佬怎麼敢在黃公館動手偷竊？還有，黃老闆蝕得起錢，蝕不起面子，連他家裡都出了竊案，他竟不聲不響的寧願放賊一馬？當然，最令人疑惑的是黃公館怎會出現成袋的鴉片煙土？那個時候，黃金榮還不曾吃上鴉片煙呢。

據說是惡有惡報，那個偷「土」的小赤佬，回鄉下買了房子，娶了媳婦，過不了多久，就得了病，醫藥罔效，於是一命嗚呼。

進黃公館後的杜月笙，遇事極守分寸，他心中的疑惑，一直都不曾提出來問。

自從這件事情鬧開，杜月笙開始更接近老闆一步，這也就是說，他已經漸漸打入黃公館最機密的核心組織。他一生的歷史，自此又展開了新頁。

以現代眼光來看，黃金榮是一個守舊的人物，他的家庭，同樣的也是一個老法的家庭。他家的人口很簡單，夫婦兩人之外，只有兩個兒子，年紀都還很小。黃金榮的夫人桂生姐，雖然是女中的豪傑，眼光犀利，胸襟開闊，作風勝過鬚眉，上海有所謂：「白相人阿嫂」，桂生姐要算是老祖宗。她是黃金榮的智囊、參謀，甚至可以說是主宰，因爲老上海誰都知道，黃老闆相當懼內，他對桂生姐言聽計從，在黃公館的小夥計們更明白，桂生姐是有怎樣崇高的的地位。

即使桂生姐是這麼樣的一位人物，然而，照黃公館裡的規矩：她平時很少在小夥計跟前露面，尤其因爲黃家男女界限很嚴，不分上下，不可同坐。所以，初到黃公館的杜月笙，幾乎就得不到見著桂生姐的機會。

能夠和老闆娘桂生姐接近，是由於當時的一種迷信。醫藥不發達，科學也不昌明的古老中國，對於一些無法診斷病名的疑難雜症，有時候便乾脆說是衝了鬼魔妖祟，除了求神拜佛，加以禳解，平時病人還要派些年輕力壯的小伙子守護，藉他們頭上的三把火，也就是所謂的陽氣足，有以鎭邪驅魔。

桂生姐害了一場大病，杜月笙基於他內心對於老闆娘的崇敬，成爲最得力的守護人與侍疾者。旁人陪伴老闆娘，陪著就是陪著，只要人不跑開，已經算是夠盡責的了。可是杜月笙不然，他不但牢牢的守著，而且全神貫注，耳到、眼到、手到、腳到、心到；但若老闆娘有什麼差遣或需要，他總是自發自動的，搶著去替她辦好。他的慇懃純粹發自內心。因爲他是一個孤小人，兒時等於無親無眷，孑然一身；一個感情上覺得饑渴者，容易接受別人加諸於他的感情，相反的他更不吝衷誠的施與。在中國的舊社會裡，師道尊嚴，師娘與學生子之間，往往有介乎母子與姐弟間的親切情誼。於是，杜月笙對桂生姐的服侍週到，眞情流露，使桂生姐頗爲感動，她決心要好生拉他一把。

有一天，桂生姐躺在床上，身體軟弱，但是精神略好。她看見杜月笙交握雙手，百無聊賴，坐在靠窗的一張椅子裡，仰望青天，她心想這個大孩子爲了陪自己的病，悶了好些日子，似乎應該放他出去走走。

「月生，你來！」想定了便把他招到床前，笑吟吟的說：「挑你一個差使，好哦？」

「妳只管吩咐好了。」

「你替我到老共舞台走一趟，把那邊的盤子錢收一收。」

「啥個盤子錢呀？」杜月笙大惑不解的問。

於是，桂生姐細細的講給他聽：當初，黃老闆開設老共舞台，夫妻兩個說好了的，水果盤子上的進帳，統統歸桂生姐收，老闆不得過問。什麼叫盤子錢呢？原來，看客看戲，除了一壺茶，還要擺幾隻小盤子，或爲時鮮果品，或係瓜子乾果，客人要吃，照價付錢，倘若不動，那就原盤撤回。一盤果品的售價，通常要比批價的高出一倍以上，所以這是對本對利的好生意，一爿戲館，一個月可能會有一兩千元的收入。桂生姐派了一個人住在戲館裡負責管理，每隔若干時日，她另外再派人去收銅鈿。

杜月笙明白了，唯唯答應，這是輕而易舉的小差使，他當天晚晌跑了一趟老共舞台，找到管水果盤子的人，結好了帳，收錢回家。然而，卻極其湊巧的在樓梯口遇見黃金榮，他正收拾停當，要出門去應酬，搓麻將，一眼看見杜月笙，便淡淡的問他一聲：

「月笙，你到那裡去了？」

在他是打招呼似的一問，杜月笙卻不由自主的緊張起來，他站立一旁，等候老闆通過，一面囁囁嚅嚅的答覆：

「嗯，……我，……我隨便出去走走。」

黃金榮急於出門，不曾在意，格登格登的下了樓。杜月笙趕緊回到桂生姐房裡，把收來的盤子錢，一一點清。

他和黃老闆的一問一答，桂生姐欹在枕上，早已聽得清清楚楚，事實上，杜月笙去收這筆銀子，根本用不著瞞住黃老闆。但是他這麼做了，桂生姐著實爲之感動，月笙這小伙子實在是體己貼心，他分得出輕重好歹，事事都向著自己。從此桂生姐對杜月笙特別信任，她用私房錢在外面放債，賺點利息，往先這是只有她自家肚皮裡明白的最高機密，如今有了可資依賴信託的杜月笙，她便將收帳放帳，索討利息的事情，全部交給他辦。漸漸的，杜月笙成了老闆娘的心腹。杜生姐是越對他倚重，便越加要想找個機會提拔提拔。

桂生姐的病，漸漸的痊癒，杜月笙自此被老闆娘青眼相加，寄予信任，他在黃公館那個小型而複雜微妙的「大千社會」裡，水漲船高，行情已經大不相同。

桂生姐把自己的大病痊可，歸於杜月笙的守護有功，在家人和朋友面前，常時提起。因此便有人說：莫看杜月笙是個孤小人，無依無靠，他的額骨頭倒是蠻高，運道邪氣好。這個對他大爲有利的說法不脛而走。於是，他又有差使來了。

法租界工部局總翻譯曹振聲，早期的法國留學生，在法租界的地位和黃金榮相埒；法界有所謂一文一武的說法，文的是曹振聲，武的就是黃金榮。黃曹兩家都是吃外國人公事飯的，平時來往得很勤，說得上是通家之好。

曹振聲的太夫人也生病，派人到黃公館，指名借調杜月笙去守護，因爲這個男小倌所到之處，必定諸邪迴避。杜月笙奉命前往，在曹家住了一個星期，果然曹太夫人的病不藥而愈。兩家的主人都很高興，從此以後，他在曹公館也有了地位，可以穿堂入室，在曹老太太和曹太太面前，都說得起話。

黃公館和曹公館相距不遠，尤其兩邊經常都有公事私事，需要接頭，這送信遞物，兩頭傳話的工作，由於杜月笙侍疾有功，自然而然的便落在他身上。所以逢年過節，或則有所需要的時候，黃曹兩家公館都會給他賞賜或贈與。買些衣服鞋帽，常理髮，勤沏浴，杜月笙又恢復了他的光鮮體面。

不論是江湖上的朋友，或是捕房裡的人物，對於某一個人的運道好不好，一向極爲重視。某人運道好了，吉星高照，他出馬建功的機會自然比較多，否則的話，如若印堂發黯，滿臉晦氣，老闆或頭兒極可能將他冷藏一段時期，請他休息休息，以免他的壞運道帶累了大家，事情辦不好不說，萬一牽出禍事來那就更糟。

杜月笙進黃公館不久，看起來他的運道好得無以復加，照理說黃老闆和桂生姐應該多差遣他做些重要的工作，借重借重他的好運道。但是黃老闆桂生姐都是機智深沉、工於心計的人，要想獲得他們的充份信任，接觸他們最高機密的核心，仍然需要經過嚴格的考驗，他們是絕不輕易重用任何人的。一著錯，滿盤輸，他們非常了解這一層道理。

黃老板和桂生姐肚皮裡的打算，杜月笙當然是懵然不知。然而說也奇怪，杜月笙在那段時期，確實運道好得出奇，他得不到老闆寄予重任的好機會，好機會竟然自動的找到他頭上來。

由於黃公館的一次驚險事件，使杜月笙大獻身手，聲譽鵲起，這才讓他從廚房間裡扶搖直上，由老闆的打雜小伙計，變成了老闆娘的得力幹部。

那一天，八九點鐘光景，有人氣急敗壞的從外面跑來，報告桂生姐，說是有一票貨色，一隻大蔴袋已經得手，交給某人雇黃包車拖到公館來。那曉得斷後的人都到達了，方才問過外頭，運貨的人卻還不曾到，他說只怕是出了什麼岔子，請桂生姐快些派人去查。

桂生姐一聽勃然色變。黃老闆出去了，黃公館裡的幾個「武角色」都不在場，這是要動傢伙、拼性命的差使，一般「文角色」面面相覷，不置一詞。杜月笙心想這是天賜良機，萬萬不可錯過，他鼓起勇氣問桂生姐說，

「老闆娘，阿可以讓我去跑一趟？」

桂生姐看他一眼，瘦伶伶的人，卻有豹子似的膽。一方面有點賞識鼓勵的意味，另一方面卻也因為那時候實在無人可派，她沉吟俄頃，居然點了頭，同時又問他一句：

「要不要人相幫？」

杜月笙自己決定要做一次「拼命三郎」，得失成敗，在此一舉。他不想有人分功，尤其是，即使他說要誰幫忙，那也是等於拉人家去冒險，到時候幫不了忙，反到落了人家的怨恨，未免太划不來。於是，他擺出一副英雄氣慨，頭一搖，說是：

「不必了，我這就去。」

問清楚了運送「蔴袋」所走的路線，杜月笙向老闆娘借了一支手槍，自己又帶了一把鋭利的匕首。他頭也不回，大踏步衝向門外。在桂生姐以次諸人的驚異盯視下，他瘦長的身影沒入黑暗之中。

衖堂口有熟黃包車，杜月笙跑過去跳上一部，地方也不說，開口便叫車伕快快跑。

黃包車在飛跑，杜月笙坐在車上動腦筋。黑吃黑的偷煙土賊敢於反叛黃公館，他決不會飛蛾撲火而到法租界來。但是在當年的黃浦灘，帶一蔴袋煙土，等於帶一顆定時炸彈，不曉得它什麼時候轟然爆炸，而將自己炸得粉身碎骨。這個道理很簡單，因爲「黑吃黑」的搶土者幫派複雜，到處窺伺，深更半夜獨身一人攜著價值巨萬的福壽膏，隨時都有挨刀子、吃衛生丸、性命送掉、財寶落空的危險。於是，杜月笙判斷偷土賊一定急於就近找一個匿身之處，他不可能跑遠。

其次，他又想到，由於上海縣城一到夜晚便四門緊閉，偷土賊進不去，法租界又不敢來，現在他逐漸的有把握了，他斷定那賊正在冒險穿過法租界，趕往英租界——英租界不是黃老闆的勢力範圍，在那邊做土生意的，另有一批人多勢大的好漢。那賊唯有逃到英租界裡躲起來，他才能夠保全性命，保全冒死吞沒的一蔴袋「土」。

判明了追趕的方向，再細細計算時間和路程，由於以前整日大街小巷的逛，他能算得很正確，算定之後，他立刻吩咐黃包車伕：

「快點，往洋涇浜那邊跑！」

洋涇浜是法租界的接壤處，一道小河溝，浜南是英國地界，浜北是法國地區。杜月笙想在法界地區攔住那賊，這樣，可收事半功倍之效。

夜深沉，沒有街燈，無星無月，黯黯沉沉，風聲過耳，直在呼呼的響。杜月笙人坐在車上，手握著手槍，他來不及躭心駭怕，他耳眼並用，凝神搜索人影和聲響。

果然，被他發現了另一部疾走的黃包車。

一蔴袋煙土有一百多斤重，再加上那個偷土賊，載重過量，所以前面的黃包車走得極慢。杜月笙催促他的車伕快跑，轉瞬間便追到了。

就在黑暗中，亮出手槍來，槍口指向那賊，他很鎮靜的說：

「朋友，你失了風！」

那邊車上的偷土賊，驚得魂飛天外，可是他進退維谷，無法逃跑，他坐在黃包車上，面前是重逾百斤的大蔴袋。更何況，拉他的那個黃包車伕嚇呆了，腳步雖已停止，車槓卻仍抓牢在手裡，於是那賊便高高在上的坐著，上不接天，下不及地。

「你是誰？」那賊在車上聲音顫抖的問。

杜月笙心裡落了實，最危險的一關過去了，那位偷土賊，最低限度他不曾帶手槍。否則，他不會問話，他一定要跟自己開火相拼。

不理他，先去安撫那個黃包車伕。

「喂，我曉得沒有你的事，不過，我倒要請你幫個忙。你把車子拉到同孚里黃公館，我賞你兩隻洋。」

杜月笙後來回憶的說，當時他所講的每一句話，其實都是無暇思索，脫口而出，往後細想，偏偏個個字都說得恰到好處。頭一句他便安撫住了車伕，第二句不卑不亢，第三句說出黃公館來，車伕怎敢不聽指揮？再則，最後許他兩塊錢的賞賜，對於一個車伕來說，確實也很可觀。他自謙的說是他湊巧這麼說、這麼做了。其實，這件小事充分顯示他實有過人的機智。

兩位黃包車伕並肩奔跑，路上，杜月笙的俘虜驚魂甫定，憬悟自己處境的危險：他開始向杜月笙乞憐，他要求杜月笙網開一面，貨色帶回去交差，放他逃走，讓他能有一條生路。

杜月笙驟然覺得自己已經成爲了英雄，這是他第一次發揮英雄氣慨，確實是另有一功，不同凡響。他絲毫沒有飛揚浮躁的神情，他潛在的智慧被激發出來，他料事如神，一語破的，以下便是那一次頗爲精采的對話。

聽夠了那賊的苦苦哀求，杜月笙問他：

「你只想保全這條性命，其他什麼都不要了？」

「是的是的。朋友，求你務必幫這個忙。」

「這件事用不著我幫忙，你跟我回去，橫財是發不成了，性命總歸有的。」

「朋友，……」

「放心吧，黃公館裡啥辰光『做』過人呀！」

「但是——」

「跟我一道回去，挨桂生姐罵兩句是免不了的。罵過以後，一腳踏出大門，從此你就離開黃浦灘，另找生路吧。」

「朋友，你肯幫我討饒，說個情？」

「你用不著賣我這份交情，我說不說情都是一樣的，充其量叫你走路，黃公館裡向來不會動刀動槍，格種事體，你又不是不曉得？」

事實果然證明杜月笙所說的話一字不假，那位見「土」起意、膽大妄爲的偷土賊，被杜月笙人贓並獲，生擒活捉，押回黃公館以後，桂生姐聽到消息，心中不禁狂喜，杜月笙智勇雙全，不愧是個好角色，她很高興的下樓，親自迎接建立大功的小英雄。她以爲杜月笙一見到她，便會繪聲繪影，滔滔不絕的向她細訴一篇「捉賊記」呢，那裡想到杜月笙竟然輕鬆灑脫，若無其事的報告她說：

「貨色搬進去了，人在客廳裡面，顧掌生他們在看牢他，等候老闆娘發落。」

好小伙子，你有種，夠氣派。桂生姐在心裡想。天大的一樁功勞，你也這樣輕描淡寫，就像派你到曹公館去送封信，你跑回來告訴我送到了一樣。

桂生姐匆匆下樓，親自發落那個吃裡扒外的偷土賊。杜月笙的預料一點也不差。老闆娘破口大罵，發了一頓大脾氣，她將那賊既不打，也不殺，罵過以後叫他即刻滾蛋，從此以後不許他再到上海來。那賊被押回下處，走不多遠，桂生姐又喊杜月笙，他應聲而至，桂生姐派了他一份美差，她遞一百塊錢給他，叫他送給那賊做盤纏，那賊死裡逃生，又得了贈與，直把杜月笙感激得如同重生父母。

杜月笙立下了汗馬功勞，終於在黃公館參與機要，他成爲桂生姐的心腹大將，他開始和鴉片煙土發生關聯，所有的謎團自此迎刃而解。黃公館的核心人物正是桂生姐——她掌握著滾滾而來的財富，以及黃老闆最得力的幹部。只有她才稱得上是黃公館的一家之主。

罌粟花開時嫣紅奼紫，燦爛似錦。但若將它汲漿摶塊，製成鴉片，它就成爲禍國殃民的毒物。鴉片煙曾經引起東方西方兩大國家的一場戰爭，開啓我國外侮日亟的端始，間接促成清廷的積弱，以及國民革命的成功。

法國人用罌粟花籽榨油，滋味芳香而甘美；英國人採汲它的果漿製爲藥材；印度人把它晒乾成餅，隨時取來嚼食，如果有客光臨，鴉片餅便代替了今日的香煙。

南洋羣島、俾路支以西的各阿拉伯部落，他們的酋長和富人都酷嗜鴉片，不過他們是像水果一般的取來生食。

明朝末年，蘇門答臘人開始吸食鴉片，藉以麻醉。吸食的方法是先收集罌粟果漿，蒸熟，濾去渣滓，再煮，和以煙草藥，摶成丸粒，放在竹筒上，就著微弱的火苗，一口口的吮吸下去。

明朝萬曆年間，鴉片已由海口傳來中國。中國人吸鴉片的方式，和蘇門答臘人差不多，不過所用的煙具卻越來越考究，往往金玉其外，鑲鑽嵌寶，一副煙具的價格，有逾萬金。

杜月笙曾經吸食過鴉片，癮頭還頗爲不小。後來有一位朋友勸他戒除這個不良嗜好，他果然堅其心願，戒煙成功，躊躇滿志之餘，爲了答謝那位朋友的盛情，他送了一副煙具給他，作爲紀念。那副煙具是當年慈禧太后御用的，煙槍上飾有九龍搶珠，是江西磁器，一隻煙斗乃以整塊美玉剜成，其薄有如蛋殼，這副只可供作擺設的煙具，自屬價值連城。

吸鴉片是什麼滋味？何以它會使得國家搆釁，千萬人甘冒生命危險，而仍趨之如鶩？它的味道確很香甜，沒有雪茄香煙的嗆辣，因此很多人都是但吸一次就上了癮。

吸食成癮之後，不但終身難以戒除，須臾不可輕離，而且，癮頭還會漸次加深，癮君子長日一榻橫陳，吞雲吐霧，志氣消沉，體格愈弱之外，尤將精神日耗，於是死神提前來到。

早年鴉片產地都在國外，循海途運入中國，而以印度爲大宗。印度煙土分兩種，由印度政府自種的稱「小土」，又名「白皮」、「小洋藥」、「疙裡疙瘩」，每箱一百斤，約一百六十枚至二百枚。凡英國官方種的叫「大土」、「紅土」、「大洋藥」，或曰「公班」、「剌班」、「姑」，每箱四十枚，重一百二十斤。其餘波斯產者曰「新山」。「紅肉」，土耳其產者稱「金花」。

清朝康熙十年（一六七一）之前，鴉片以藥材名義進口，每年不過幾十箱。乾隆三十年（一七六五），年僅三百箱，嘉慶年間（一七九六以後）約爲千箱之譜，道光初年（一八二一）後，吸者日增，已達四千箱，十二年（一八三二），竟逾二萬三千六百箱，以每箱價格二千五百五十元計，一年的漏卮多達六千餘萬元。由於白銀逐年大量外流，造成銀貴錢賤的物價高漲經濟恐慌。

明代萬曆十七年（一五八九），定鴉片每十斤課稅銀二錢，是爲我國徵稅之始。康熙二十三年（一六八四），海禁大弛，南洋煙土源源而來，沿海的居民，已經懂得煮土成膏，公然吸食，不數年便流行各省，甚至有開鴉片煙館者，清廷徵收煙稅每十斤銀三錢。雍正年間（一七二三後）開始禁煙，販鴉片者枷號一月，發往近邊充軍；私設煙館引誘良家子弟者，杖一百，流三千里。乾隆二十年（一七五五）鴉片八斤課稅五錢。道光元年（一八二一），重申鴉片禁令，洋船抵達廣州，必先具結船上不帶鴉片，而開煙館者議絞，販賣者充軍，吸食者杖徙。從此以後，鴉片走私形成一股罡風，持續了將近一百年。

咸豐八年（一八五八），清廷因爲太平天國之役，軍費消耗太大，又以英法聯軍之役，修改關稅稅則，收入減少，曾與英法美三國公使商訂鴉片仍以洋藥進口，規定每百斤課稅卅兩。光緒十三年（一八八七），更釐稅合徵，每百斤繳稅一百一十兩。同時，自上海開埠，劃定租界以後，鴉片進口基地便從廣州、澳門移往上海，以前經營鴉片的潮汕人士，也就紛紛轉移陣地，他們利用自身的多財善賈，在上海發展得頗爲迅速。

鴻泰土棧是上海第一家專賣鴉片的土行，卽爲潮幫人士所開設。其後土行之設有如雨後春筍，越來越多，遂使上海成爲全國鴉片的集散地，業者日進斗金，富可敵國，當然會讓上海人看了眼紅，但是上海人要想在土行界插一腳是很不容易的，因爲無論財力、經驗、手腕以及對洋人方面的關係，他們都無法與潮幫匹敵。

自道光十九年（一八三九），林則徐在廣州焚燬鴉片二百三十七萬六千二百五十四斤，清廷訂定新律，無論華洋客商，挾帶鴉片入境，人殺頭，船充公，從此經營鴉片變成冒險頑命的勾當，業者唯有不斷的尋找漏洞，花樣翻新，在法律邊緣行險僥倖，始可經營。潮幫煙土巨商由廣州澳門轉移到上海，他們的著眼點，便在於英租界和法租界。租界和上海碼頭近在密邇，交通四通八達，尤其它是外國人的管轄區，自非中國法律所能及。煙土商正好利用這個地方，作爲大宗煙土的轉運站。

潮幫土商大做其鴉片買賣，雖然關防嚴密，但是紙包不住火，何況是這種大規模的交易。英國是販賣鴉片的正主子，法國人「漂洋過海只爲財」，英法兩租界只要有利可圖，對鴉片商一向唯有優容包庇，因此潮幫在租界裡無須顧及官方的干涉，秘密洩漏以後，最使他們感到困擾的，乃是當地強有力者看得眼熱，巧取豪奪，必欲分一杯羹。

太平天國之役，咸豐三年（一八五三）八月初五，洪門小刀會首領廣東中山人劉麗川，自號「大明國統理正教招討大元帥」，稱「天運元年」，興兵起義，佔領上海縣城。當時，上海的閩粵人士多達十四萬，他們多半是幫會人物。咸豐五年（一八五五）劉麗川敗死。五年後李秀成統兵十萬，三年後又率師六萬，兩度進犯上海，均被擊退。經過這三次戰役，幫會勢力在上海開始滋長，迄至清末民初，漸由地下而趨於公開，他們的首領，一方面儼然爲地方紳士，民眾領袖，另一方面，同時也爲了培植勢力暨供養徒眾，從事各式各樣的斂財勾當；而其中最重要的兩門，厥爲「賭」與「土」。

黃金榮和杜月笙，以及後來加入的張嘯林，這三位上海大亨，在這一段歷史嬗變中，促成了兩項關鍵重大的事項：一、是捕房勢力與幫會的結合，二、是推進「賭」與「土」的事業，使它們成爲世界上史無前例的龐大黑色組織。

20 神秘怪案層出不窮

他們是這樣開始的——先說「土」。

黃金榮在法租界裡，一向以兜得轉，吃得開，破案最快而著名。有一陣，他為一連串的「黑吃黑」、「搶土」、「窩裡反」、「火拼私鬥」的神秘恐怖案件，鬧得頭昏眼花，束手無策。由於法國租界當局對他逼得太緊，他極其苦惱，唯恐影響了自己的金字招牌。

這一連串的神秘怪案，全都由於鴉片煙引起。幫會裡有三山五嶽的好漢，五湖四海的英雄，他們生逢亂世，崛起於里閈之間，為了生活，不擇任何手段，販賣鴉片是一本萬利的好生意，他們捱不著邊，又憤於潮幫財主利用了他們的地盤，因此他們仗著人多勢眾，敢於拼命，乾脆放手開搶。這便是在上海鬧了若干年，令老上海聞之色變的「搶土」案件之由來。

搶土，不需要明火執仗，打家刼舍。因為最擅於鑽漏洞的土裔，他們本身就有極大的漏洞存在。鴉片煙由遠洋船隻自海外運來，為了避免從吳淞口迄英法租界碼頭一帶的軍警林立，關卡重重，必須先將違禁品鴉片煙卸下。他們卸貨的方式非常巧妙，算準了每夜黃浦江漲潮的時候，將「土蔴袋」一隻隻的往水裡拋，「土蔴袋」浮在水面，體積大，目標顯著，等到潮汐退時，水勢倒灌，或則由舢板撈起接駁，或則由預伏在岸邊的好手，利用竹桿撓鉤，再一隻隻的鉤上岸去。

刻在臺北定居的鄭哲丞夫人，回憶她四五十年前偶然發現接駁鴉片煙時的奇趣說：

「大輪船開進了吳淞口，我立在船頭甲板上趁風涼，忽然看見兩舷走廊，有黑幢幢的人影，忙忙碌碌，將一隻隻的蔴袋往水裡摜。這時候有人也跑到船頭來，拿著手電筒，一閃一閃的向前面照，卽刻，前面很遠的地方，又有電筒光在向輪船上一閃一閃的回應。然後輪船一逕開到碼頭，沿途就不斷的船上、江面、岸邊，電筒光暗號打過來又轉過去。後來纔聽到說：『這就是接駁鴉片煙的人一路在打招呼。』」

豪強者偵悉了個中秘密，立刻如法泡製，駕舢板的駕舢板，使撓鉤的使撓鉤，照樣的去接土。一撈到或是一鉤到，拖它起岸裝上車子就跑，江面寬闊，地區遼遠，英界法界華界，錯綜複雜，各有各的勢力範圍圈。土商明明吃了大虧，卻不敢奮身追趕、高呼求救。

這是水上行刦，江湖上的暗語，叫做「撓鉤」。

當時的土棧，都設在新開河民國路一帶，取其爲犬牙交錯的接壤地帶，便於掩護。土棧運貨，將鴉片分裝在鑌鐵煤油箱裡，由土棧裡一箱箱的搬進搬出。搶土者便在光天化日之下，駕著馬車，車中藏有原庄貨的煤油箱木匣，儘在運貨行列附近往來逡巡，覷一個機會，他們便以迅雷不及掩耳之勢，將木匣套在煤油箱上，如此偷天換日，搬上馬車便逃，令運土者措手不及，無法追趕。這種搶法，名爲「套箱」。

更有到處環伺，攔路打劫，趁土商運貨途中，移花接木，假途滅虢，勒索分贓，甚至打悶棍，謀「財」害命的。那許多或有計劃，或像偶然見財起意的搶法，他們自己統稱之爲「硬爬」，因爲這麼樣搶土，或多或少要用點硬功夫。

當年上海最狠的「搶土」角色，前後一共有十六位首腦人物，他們各以八人爲一組，擁有徒子徒孫無數。以出道的時間區分，有所謂「大八股黨」、「小八股黨」的稱號。有「土」斯有財，他們多的是順手拈到的「儻來之財」、於是手面闊綽，揮金如土，因而成爲眾人欽慕艷羨的對象，往後黃浦灘上豪華奢靡之風，他們多少有點推波助瀾的影響。

上海的衖堂房子，前門與後門同樣的重要，兩者都是出入孔道。祇不過進進出出者，走前門與走後門，身份地位，及其接洽的事務大不相同。

玲瓏剔透、事事留心的杜月笙，到黃公館後，由於連出兩樁大事，終於被他看出一座黃公館實有兩大系統。常走前門的，是黃老闆公事上的客人或弟兄，在後門廚房穿出穿進者流，他們憩腳的地方就在廚房間，現在杜月笙明白黃公館的廚房爲什麼要那麼大了，因爲它是變相的客廳。馬祥生這個打雜的其實是傳達、聯絡員，老闆娘不大親自接見這些穿短打的小朋友，但是只要他們到了黃公館，必定會奉到些老闆娘的命令或指示。

這就是黃公館的明暗兩面了，明裡頭是黃老闆在辦公事，暗裡頭則由桂生姐策劃指揮，一明一暗是否融會貫通，在高階層裡化而爲一？沒有人瞭解這個關節。不過，黃老闆和桂生姐是夫妻，床頭人之間應該毫無秘密。

杜月笙和桂生姐一接近，他不久又發現，實際上，桂生姐要比黃老闆忙得多。她在忙些什麼呢？她忙的居然是「搶土」、「包賭」。

自從搶土案件如火如荼的展開，殺人越貨，時有所聞，殺人傷害涉及刑案，捕房不能不管。搶土是「黑吃黑」的行徑，土商啞巴吃黃連，不敢公然報官，他們僅祇利用私人關係，暗中要求捕房中的外國人全力制止。外國人「得人錢財，與人消災」，唯一的辦法是逼牢黃金榮，責成他設法解決。

黃金榮請來相關人士，秘密會商，當他洞悉內情，他頓時便感到這些案子十分棘手，有這麼一樁取之不竭、用之不盡而且又是不傷大雅的財香，想勸那幫小朋友們罷手不幹，事實上萬無可能，他開始緊皺雙眉，唉聲嘆氣。

桂生姐看他這樣煩惱，少不了要問他出了什麼事？黃金榮把當前的困擾一說，桂生姐不覺怦然心動，她的見識不愧過人一等，她一聽便曉得「土」裡面大有文章可做。

要說做無本生意，再沒有比「搶土」更簡單便利、「利潤」驚人的了。搶到一袋或一箱土，便是洋錢鉅萬，而且所冒的風險並不爲大。桂生姐錦心綉口，她經過深思熟慮，竟然給她想出一個刀切豆腐兩面光的辦法，同時她更舌翻蓮花，說服了她的探目丈夫黃金榮，他答應了照桂生姐的辦法去做，由他和桂生姐兵分二路，雙管齊下。

桂生姐目光如電，她料準了當面之敵的種種弱點，在土商，縱使他們損失頗重，但是他們自知幹的營生見不得人，無法公然出面，請求捕房查緝。同時，他們都是久闖江湖的人，應該懂得「強龍不犯地頭蛇」的江湖義氣，做著那麼發財的生意，撥點甜頭給當地碼頭的弟兄吃吃，實在算不了什麼。何況，萬一兩雄火併，事情鬧穿，吃大虧的必定是他們自己。一天損失幾包土，何妨也當做完糧納稅，轉嫁到買主身上？

捕房方面有兩重顧忌，一是因爲搶土殺人傷害，出了刑案非辦不可；一爲「吃人口軟，拿人手軟」，得了土商的好處，勢必要有所交代。但是，如果黃金榮保證不會發生刑事案，而土商也「深明大義」，不再追究的話，外國人還有什麼話可說呢？

搶土的人，三教九流，流氓癟三，本地的好漢，外來的英雄，可以說龐雜歧異，無所不有。這種亂哄哄的現象應該加以正本清源；群雄兼併，出現一個能夠加以控制的場面。這一步工作需要相當的功夫，桂生姐運籌帷幄，合縱連橫，與清洪二幫大有力者取得默契，逐漸的將情勢置於她的掌握之中。

經過一段時期的努力，於是情勢全盤扭轉，黃老闆笑逐顏開，照舊打銅旂，孵混堂，和朋友談天說地。土商的損失有人加以巧妙的控制，數量陡減，而且從此不再會有流血事件，他們很樂意暗中付出這筆買路錢；對於捕房裡的外國人，利潤增加，也就照常「孝思不匱」，因而外國人又一度誇獎黃金榮大有「旋轉乾坤」的力量。真正花了氣力的是搶土者，經過幾次角逐拼鬪，財香烏乎定？定於一。外來者被逐退了，大小八股黨各有固定的地盤。

至於黃公館裡呢，桂生姐一番苦心孤詣，當然也該有所報酬；近水樓台先得月，後門口不時有蔴袋洋鐵箱運進來。

21

撥隻賭檯吃份「俸祿」

在黃公館做事，上下人等並無薪水可拿，因爲一般人都這麼覺得，既然有黃老闆的牌頭可資利用，底下人應該反過來按月孝敬老闆一些才對。但是杜月笙雖已獲得老闆娘的信任，他仍還不敢放手自尋財路，和公館裡其他的人相比，他除了不定時的賞賜，沒有其他收入，自然顯得比較寒酸。於是，老闆娘想起應該挑挑他了，桂生姐主動的給他一個美差。有一天，桂生姐吩咐他說：

「月笙，公興記格隻枱子，就在巡捕房的隔壁。你去尋他們的老闆，就說我喊你來的，要幫幫他們的忙，照例吃一份俸祿。」

對當時的杜月笙而言，這才叫做「運道來了，連城牆都擋不住。」「公興記」是當時法租界的三大賭場之一，整日車水馬龍，門庭如市，真個是：「手談有豪富，進門無白丁。」杜月笙每次走過它門前，總是不勝羨慕的向裡面望兩眼，如今桂生姐居然派他到那裡去吃「俸祿」，怎不叫他欣喜若狂，雀躍三千。

那一天，杜月笙興衝衝的跑到華商總會，將來意向賭場老闆說明。他萬萬不曾想到。賭場老闆一開口，便給了他一個釘子碰：

「小朋友，『空口無憑』這一句話，想必你總懂得的吧！」

當眾受了奚落，杜月笙偏偏無詞以對，他臉孔脹得通紅，一個轉身，匆匆的逃出了賭場。回去以後，他決定悶聲不響，免得招惹是非，讓桂生姐覺得坍台。又過了好些天，桂生姐偶然想了起來問他：

「公興記那邊，給你多少俸祿？」

杜月笙支支吾吾，答不上來。桂生姐是何等精明厲害的人，一眼便已料到，她盤問杜月笙，獲悉那日碰釘子的經過。當下她不禁勃然大怒，她從椅子裡一躍而起，厲聲的說：

「好格，我自家帶你去！」

賭場老闆看見桂生姐突然駕臨，桂生姐是黃老闆的夫人，白相人地界，都要尊稱她「老正娘娘」。再看她身後還帶了一位杜月笙，正是那日被他三言兩語打發了的小朋友。想想不對，嚇喪了膽，他向桂生姐陪笑臉，說好話，慇懃招待，不等桂生姐開口質問，他先婉轉解釋那一天的誤會。

桂生姐彷彿一句也不曾聽見，她四兩撥千斤，淡淡的笑著說：

「你要憑據，現在憑據自家來了。」於是賭場老闆作揖打恭，低聲下氣的賠禮，說桂生姐關照的事情，他怎麼敢駁回呢？他當時承認請杜月笙吃一份長生俸祿。按月支領三十塊錢。

正在賭牌九的一張枱子停頓下來，賭客們瞠目結舌，呆怔的坐著，看桂生姐發威，賭場老板癟透。

當著那麼許多人，桂生姐台型紮足，面子掙夠，難免有點睥睨群雄，躊躇滿志，一時興起，她望望停下來的那張賭台，說聲：

「我來推幾副。」

轟的一聲歡呼，賭場中人把桂生姐簇擁過去，正在推莊的賭客急忙含笑起來讓位。杜月笙跟在桂生姐身後，向賭台上一看，玩的是一翻兩瞪眼的牌九。卅二張牙牌，一次每人發四張，配搭成雙，逐一的和莊家比大小。

瓜子糖果，熱茶手巾，一概由賭場老闆親自侍奉，俄頃間便擺滿了桂生姐靠椅旁的一張小茶几。杜月笙看見那位老闆連連的做手勢，於是，從四面八方一下子擁過來十幾個人，圍在四周飛來飛去的做「蒼蠅」，他們分別在三門押注，這張賭枱賭得好熱鬧，大家都跑來捧「老正娘娘」的場，杜月笙耳中聽見桂生姐的聲聲歡笑。

站在一旁冷眼旁觀。杜月笙微微頷首，嗯，桂生姐手法熟練，動作迅確，她一定是位行家。十幾副莊推下來，她已經贏了不少。

大概是桂生姐忽然想起，以她的身份，怎可在賭場中久事留連？看看自己面前的籌碼約摸有個兩三百元，夠做本錢的了，於是她回過頭來，望一望杜月笙說：

「來，月笙，你幫我接下去。」

杜月笙猶在錯愕，桂生姐已經笑哈哈的站起身來，她說她還有事，要先回去，吩咐杜月笙只管在這裡玩吧。

賭場老闆把桂生姐送到車上。

許久不曾賭過錢了，何況又在面子掙足，置身這麼豪侈舒適的賭場之中，人逢喜事精神爽，杜月笙呼盧喝雉，目揮手送，賭得痛快淋漓，於是他大贏特贏，三個鐘頭下來，點點籌碼，他竟贏了兩千四百元之多。當時他想，這真是平生從所未有的快事。

再一想，這個莊是桂生姐叫他代的，手氣是桂生姐的手氣，采頭是桂生姐的采頭。好不容易幫她贏了這許多，無疑又是功勞一樁。風太滿了，還是趕緊收篷，否則等下又給她輸了，那就不大好。

想到便做，他馬上站起來，雙手抱拳，做了個四方揖說：

「辰光不早，公館裡我還有事體，想要先走一步。」

話一說完，嗡嗡抗議之聲四起，莊家贏得這麼多，說聲走就要走，這未免太不合賭場規矩。但是，大家都曉得他是同孚里黃公館裡的，尤其方才他由桂生姐親自領來，抗議了幾句，見杜月笙笑咪咪的置之不理；算了吧，只好自認倒楣，輸了錢還連個翻本機會都失去。

將籌碼換了二千四百塊鈔票，用申報紙包好，捧在手裡好大的一包，杜月笙滿懷欣喜，雇輛黃包車回同孚里，他忙於去找桂生姐繳帳。

申報紙一打開，桂生姐看見贏了這麼多錢回來，怔了怔，她輕緩的搖頭，莞爾笑著說：

「月笙，這真叫是你的運道來了。我喊你代幾副，原想挑你贏兩個零用鈿，輸了呢，算你觸霉頭。那裡想到你會贏了這麼一大票，拿去吧，這筆錢統統歸你，我一文也不要。」

「我不能拿。」杜月笙誠心誠意的說：「我是代妳推莊的，贏銅鈿是妳的運氣。」

「不是我的運氣。」桂生姐若有深意的點他：「是你吉星高照了。拿去吧，這個錢是你的。」

桂生姐堅持要給，杜月笙一再推卻，於是桂生姐說：

「好吧，我拿四百塊的紅錢，那兩千塊你拿走。」

杜月笙卻說：

「不，妳拿兩千塊，我得四百塊就心滿意足了。」

鬧得桂生姐不耐煩了，她沉著臉下了命令：

「叫你拿去就拿去！不要多說了！」

當天晚上，桂生姐把這件事告訴黃金榮，黃老闆皺了皺眉說：

「月笙還是個小囝，妳給他這許多錢做什麼？卽使要給，也該喊他存起來，不要瞎用掉了。」

「不不不」。桂生姐笑著說：「我正是要看他怎麼樣去用這筆錢？」

歡天喜地的捧了兩千塊，回灶披間，杜月笙還不曉得，他捧在手上的，是一次最大的考驗。

馬祥生雙手抱頭，躺在床上孵豆芽。杜月笙一進門就問：

「祥生，要用銅鈿哦？」懶沓沓的看他一眼，馬祥生沒有回答，但他那意思分明是在說：

「你那裡有錢給我用？」

毫不介意，杜月笙往他的床沿上一坐，親親熱熱的再問：

「怎樣？你想要多少？五十？一百？」

「不要尋開心了，」馬祥生把頭搖搖，「你能給我個五塊十塊，我就䜌歡喜嘞！」

當著他的面，杜月笙又把申報紙打開，看見那麼一大堆錢，馬祥生大吃一驚，直從小床上跳了起來，他的問話還不曾出口，杜月笙已經迅速的數了一百塊錢，塞到他的手裡。

「這是怎麼回事？」馬祥生急急的問。

於是，杜月笙一五一十，向他說明經過。

衷心向他道喜，接著馬祥生便問他：

「你準備拿這筆錢做什麼？存起來？還是買幢房子開爿店，成家立業？」

杜月笙茫然，因爲他還不曾想到這個問題。

「很久不曾到十六舖了，」他答非所問的說：「蠻想念那邊的朋友。」

相處得久了，馬祥生很瞭解杜月笙。他是一個最重友道的人，他若有快樂，但若不能和朋友共享，那麼，他的快樂也就不成其爲快樂了。

「十六舖末近來兮，」馬祥生說：「今朝晏了，明天我陪你一道去。」

懷著興奮與期待的心情，過了一夜。杜月笙和馬祥生，向桂生姐告一日假，說是要到十六舖看看朋友，桂生姐一聲不問，點點頭，答應了。

22
聽說交上了女朋友

一個人一生之中最初的一次得意，那才是真正的得意，它足以令人終生難忘。祇不過托天之幸，碰巧得兩千塊錢，談不上發財，回十六舖去看看朋友，更不是什麼「衣錦榮歸」。杜月笙爲什麼覺得他在那一天裡特別得意？因爲，在那一天他彌補了許多時來引爲疚恨的遺憾。

那一天，他所做的每一件事，都能恰到好處，也可以說是都很漂亮。

先去找到了袁珊寶，三位好朋友重相聚，歡呼雀躍，彷彿他們已經分別了好些年。談了一會，杜月笙留馬祥生和袁珊寶在一起聊天，他獨自一人，踅到隔壁，潘源盛水果行依然如昔。

王國生一眼看到他，高興得兩腳一跳：

「哎呀，月笙哥，什麼風把你吹得來的？」

一轉眼，潘源盛的店員學徒，團團的把他圍住了，互訴近況，歡聲談笑，移時，杜月笙悄悄一拉王國生的衣袖，他把他拉到後房，兩人隔一張小桌子坐下，杜月笙面容嚴肅，語調懇切的說了一句：「國生，以前我有事情對不起你。」

一聽他將往事重提，王國生窘得臉都紅了，他頓時便說：

「什麼了不得的事嘛，虧你有那麼好的記性?直到如今還擺在心上！」

杜月笙感激的望他一瞥，又說：

「我知道你是不介意的，不過，我每天夜裡都會想起，你自己的境況並不好，那時候，我實在是拖累了你。」

王國生急了，便道：

「難得見一次面，你就不要再說了，好嗎？」

好的，杜月笙表示同意，不過他要還錢。王國生大感驚異，因爲杜月笙把他所欠的公款分門別類，一筆筆都記得那麼清楚，通共不過三五十塊錢，杜月笙一出手，卻給了王國生兩百大洋。

「你這是什麼意思？」王國生望著手裡的錢，怔怔的問。

「你這爿店裡，應該多添點貨色。」

「算你加入的股本？」

「不，」杜月笙站起身往外走：「算我送給你的。」

找到了師父陳世昌，三爺叔黃振億，還有杜月笙兼營「航船」時期被他吃掉了賭本和彩金的客人，師父和三爺叔他都送了錢，那些老早忘記了他的賭客，喜出望外的得到了雙倍的賠償。

把這些事情辦完，晚間，王國生、袁珊寶請杜月笙和馬祥生兩位，在一家小飯館吃飯、喝酒，杜月笙一落座便說：

「直到今天，我才覺得心裡一鬆。」

就這一天功夫，杜月笙的兩千塊錢花了將近一半，他出手這麼濶綽，真把袁、馬、王三人看得舌撟不下。但是他們明明看見，杜月笙並沒有花一文錢在他自己身上，他先還債，後塞錢給朋友，十六舖一帶早先但有點頭之緣的，他都過去親切的招呼，見人便三十五十的塞過去。馬祥生忍不住了，問他爲什麼要這樣做，杜月笙聳聳肩膀笑著說：

「這班朋友，平時想個三角五角都得不到，一旦到手三五十塊，你想他們多麼高興。」

「他們高興，關你什麼事呢？」

這時，杜月笙湊近他的耳朵，悄聲的說：

「不要忘記，我們自家也是過過這種日子的。」

一個月後，某一天，桂生姐喊杜月笙到樓上去，桂生姐開門見山的問：

「月笙，銅鈿用得差不多了嗎？」

心裡駭怕老闆娘責備，怎可以將大把的錢，像流水似的花用？可是他又心想，花了就花了，桂生姐面前不能說謊，不可隱瞞。於是他尷尬的笑著，點點頭。

「手條子到是蠻寬的啊。」桂生姐神情不變，仍在笑吟吟的望著他說。

「……」

「聽說你有了女朋友？」桂生姐更進一步的問他。

驚了驚，老闆娘既然說破了，他無可奈何，唯有點頭承認。

「她是什麼地方人？」桂生姐緊接著問，顯然她是極關心的：「家裡的情形怎麼樣？」

簡單明瞭，杜月笙向老闆娘報告，他新近認識了一個女孩子，名字叫沈月英，長得非常漂亮。沈月英是蘇州人，一家子跟著她父親，遠赴東北哈爾濱做生意。生意失敗，她父親也病死客地，沈月英隨同她母親回上海，兩母女正在閑居。杜月笙因爲朋友介紹認識了她們，偶然得空，就到她們家走走，有時候，也幫幫她們的忙，料理一些對外的事務。

桂生姐靜靜的聽他說完，然後又問：

「我只問你一句，你阿歡喜她？」

「這個——」杜月笙頓了頓，終於也承認了，他很喜歡這位溫婉美麗的蘇州姑娘。

想不到桂生姐竟會輕輕鬆鬆的說：

「那麼，你就把她討回來吧。」

「討？」杜月笙困惑的搔搔頭：「我怎樣討得起她呢？」

「你是一隻野馬。」桂生姐一正臉色說：「沒有鞍韉，就籠不住。你一定要先成好家，往後才能慢慢的立業。所以我說：祇要你真喜歡她，你就應該把她討回來。」

「可是。」杜月笙很爲難的說：「我那來這許多錢？要討沈月英，還要成家呢？」

「這個你放心。」桂生姐豪爽的說：「我自會去跟老闆商量。」

23

同孚八家臥龍藏虎

「絕頂聰明」，是黃金榮黃老闆早期對於杜月笙的考語。當杜月笙逐漸接近他各項事業的核心，成爲他最得力的智囊與親信，成就多，表現好，這四個字，幾乎變成他整天掛在嘴上的口頭禪了。

純以一種欣賞的態度，對杜月笙的一言一行，一舉一動，加以擊節拊髀，由衷讚美，顯然表示杜月笙在老闆面前地位日增，寵信漸隆。因此，當桂生姐向黃老闆提議，先替杜月笙成家，取一副鞍轡，套牢這匹不羈的野馬，她有把握獲得老闆的同意。

當時，黃金榮大概是爲了好奇，他問過桂生姐，究竟從何獲知杜月笙才堪大用？

桂生姐很坦然的說：

「我試過他的，就是贏了二千四百塊錢的那一回。我明明曉得，錢到他手上會花光，但是我要看他怎麼花這筆大錢。」

黃金榮很有興趣傾聽他妻子的分析——

「——假使他拿那兩千塊錢去狂嫖濫賭，儘管揮霍；那麼，即使數他有膽量，有肩胛，手條子寬，他充其量不過是個小白相人的材料。假使，他用那筆錢存銀行，買房子，開爿店面，這樣他就是一個不合我們行當的普通角色。事實上呢，他花大筆的錢去清理舊欠，結交朋友，杜月笙的做法等於是在說，他不但要做人，而且還要做個人上之人，從這一點，我斷定他是我們最需要的得力幫手，我們一定要好好的培養他，扶植他。」

「妳有道理！」黃金榮十分高興，笑逐顏開，猛的拍了下一大腿，一根大拇指，高高的向桂生姐翹了過來。

桂生姐笑笑，再問一句：

「現在孤小人要結婚了，你這個做老闆的，預備怎樣幫他的忙？」

黃老闆心裡正歡喜，當時便豪爽的說：

「要用錢，叫他到賬房間去拿；要掙面子，由我黃金榮替他做媒。」

桂生姐依然笑著，只是她在輕緩的搖頭。

黃金榮吃驚了，他睜大了眼睛問：

「這麼樣還不夠呀？」

「最好再添兩樁。」

「那兩樁？」

「頭一樁，法租界的三隻賭枱，你便撥一隻給杜月笙，讓他自己有個財源。第二樣，你喊他也在同孚里租一幢房子；一來，住得靠近，聯絡方便，二則，也好給他面子上貼貼金，杜月笙一步登天了，他跟黃老闆一式的有個像樣場面。」

這一次，黃金榮煞費躊躇了。因爲，這「再添的兩樁」，實在不是輕而易舉的事。頭一樁，當時的法租界，一共只有三隻賭枱，所謂賭枱，實際上便是一家規模宏大、包羅萬家的賭場，一年四季，日進斗金，金銀財寶，滾滾而來。誠然，撥一隻賭枱給杜月笙，並非叫杜月笙去開爿賭場，開賭場的，自有擁資巨萬、財富驚人的廣東大亨。杜月笙撥到一隻賭枱，那是叫他去負責一爿賭場的安全，而這裡所謂的安全，又不僅是抱抱枱腳，保保鑣，免得被人放搶、偷竊、訛詐，或者惹事生非。他是要把上自外國衙門，下至強盜癟三，三教九流，四面八方，全都套得攏，擺得平，以使賭場安然無事，大發其財。這份艱鉅而繁劇的職責，對於年紀輕、剛出道的杜月笙，未免太嫌沉重了。

江南人有句俗諺：「皇帝不差餓兵。」賭場老闆對於職掌安全重任的保護者，致送的開銷和報酬，自然是一筆驚人數字，但是這一筆錢，保護者所能拿到的只是其中一小部份。由於賭場利潤豐厚，是個發大財的碼頭，幾乎人人見了眼紅，個個都在垂涎，工部局，巡捕房，但凡能插一腳，揑個邊，碰兩下的衙門機關以至個人，按期孝敬紅包，分派財香，都是少不了的。

除此之外，賭場本身還要雇用一批專責的保鑣，專門應付突發事件，甚至於，賭場附近的叫花子，窮極無聊，鋌而走險的散兵游勇，亡命之徒，賭脫了底，輸豁了邊，連「千古艱難唯一死」都不顧了的賭客，隨時會有預算外的「打發」。賭場保護人所面臨的，不啻是大千社會屬於最陰暗的那一面，波譎詭秘，千頭萬緒，一個弄不好，小則賠錢受累，蝕面子，下台型，大則槍林彈雨，性命攸關。黃老闆爲愛護杜月笙著想，對桂生姐的這個建議，也不得不加以愼重的考慮。

在同孚里替杜月笙租幢房子，另起場面，比起撥隻賭枱來，似乎簡易得多。不過，黃金榮的內心裡，多少還是有點顧忌，當年的黃公館，原來便是臥龍藏虎之地，他手底下多的是文武兩檔的角色，有人爲他流過血，有人爲他拚過命，有人爲他賺過大錢，有人爲他建過大功。無論從年齡、輩份、歷史淵源和職司重要那一方面來講，站在杜月笙前面的人比比皆是，驟然將沒沒無聞的杜月笙，隱隱中提到跟黃老闆分庭抗禮的地位，是否會引起物議、發生內部問題呢？

在民國初年，黃老闆還不曾遷往鈞復里以前，同孚里曾有所謂的八大家，這八大家的主人，其姓氏之顯赫，適足以說明黃老闆早先的顧慮，非爲無因。蓋自黃金榮一家以次，另外七家住的是王阿慶、傅阿發、杜月笙、金廷蓀、顧掌生、馬祥生、范恆德。個個都是響噹噹的亨字號人物，其中如最起碼的范恆德，後來也曾是上海大舞台的老闆。

於是，黃金榮當下回答桂生姐道：

「妳讓我再想想看。」

桂生姐當然也知道，想使杜月笙「一步登天」，確是茲事體大，她不再堅持，同意等一個時期再說。隔不多久，她便很欣喜的發覺，黃老闆不僅是在「想想看」，而且還在一步步的做。不論人前人後，他對杜月笙總是特別熱絡，格外垂青，而且一聲聲「絕頂聰明」的誇不絕口。他顯然是在加意提高杜月笙的聲望和地位，同時，他也是在向手下的人表示，他勢非重用杜月笙不可。

許多重大而機密的工作，他交由杜月笙逐項順利完成，凡是容易有所表現、出人頭地的差使，他總是派杜月笙去做，於是人們都在說：杜月笙時來運轉，眼看著他就要出道了。

24

開山門徒闖了窮禍

極其巧合的，杜月笙自己在這一段時期，居然也能夠洗心革面，力爭上游，他把早年那種小白相人的習氣全部摒諸同孚里外，開始擺出相當的架勢和派頭。他發揮「著是威風」的功能，使自己的裝束時髦而體面，他每次出門身上都帶有爲數可觀的零錢，遇到卑田院裡的伸手大將軍、釘靶癟三、告地狀、討車錢各色各樣的乞丐，他總是信手施捨，甘霖普降，使得眾口交相頌讚，儼然一副好心腸闊大爺的姿態。

在黃老闆大力提攜、自己迎頭趕上的兩股力量沖激下，杜月笙派頭一天天的大，名氣一日日的響。這位清幫悟字輩的小師傅，居然也開起香堂做老頭子了。終杜月笙一生，他只在年紀輕輕的時候，開過一次香堂，收了一名正式的門徒，亦卽所謂開山門的徒弟。

他是江肇銘，字小棣，蘇州人，一口吳儂軟語，天生聰明伶俐，性格柔和，一輩子極少發過脾氣。他曾在上海大世界管過事，每逢相熟的太太少奶奶去聽戲，小囝要痾屎撒尿，叫他領來領去，他都笑迷迷的毫無怨言。

江肇銘綽號「宣統皇帝」，除了他的尊範和溥儀酷肖以外，又有一解。那是因爲他少年時期，經常走馬章台，浪跡平康，患有一個很怪的毛病，每一發作，兩腿抽筋，相互纏絞起來，變得像是炸蕭花，卽令有大力士，也難以爲他扳開。

這位杜月笙的開山門徒弟，伶俐剔透，無往不利。識者認爲他在杜氏一生交往的人物中，論「天縱智能」，應與大律師秦聯奎、名醫師龐京周相頡頏。舉一例以喻之：秦聯奎是有名的通天眼，能夠掐指算出過去未來，頗爲靈驗。抗戰時期，有一位天津富商慕名拜訪，請他指教，秦大律師看他一眼，便說：「你太太帶著孩子，自遠道來尋你了，現在就在外面。」富商聞言大爲駭異，可是出去一看，果然不差，從此乃將秦大律師敬如神明。

江肇銘嗜賭，大有早年乃師之風，當時黃浦灘上赫赫有名的嚴老九嚴九齡，在英租界西區開了爿賭場，賭法以「搖攤」爲主。所謂搖攤，便是擲骰子，一口搖缸，盛了三枚骰子，莊家代表賭場，和賭客們處於敵對立場，血肉相搏。江肇銘喜歡這種賭法的簡單明瞭、直截了當，因此常爲座上客。有一天，他連戰連北，輸得不少，漸漸的變得急躁起來，最後一局，他罄其所有，約摸是一兩百元，他單押三點，將賭注放在出門，意思是只向莊家搦戰，來一次孤注一擲，龍爭虎鬪。

由於賭注下得大，江肇銘的路子走得險，當時的賭場上，氣氛非常之緊張，莊家抱定搖缸，連搖幾下，當衆公然揭開缸蓋，賭客們伸長脖子湊過去看，卻齊齊的發出一聲嘆息，三顆骰子，兩顆四點，一顆二點，——這是「二二」，恰好落在白虎，莊家統吃，「宣統皇帝」完了。

賭「搖缸」的規矩，一局揭曉，必定要等贏的吃，輸的賠，枱面上的賭資統統結算清楚，收支兩訖。然後再將搖缸蓋上，連搖幾下，等缸裡的骰子點色全部換過，於是莊家再請賭客下注，猜賭缸裡的骰子點數。

那裡想到，就在江肇銘最後賭本行將被吃的當兒，代表賭場的莊家，一時手忙腳亂，粗心大意，不等賭帳清算完畢，自家先把搖缸蓋上，連搖幾下，放在一旁。

江肇銘正在懊惱沮喪，疚恨萬分。無意之間被他發現了這一幕，隨卽靈機一動，計上心來，他將眉頭陰霾一掃而空，換上一副笑臉，喜孜孜的向莊家說：

「該你陰賠我了吧？」

「該我賠你？」莊家不由一怔，隨卽便打個哈哈說：「點子還擺在缸裡，你押的是三，我搖出來的是二。」

江肇銘瞟一眼那隻又搖過了的搖缸，一聳肩膀，輕飄飄的說：

「不要瞎講，搖出來的明明是隻『三』。」

莊家也去看看那隻搖缸，一看之下，他臉色大變，心想偶然差錯，這下糟了。方才分明搖出來了「二」點，如今自己竟然將贏錢的證據湮沒，重搖了這一次，他怎敢保險缸裡的點數仍然是「二」，而不是「三」呢。

這局搖出「二」點，是在眾目睽睽之下揭曉的，莊家自知大錯已經鑄成，爲了倖免於萬一，他眼睛掃著四周的賭客，急急的問：

「各位剛才都看到了的啊，我搖出來的是『二』。」

「是『三』！」江肇銘搶在前面，斬釘截鐵的說。

四周的賭客悶聲不響，噤若寒蟬。有人存心想看賭場的好看，有人摸不清江肇銘的來路，這小伙子莫非吃了老虎心，豹子膽，敢來啃嚴老九的邊？以區區一名賭客，與堂堂一爿賭場爲敵，抓到毛病，便要硬吃，這個角色未免太狠了些。

局面僵住了，於是嚴老九親自出馬，他先吩咐莊家照賠，然後和顏悅色，三言兩語，用上江湖切口，盤明白江肇銘是同孚里黃公館門下，通字輩尚未出道、名氣倒蠻響亮的杜月笙格學生子。他當場抹下臉來，聲聲冷笑的說：「了不起，了不起，真是強將手下無弱兵。我這爿賭檔，只好照你的牌頭打烊了！」

言罷，他回過頭去厲聲一喝：

「給我把大門關上，我們立刻收檔！」

在場的賭客們，幾曾見過這麼嚴重緊張的場面？轟的一聲，急速逃離江肇銘的身畔，紛紛奔向賭場後門，大家爭先恐後，奪門而逃，唯恐遲了一步，便會城門失火，池魚遭殃，白白的陪江肇銘吃衛生丸。

至於江肇銘自己呢，據他後來告訴朋友說：他幾已料定不能活著走出賭場了，他抱定「横豎横，拆牛棚」的心情，一手拿著「贏」來的錢，一手拎著自家的腦袋，大踏步的也往後門走，真是天保佑，他竟能平安無事的回到下處。翌日，消息揚揚沸沸傳開，英租界的大亨嚴老九所開設的賭檔收歇了，起因是杜月笙的徒弟江肇銘跑去硬吃，這個說法雖然在無形中急劇增高了杜月笙的身價，然而，它同時也給杜月笙帶來天外飛降的奇禍，以及極其棘手的問題。

英租界和法租界，是涇渭分明的兩個地區，雙方「人物」雖有來往，但是利害關係和所持立場大不相同。嚴老九在英租界財勢絕倫，是灼手可熱的大亨，黃浦灘上的聲望，他未必在黃金榮之下。而黃門杜某的學生子江肇銘，居然使他自動關了賭場，這一筆帳，全上海的人都在密切注視，倒要看看嚴老九找誰去算？

於是杜月笙在風聲鶴唳、草林皆兵、而他自己處境極爲尷尬的時候，很漂亮的露了一手，他坦然挺身而出，負荆請罪，避免黃老闆這場推不脫的麻煩。他喚來江肇銘，把他當眾大罵一頓，然後帶一筆錢，領著他的徒弟，從法租界走到英租界，專誠拜訪嚴老九。

他對嚴老九恪盡禮數，不卑不亢，頗有方面重鎭的氣概，他爲自己的徒弟賠罪，並且賠出那日江肇銘「贏」來的錢。他再三堅持請嚴老九抽落門閂，重新開張，聲言屆期必定約些朋友來捧場。

彷彿是在看別人家的熱鬧，嚴老九一心只想掂掂杜月笙這小伙子的份量，他以爲杜月笙會被這白相地界的驚濤駭浪嚇倒，想不到他竟從容自在，落門落檻，於是嚴老九不得不連聲佩服，逢人便誇杜月笙爲人「四海」，遇事擔得起肩胛。

嚴老九施出上門閂、關賭枱的這一招，無異是以「上駟」對「下駟」，敗了固然坍台到家，落花流水，卽令掙回了面子，其實也是勝之不武，在他來說這是極不划算的一個回合。可是在杜月笙這邊，卻大大的拜領了嚴老九的厚賜，經過這次事件，他竟然在英法兩租界聲譽鵲起，平步青雲，杜月笙三個字開始在白相地界不脛而走。他旣然單槍匹馬的和嚴老九扳過斤頭，現在他已經有資格和黃老闆、嚴老九一輩人物相提並論了。

黃老闆心中也是暗暗的歡喜，杜月笙這小伙子真正有出息，有「親頭」，於是，順理成章，公興里那隻賭枱——公興俱樂部，便自然而然的轉到杜月笙的手裡，由杜月笙當了權。

25

結婚典禮風光體面

民國四年，杜月笙蠻有風光的結了婚。婚前，他想起捧場作客的朋友雖多，但是自家的親眷總也要到幾位，因此，他派人到高橋，將他的姑母萬老太太接來。

在法租界棧房裡開了房間，杜月笙對他的姑母很盡孝心，他替她買好衣料，請裁縫，要讓他姑母穿得整齊體面，來吃喜酒。

有一天，杜月笙帶了一副黃澄澄的金鐲頭，到棧房裡送給他姑母，萬老太太覺得這個姪兒是有點錢了，於是她建議的說：

「月笙，你結婚是件大事情，高橋鄉下，你的長輩親眷不止我一個。既然要請，你爲什麼不統統請到呢？」

杜月笙沉吟了半晌，他問：

「應該再請那些人呢？」

萬老太太終於說了：

「你的老娘舅，舅母，還有一位嫁到黃家的阿姨…………」

她一口氣開了一張長長的名單，杜月笙的心裡，回首前塵，不勝感慨，這不就是「窮在鬧市無人問，富在深山有遠親」的寫照嗎？

「也好。」他無可奈何的回答：「我這就派人去請。」

「這副金鐲頭我不要。」萬老太太笑笑說：「你最好拿它送給你舅母。」

杜月笙懂得他姑母的意思，失聲笑了，他說：

「鐲頭妳還是收下，舅母和阿姨，我自會再辦一份。」

萬老太太長長的吁一口氣，她很感安慰，因爲在她想來，不管怎樣，親戚總是親戚，俗話說得好：「皇帝還有草鞋親」呢。

在同孚里租了幢一樓一底的房子，置辦傢俱，訂做衣服，杜月笙成家，辦喜事，由於他平時人緣好，心腸熱，自黃老闆、桂生姐以下，許多朋友都自動的跑來幫忙。桂生姐爲杜月笙所作的安排全辦到了，黃老闆親自出馬，擔任大媒，到沈家去提親。

沈老太太非常高興，認爲杜月笙是一位乘龍快婿，聲價夠，家當足，一切事情都好商量，她只要能夠跟女兒過來，住在女婿家，由女婿爲她養老送終。黃老闆代表杜月笙欣然應允。不過後來沈老太太又曾兩度修正自己所提的條件，沈月英有兩位親戚，年長的叫焦文彬，還有一個小男孩華巧生，都想跟過來找碗飯吃。這一點，杜月笙也答應了，因爲他成家伊始，家裡面正需要人，於是，他分派焦文彬給他管賬，華巧生當一名小聽差。

杜月笙的婚禮，規模不大，卻很熱鬧，迎親行列中，最引人注目的是那頂寧波龍鳳花轎，那是化了大價錢租來的，花轎抬進同孚里，歡聲載道，爆竹喧天。那一日是萬墨林初赴同孚里，他隨他母親去喝喜酒，他回憶說當時他一心想幫點小忙，但是杜月笙的朋友實在太多，他們一波一波的來，什麼事情都有人在料理，他這個親眷反而事事插不進手。

喜筵設在同孚里，吃的是流水席，那就是說：客人湊齊一桌便開，吃完了就走，如此週而復始，川流不息，杜月笙這次婚禮的開銷很可觀，浦東來的親眷住在棧房裡，酒席整整吃了十天，十天後興辭回鄉，杜月笙更每家奉敬二十塊大洋的旅費，因此無論娘舅阿姨和姑母，人人都覺得稱心滿意。

沈月英是蘇州南橋人，天生的美人胚子，秀髮如雲，長眉入鬢。結婚之後小兩口十分恩愛，家務事外有焦文彬當賬房，內有沈老太太操持，因此她也不必費什麼心。據黃李志清女士說：

「杜月笙真是應了林老太太（按卽桂生姐）的那句話：『成家立業。』成家後的杜月笙，事業一天天的發達，收入一天天的增多，新建立的杜家，就已經有了欣欣向榮的興隆氣象。」

有一天，沈月英告訴杜月笙：你就要做父親了。杜月笙一聽，高興得跳了起來，第二天便忙不迭的向朋友報告喜訊。消息傳到黃老闆和桂生姐耳裡，老闆夫婦也是歡喜得很，桂生姐特地把杜月笙叫了去，她笑吟吟的說：

「月笙，恭喜你，要抱兒子了！」

杜月笙呵呵傻笑，不曉得應該怎樣回答。

「是老闆說的。」桂生姐又說：「你們結婚是他做的媒人，你把這個孩子過繼給我們，好嗎？」

杜月笙笑著點點頭，他以爲這是黃老闆和桂生姐在攀親眷，心裡覺得十分榮幸，但是當他興匆匆的跑回去跟太太一講，沈月英卻還有點不以爲然呢。

杜月笙的長子維藩，是一個頭角崢嶸、啼聲洪亮的男孩，他生來命大福大，黃金榮收他作乾兒子，由於這層關係，兩位親家乃以兄弟相稱，杜月笙改口喊老闆「金榮哥」，稱老闆娘爲「桂生姐」，而進黃公館比他爲早的金廷蓀、馬祥生、顧掌生等人，仍還在口口聲聲的「爺叔」、「娘娘」。

沈月英的不以爲然不幸而中，兩年後她生了杜月笙的長女，可惜這孩子還不到兩歲，便因爲出痧子而告夭折。

黃杜成了親家，來往一日日的更趨密切，沈月英常常抱著杜維藩去看他寄娘，兩親母像同胞姊妹般的熱絡，她們經常無話不談。

同孚里的房子太舊了，黃老闆和桂生姐決意改造翻新，他們一家搬到鈞福里的新宅，兩上兩下，格局要比同孚里大些。搬場進宅的那一天，黃老闆在新宅大開酒筵，歡宴親友，事先，他給手底下的小朋友，每人做一件蘿蔔絲的老羊皮袍，一件三十塊錢。

26

「剝豬玀」與「大閘蟹」

杜月笙開始在公興俱樂部當權，上馬伊始，他便大顯一次威風，憑恃人溺己溺，推己及人的同情心理，以及合縱連橫、攻守兼施的玲瓏手腕，他竟將租界賭場多年以來傷透腦筋、焦頭爛額的兩大威脅，在短暫之間，廓然一掃而空。

其一，是「剝豬玀」。剝豬玀原是上海黑道裡的隱語，它的意義，略同於打悶棍。一般迫於衣食，行險僥倖的小強盜，埋伏在隱蔽偏僻的地點，趁夜闌人靜，向踽踽獨行的路人，施以突擊，他們多半謀財而不害命，不過「謀財」謀得頗爲徹底，金錢飾物之外，連被劫者身上的衣服也要剝光。

各賭台夜場打烊，時間都在午夜以後，賭客們不但衣冠楚楚，珠光寶氣，身畔尤且大有財香；他們無疑是「剝豬玀」者的最佳對象。租界上，一街之隔便是兩國境域，加以街道縱橫，衖巷複雜，這又是「剝豬玀」者的理想活動地區，於是從賭場裡出來而被剝豬玀的，日有所聞，終至鬧到贏錢賭客必備保鑣，膽小之徒不敢登門的地步，對於各賭場的營業，實有重大影響。

杜月笙仗著朋友多，耳目靈，兼以沾著清幫中人的光，在各個白相地界都有說話的資格，他很快的找到那一批鋌而走險者的頭腦，跟他坐下來談判，由杜月笙拍胸脯負責，法租界的三隻賭台，按月在盈利項下抽出一成，交給對方，分配給那幫小朋友。條件是：凡法租界的那三隻賭台，任何賭客不得再遭遇剝豬玀的危險。

對方很高興的說：

「月笙哥，就憑你閑話一句，我保證那些小兄弟們一定遵辦。」

處理這麼一件大事，杜月笙居然不曾知會桂生姐和黃老闆，尤其他連在另外兩隻賭台當權的金廷蓀和顧掌生，也未經商議。若干年後他解釋自己當時的心情：不是不知道先行商議和知會的重要，而是他出道之初，風帆撐得太滿，唯恐對方一聲拒絕，事情辦不成功，使他在老闆和朋友面前坍台。

自以爲這場交涉辦得理想美滿之至，跑回去和金廷蓀、顧掌生一商量，金顧二人居然皺起了眉頭，各賭台盈利撥出一成，這數字未免太大，而且換得的是虛無縹緲，空口無憑的一句保證，將雙方的砝碼往天平上一擺——委實無法軋得平。

杜月笙既然已向對方誇下了海口，這一來豈不等於是闖了窮禍？杜月笙一出道便挨這麼一記悶棍，打擊來得太重，可是他並不灰心，他靈機一動，想起掏腰包的應該是賭場老闆，他何妨去找他們商量商量看。

分訪另兩位賭場老闆，他翻來覆去，分析利害得失，「剝豬玀」的風氣不能戢止，賭客永遠心懷惴惴，不得安寧，有很多的人因而裹足。倘若雙方達成協議，使「剝」風在法租界絕跡，那麼，不但賭場生意可以恢復舊觀，而且，由於法租界賭場的客人，在安全方面獲得保障，說不定將來英租界和華界的賭客，都會多走幾步，跑過來移樽就教。

這個道理淺顯明白，兩位老闆一聽就很落胃，於是他們一口答應。杜月笙興奮雀躍，不勝之喜，回到同孚里，他再去找金廷蓀和顧掌生，把他所持的理由，以及獲得賭老闆支持的經過，細細說給他們聽。

往後，事實證明了杜月笙的想法和做法都沒有錯，「剝豬玀」的那一群，按月得到接濟，生活差堪解決，而且從此不必再冒風險，他們飲水思源，對杜月笙感激涕零。他們豈止不搶法租界三隻賭枱的賭客，有時候居然還挺身而出，充任義務保鏢呢。法租界賭台上的客人保了險，深夜挾款出門，不會被人攔路打劫，愛賭兩錮的朋友交頭接耳，消息傳得比報紙還快，於是乎法界賭台車水馬龍，門庭如市，華界英界的賭客，果然也有不少轉了過來。

杜月笙在這一件事上，一共獲得了四項成就。第一，他安定了行險僥倖剝豬玀小強盜的生活。第二，替法捕房大量減少雞零狗碎的搶案，總探目黃金榮益發可以高枕無憂。第三，爲法界賭台掃除一大障礙，使其營業興盛，利市倍蓰，往後寖假而執黃浦灘上賭業的牛耳。第四，他開始有了第一批赴湯蹈火，在所不辭的忠實徒眾。

目光銳利、機智深沉的杜月笙，從事賭業不久以後，又一眼看出賭國第二個瘤——法捕房的華洋巡捕，自總探目黃金榮以下，雖然按月收取各賭台所孝敬的紅包，但是每逢外國頭腦板起了面孔，硬要捉幾次賭，藉以維持租界當局威信的時候，他們也唯有不顧道義問題，隨時闖進賭台，捉些人去向洋人交代。

賭博是租界上違例犯禁的小案子，起先，賭客被捉到捕房，充其量不過自認晦氣，罰幾個錢充公。然而不知何時，由那位外國首腦定了個捉狹的罰則，賭徒捉進捕房，要用繩子一連串的綁起，押到馬路上去遊街。有人見他們一串串的綁著，觸景生情，謔之為「大閘蟹」。

但凡能到賭台去玩玩的人，多半都有點身家，罰兩個錢無所謂，當「大閘蟹」遊街，被小孩子跟在身後調謔哄笑，那就未免吃不消。於是，捕房一採取「大閘蟹」遊街的辦法，各賭台門可羅雀，營業一落千丈。

為了亟謀挽救，三大賭台的老闆，都來和杜月笙他們計議，杜月笙說：

「這件事情比較難，因為外國人定好了的規矩，一時間不可能收回。」

——他知道，黃老闆也是吃公事飯的，他無法公然為賭場的利益，去和租界當局「據理力爭」。

「難也要想辦法呀。」金廷蓀插嘴進來說：「我們總不能眼看賭台關歇！」

這話不錯，於是杜月笙苦苦思索，驀地，被他想出了一條避重就輕之計。只是，他又秘而不宣，事情不到成熟階段，他決不輕易洩露；漸漸的，這已經成為他處事的原則之一。當時他只輕描淡寫的說一聲：

「你們讓我去摸摸看。」

當天下午，他去見桂生姐，三言兩語，他道出了賭台所面臨的難關，以及這一個問題的癥結所在。

「這件事，」桂生姐先問他：「你在老闆面前提起過了沒有？」

杜月笙搖搖頭。

「你是對的。」桂生姐頷首讚許的說：「你跟他說了，只有使他覺得為難。」

「不過，」杜月笙苦笑笑說：「這一個結，終歸還是要老闆去打開的。」

「你來尋我，」桂生姐望他一眼說：「必定是你已經想出了辦法？」

杜月笙承認，他確已想出一個辦法，不過，捕房裡面的人，還得黃老闆和桂生姐，恩威並施，親自去設法疏通、斡旋。

「什麼辦法呢？」

這便是杜月笙的「絕頂聰明」處，原來，賭場裡一日兩場，照他們內行流行的暗語，日場叫「前和」，夜場謂之「夜局」。杜月笙的辦法很簡單：只要跟華洋巡捕打好交道，來上一項默契，從今以後，不論外國人怎樣嚴令捉賭，雷厲風行，華洋巡捕務必「光捉前和，不碰夜局」。

「照你這個辦法，」桂生姐疑惑不定的問「誰還肯到『前和』裡來賭呢？」

杜月笙嘆口氣說：

「犧牲『前和』，總比三隻賭台全部收檔來得好點。」

「這裡面還有一層」，桂生姐一針見血的問：「『前和』裡沒有人來賭，你叫捕房裡的朋友去捉那一個？捉不到人，又怎樣去跟外國人交差？」

杜月笙卻微微笑著，他很肯定的說：

「我負責，只要他們非捉不可，『前和』裡一定有人候駕。」

「什麼人？」

「最低限度，我們有賭台裡的自家弟兄。」

桂生姐明白了，杜月笙是想用一條苦肉計，避重就輕，李代桃僵，喊自家兄弟來賭「前和」，巡捕要捉，便老老面皮客串一次大閘蟹，讓他們虛應一番故事，做給外國人看。真正的賭客呢？請他們下「夜局」，而「夜局」是在事前講好決不去碰的。

「辦法好極了，虧你想得出來的，不過——」桂生姐峯迴路轉，頓了頓說：「就有一層，賭台上的兄弟只有那麼幾個，你叫他們日日扮大閘蟹，天長日久，總不能看來看去，儘是那幾張熟面孔呀！」

「不要緊。」杜月笙胸有成竹的說：「我可以找些另外路道的朋友來幫忙。」

桂生姐又問：

「像這種出乖露醜，還要吃苦頭的事情，賭台上的叫做吃這行飯，無可奈何。旁的朋友，誰肯幫你這種忙呢？」

於是，杜月笙告訴桂生姐，以前專剁豬玀的那班小朋友，白吃賭台的「俸祿」，爲時已久，他們對杜月笙既感激而又尊敬，「養兵千日，用在一時，」他相信他們會買自己的面子，幫忙賭台，渡過這次面臨收檔的難關。

桂生姐開心的大笑，杜月笙真不辜負她的賞識與提拔，他想出來的辦法，不但頭頭是道，面面俱光，毫無疑問的可以行得通。當時她很高興的答應了杜月笙的請求。

經過黃金榮夫婦硬軟兼施，大力疏通，賭台和捕房巡捕果然達成了協議，一切依照杜月笙所定的計策實行，洋人必定要抓賭銷差，那就是抓「前和」，由杜月笙的自家兄弟，串演大閘蟹。夜局

27

大八股黨化暗爲明

由於場面漸大，杜月笙的生活與派頭，就隨之水漲船高，他現在已屬於錦衣玉食、席豐履厚的享受階層。他不講究吃穿，卻豪於賭，呼盧喝雉，一擲千金，毫無吝色。他身爲公興俱部當權，當然不能下賭台賭，他愛和三朋四友打麻將、推牌九。如所週知，賭博是漫無止境，沒有底的。杜月笙就時常輸得脫了底，黃老闆聽到了些風聲，每每把他叫過來，很誠懇的勸他：

「月笙，賭銅鈿本來是壽頭碼子的事體，你不要忘記，你是吃俸祿的，哪能你也著起迷了呢？」

杜月笙這時總是陪著笑臉否認：

「我不過偶爾白相白相而已，我並不會怎麼賭呀！」

除了賭錢，他也染上了黃公館眾家弟兄的習慣，早上「皮包水」，下午「水包皮」，逍遙得意如神仙。每天九十點鐘起來，先往茶館裡一坐，泡壺茶，吃點心。中午回家吃過午飯，兩三鐘便到混堂裡去孵著，洗澡要洗大湯，休息則必在洋盆單房間，擦背敲腿扦腳捶背，一定要來一個全套。其實呢，像他們這一幫人，既無寫字間，又沒有連絡處，而日常事務卻又千頭萬緒，接觸人物更是三教九流，因此茶樓浴室便成了他們談生意、講斤頭、開會議、見朋友的聯絡站。

杜月笙在黃公館，由孤小人而小伙計，而得力助手，而方面大將，自立門戶。漸漸的，內有黃老闆、桂生姐的寵信備至，外有各界朋友的深相結納，他在黃老闆眼前，已有舉足輕重的地位，而在老闆身邊坐上了第二把交椅。黃老闆的心腹大將八個生，唯獨杜月笙以後來居上之勢，脫穎而出。此之謂：「出道你早，運道我好。」

賭與土兩大事業，賭業方面杜月笙一日千里，進展神速，詳情已如上述。至於煙土一門，在杜月笙飛黃騰達的那些年裡，由於時局的變化，國內外各地情勢的影響，誠所謂波譎詭秘，變幻萬端。

首先是由於國內各省軍閥搆釁，連年戰亂頻仍，上海拜領「租界」洋人之所「賜」，居然成為地位衝要的一片乾淨土，國內國外所產的鴉片，咸以上海為最理想的集散市場。這也就是說：上海的煙生意越做越大了。自世界各地而來的鴉片集中於上海，其銷售最盛時期，供應地區遠至淮海區域，以至長江兩岸。另一個也有租界之設的海港都市天津，則為華北各省鴉片的吐納港，但是由於華北地區財富不能與東南及華中相比擬，因此，上海鴉片市場的規模，自然遠勝於天津。

鴉片為暴利之所在，西南邊陲省份的若干農民，如川康滇黔各省，莫不紛紛改植鴉片，再加上各地軍閥為了應付軍費，中飽私囊，也在不斷鼓勵農民種煙，因此往往有罌粟花開香聞百里的大量生產現象。

最盛時期，甚至連北方的熱河、陜西、東南的福建、安徽等省，由於某一地區氣候及土壤的特別適宜，也有不少的鴉片煙田。

不論西南或東北，國內各地所生產的鴉片，都很希望銷往上海這個市場，主事者不辭萬里跋涉，不惜逶道迂迴，經過他們多方的努力，上海便不斷的有新鴉片品種問世。上海人按其產品的來源，爲它們定名雲土、川土、陝西土、亳州漿（產自安徽亳州）、福州漿，以及「一三八」（熱河產土，因爲每隻重一三八兩，故名之。）

鴉片生產，在短暫期間擴充到這麼許多地方，它的產量當然可觀，照說在這種情況下，國產鴉片應可取洋土而代之，將外國鴉片驅出中國，藉以「提倡國貨，挽回利權」。然而實際上在民初以至民十五六那十多年裡，以上海爲例，仍以外國鴉片爲進口大宗，長江兩岸包括蘇北，亦以波斯產的「新山」、「紅土」最爲暢銷。

研究這個反常現象之所以形成，最大的癥結，還得歸咎國內各地的動亂不安，交通阻隔，業者長途運輸，風險太大。還有，則是強有力者明搶暗奪，沿途更是關卡重重，橫徵暴歛，竟無已時。舉例以言之：四川農民種植鴉片豐收時期，收購價格僅合每兩一二角錢，但若運到上海，售價即在一二元間，這麼說來，鴉片煙自四川順江而下，航運無阻，它所負擔的運費和苛捐雜稅，即達鴉片煙本身價值的十倍左右。

和國產煙土比較，外洋國土確實幸運得多，它們自原產地運送出口以後，沿途不管經過那些國家，那些口岸，都無須繳納稅款，而運到上海吳淞口外的公海上，自有走私入口者以神出鬼沒的伎倆，接駁到上海租界——同樣的不必完糧納稅。運費與釐稅加重了十倍生產成本的國產煙土，因此始終無法和洋土抗衡。

於是，吳淞口外成箱成包的鴉片，仍然絡繹不絕源源而來。層出不窮的搶土事件，也在照常的進行不輟。

以搶土、硬吃，漸漸的改爲收取保護費，大八股黨的八位英雄好漢，他們的名單是沈杏山、季雲青、楊再田、鮑海籌、郭海珊、余炳文、謝葆生、戴步祥，他們的根據地在英租界，由於腰纏萬貫，有了身家，銳氣消滅，迥異當年。他們同樣的從紊亂中產生了組織，自暴力的手段而漸趨溫和，他們開始另一種穩妥可靠、不冒風險的斂財方法，或前或後，紛紛投効上海的兩大緝私機構：水警營與緝私營，以及英租界的巡捕房。仗著他們的多財善「賈」，上下交「讙」，很快的洊升到高級職位，甚至有擔任這兩個「肥」營的營長者。

如此這般，大八股黨將水陸兩途、英租界裡的查緝煙土大權抓到了手裡，於是他們予取予求，大發利市，化暗爲明，廣向鴉片煙業者，土行老闆，大量收取其所謂之保護費——潮州幫的大老闆們歡天喜地，自願奉獻，他們以爲從此可以安享太平，再也不會發生令人心驚膽跳而又肉疼的「搶土」事件了。

大八股黨和土商們不把法租界的朋友看在眼裡，毋寧是合理而自然的事情。首先，法租界統共只有一千多畝地方，地小、人少，所能使出的力量有限。其次，鴉片商和土行，多半開設在英租界，相反的，法租界沒有碼頭，罕見土棧，他們認爲偶而有些法界朋友搶個幾包土，發筆小財，和他們成千論百，大來大往比起來，無異是癬疥小疾，渺不足道。當初他們的構想，收了土商的保護費以後，法租界那邊，只要打個招呼，分幾份俸祿，也就夠了。

持此論調最力的，是英租界巡捕房的探目沈杏山。沈杏山是崇明人，他患有神經質失眠症，身體不好，每每無精打彩，對於任何事情都提不起勁。當時他仗恃平時辦案，和黃金榮頗有來往，心想法界方面只要他跟黃老闆打個招呼，憑黃老闆閑話一句，天大的事都可以解決。

但是他不曾想到，利之所趨，關係飯碗問題，黃老闆和沈杏山交情再好，叵耐他手下還有一批龍爭虎鬥的角色，凡事不是他一個人做得了主的。自從大八股黨轉爲地上，收保護費，包接包運。利用水警營、緝私營、英捕房的三重力量，煙土一到吳淞口外公海，便明目張膽，沿途順利無阻的向英租界運送，這麼一來，以「搶土」爲生，靠「搶土」發財的各路朋友，一個個目瞪口呆，驚慌失措，因爲他們的財路幾已全部斷絕。

時間是在民國七年的冬天，杜月笙在黃老闆和桂生姐跟前，正是扶搖直上，炙手可熱。面臨這麼重大的事件，老闆和桂生姐，少不了要問計於他。

28

招兵買馬下手硬搶

杜月笙左思右想，實在是無法可施，大八股黨財多勢大，何況他們又勾串了水警營、緝私營和英捕房，還有擁資千萬的大小土商，如今羽翼已豐，合縱連橫，加速長成了一隻大鵬鳥，卻教燕雀般的「黃公館」如何抗爭？以卵擊石，寡不敵眾，因此他首先否決了眾家弟兄義憤填膺的火併之策。

兩天後，他把他業已成熟的構想，一五一十的說給老闆娘聽：

「這個道理我是從三國志上看得來的：不能力敵，唯有智取。沈杏山他們如今財勢浩大，足以控制一切，我們只好由他們做。不過我們也不能讓他們太顯威風了，正面火併辦不到，暗底下不妨儘量的叫他們頭疼，這樣才可以使他們看重我們的力量。他們收了土商的保護費，拍胸脯、立包票，保證不會再有搶土的事情，對不起，我們偏生要搶！不管搶得到搶不到，我們都要搶給他們看！」

當時，桂生姐拊掌稱快，極力贊同。卻是黃金榮老成持重，他耽心的說：

「現在他們運土都有軍隊保護了，硬搶，恐怕不大容易啊！」

初生之犢不畏虎，杜月笙目光閃閃，傲然的一挺胸說：

「軍隊也是血肉之軀，我倒要找幾個狠角色來跟他們拚拚看！」

壯哉斯言！這便是小八股黨產生的契機。

杜月笙說做就做，他開始招兵買馬，建立亡命之徒的組織，利用他腦子裡的一本活頁人事資料卡，他先選定了四位目前正在既潦倒而又狼狽，窮不聊生，卻又藝高人膽大的小朋友。

第一位顧嘉棠，擅拳術，方頭大耳，個子不高，但卻身胚結棍，胳臂壯，拳頭粗，有霹靂火、猛張飛的火爆性格，幼時在上海北涇蒔花植木，因而有個「小花園」的綽號。他是「男兒由來輕七尺」一型的俠義人物。

第二位是高鑫寶，球僮出身，個子高，骨頭硬，外國人在網球場上打球，他便跑來跑去的撿拾，經年累月，訓練出一口無師自通的英語，和眼明手快，反應敏捷的本領，他後來做過西崽（餐館侍役），發迹之後居然榮膺「大英總會」幹事。高鑫寶皮膚白皙，平時言行舉止稍微沾點洋氣，論頭腦靈活和臨機應變，在小八股黨中不作第二人想。

第三位葉焯山，人稱「花旗阿根」，阿根是他的小名，「花旗」，在上海人的心目中意指美國，因為美國的星條旗看來似乎花紋頗多。葉焯山的槍法在杜月笙一生結交的朋友裡允為第一，他可以在一個小房間裡，無論何時由別人拋一枚銅板飛向天花板去，隔著羊毛圍巾，大衣皮領，西服綁緊，而迅若鷹隼的從胁下掏出槍來，一彈擊中猶未來得及墜落的銅板。他那「花旗阿根」的綽號，指的是他曾在美國領事館開過汽車。

第四位，大名鼎鼎的芮慶榮，綽號「火老鴉」，腰闊膀粗，富於膂力，他先世世居上海曹家渡，以打鐵為營生，他的性情也很急躁，大有路見不平，拔刀相助的拚命三郎之風。

顧、高、葉、芮四位，被杜月笙邀來參加同生死、共財香的勾當，恰值他們窮途末路，三餐不繼，正在雞鳴狗盜，無所不爲的時候，突然之間朵雲天降，被法租界同孚里的杜月笙，派人前來延攬，當時他們心中的興奮與歡喜，比杜月笙初入黃公館，還要更勝幾分。

尤其杜月笙，他對待朋友，心誠意堅表裡如一，在顧嘉棠這般人面前，他無須乎搭什麼架子，擺什麼派頭，一見面便親親熱熱，不分彼此，食則同席，出則同行，他待人接物完全出乎真心，因而使人心悅誠服，死心塌地的跟著他跑。這四位小兄弟當時的心情，就像水滸傳上阮小七遇見了托塔天王晁蓋：「罷罷罷！這腔熱血只賣給識貨的！」

四個人一天到晚和杜月笙出入與共，但是真辦起事來還嫌不夠用，他繼續物色人才；不久又被他找到了另四位：楊啓棠、黃家豐、姚志生、侯泉根，他們都是賣氣力的工人出身，有膽有識，有志氣，平時眼看著江湖中人生活奢侈，出手闊綽，那一股氣派尤其令人艷羡不置，久而久之：「彼猶人也」的意念躍然心頭，成天盼望能有一試身手的機會，杜月笙派人把他們召來，一見面便大把的塞鈔票，在他們的心目中，杜月笙早就是大亨了，如今他們能和「亨」字號人物平起平坐，稱兄道弟，簡直的以爲自家一筋斗跌到青雲裡了。

於是，杜月笙建立了他的核心部隊，後來上海人帶三分羨慕，七分畏憚的喊他們爲「小八股黨」。小八股黨人人身懷絕技，一身是膽，最難得的他們八個人一條心——跟牢杜月笙走，出生入死，流血拚命，只等杜月笙的一句閑話，因此杜月笙指揮起小八股黨來，一呼八諾，如手使臂。

杜月笙嚴格的訓練他自己，和他的小八股黨，他們每次出動都有一貫作業方式：精密的調查，妥善的佈置，猛如鷹隼的動作，疾似狡兎的撤離。他們要以神出鬼沒的行動，迎頭痛擊大八股黨的壟斷煙土財香。

29 軍師角色文武兼資

黃金榮和桂生姐，十分驚異而好奇，他們注視杜月笙所從事的準備工作，對他們來說，這簡直是令人不能置信的事情，他們一向認爲杜月笙文質彬彬，甚至有點弱不禁風，他分明是一個籌思謀策，運籌帷幄的軍師角色，他們再也不曾想到，杜月笙會在極短時期以內，建立了他驃悍凶猛的小型快速部隊。

鴉片走私入口，早已更改了方式，誠如黃金榮所顧慮的：「如今搶起土來只怕很不容易」。資金雄厚的土商們，以每艘十萬銀元的代價，包租遠洋輪船，從波斯口岸，直接運送煙土到上海。以當時的輪船速率，行程要在兩個月以上，輪船運送的煙土數量，動輒以千百噸計。船隻抵達吳淞口外的公海，岸上早已獲得了電報，於是由大八股黨運用軍警力量，武裝實彈，嚴密保護。小輪舢板，排列成隊，駛往公海接駁，船上岸畔，換了更衣的武裝軍警林立，然後列隊而行的煙船，沿黃浦江駛抵英租界，這一路上，用「戒備森嚴，如臨大敵」八個字以形容，差可比擬。

攔路搶土，便衣軍警可以開槍格殺勿論，但是杜月笙親自率領的小八股黨，便在這種情形之下，不時出動，趁月黑風高，或雨雪載途，他們來無影，去無蹤，窺伺到一個空隙，立刻一擁而上，搶到一包兩包，掉頭就跑——由於運土途徑，水陸兼程，路程相當的長，即使有大量的人手，大八股黨也是防不勝防。就這樣，大八股黨算是被小八股黨吃癟了，他們收取了土商鉅額的保護費，誇下了海口，施出了九牛二虎之力，其結果呢？煙土還是不斷的被「搶」。

搶到了土以後，小八股黨關防嚴密，別出心裁。他們將搶來的土，首先輾轉運送到三馬路潮州會館。潮州會館房屋幽深，地點偏僻，尤其會館後進是一排排陰風凄凄，鬼影幢幢的「殯房」。殯房裡有排列成行的棺材，有的存置客死異鄉，停候家屬扶柩還鄉的潮州人士，有的其中空空如也，那是做好事的潮州籍人，買來存放在那裡，以備偶有路斃，或無力殯葬者時，抬出去作爲施捨用的。

杜月笙和小八股黨，看中了潮州會館這個地點，和殯房裡的那些空棺材，買通了會館管事。深夜裡，搶到了土，便運來一一放在空棺材裡，然後，等待有利的時機，再化整爲零，一小塊小塊的取回去，命人分別發賣。

發動小八股黨搶土的初期，用意在給大八股黨當頭棒喝，「天下的飯不是一個人吃的」，「光棍不斷財路」，他們不能憑仗勢力，斷了大家的生機。可是，他們一開始「搶」，居然得心應手，漸漸的大有斬獲。潮州會館的空棺材畢竟有限，那裡存放得了許多呢？與此同時，法租界本身有幾家土行，憤於大八股黨保護下的土商，任意操縱價格，他們消息靈通，知道杜月笙手裡有土，於是他們推舉代表，向杜月笙交涉，希望能從他這邊得到貨色的供應。

杜月笙靈機一動，先跑去找桂生姐商量：

「我們手裡有貨色，法租界也有很大的銷場，爲什麼我們不自己來開一片土行呢？」

桂生姐一想，辦法倒是不錯，只不過，她搖搖頭，苦笑著說：

「這件事體，恐怕老闆不會答應。」

「為什麼呢？」杜月笙困惑不解的問：「人家做得，為什麼我們不能做？再說，賣土的事情我們早就在做了。與其偷偷摸摸的賣，反不如堂而皇之，開爿土行。」

「這裡面大有出入，」桂生姐解釋給他聽：「暗裡的事沒有人敢拆穿，做到明路上來，立刻就會有閑言閑語。老闆忌諱的就是這個。」

「那麼——」杜月笙沉吟俄頃說：「我們就不要老闆出面好了。」

桂生姐笑了笑說：

「最好，你們先去做起來，暫時不要讓老闆曉得。」

杜月笙一聽，大喜過望，天大的一樁發財生意，桂生姐就這麼輕飄飄的答應了。不但答應，她還擔起暫時瞞著老闆的干係，他很佩服桂生姐，像她這樣，才真叫：「拳頭上立得起人，胳臂上跑得起馬！」

那頭，桂生姐開門見山的在問：

「你要多少本錢？」

「我想，」杜月笙吐露心事：「要末不開，要開就要開得像樣點。買幢房子，裝修裝修，再多預備那些辦貨的本錢，有兩三萬塊錢，加上自己手裡的貨色，我們可以開爿土公司。」

「很對」。桂生姐立表同意，但是她又進一步的提出：「既然是開公司，做生意，一切都要照規矩。公司要找那些人入夥，各人負擔多少股本呢？」

「人呢，當然是越少越好。」杜月笙試探的說：「不管老闆知不知情，他都要算一股，其餘的呢，桂生姐妳自家一股，我一股，金廷蓀一股。這樣一共是四股，每股五千元，一總兩萬元的股本。」

桂生姐藹然的笑笑，她決斷的說：

「一筆寫不出兩個黃字來，我跟老闆只好算一股。你一股，金廷蓀一股，三一三十一，我們一個人出一萬元，總共是三萬塊錢。」

金廷蓀，浙江寧波人，精明強幹，善於居積，他家世居南陽橋，上海人稱之爲金老公館。金廷蓀進黃公館，比杜月笙還早，極獲黃老闆的信任。金廷蓀和杜月笙，同爲黃老闆身邊的心腹大將，不過，自從有了小八股黨，杜月笙開始表現他「靜若處子，動若脫兎」文武兼資的本領，而金廷蓀始終是個文角色，書生輩，他心思靈巧，臆則屢中，算盤打得既精且狠，他是黃公館出身唯一的「理財家」，論外貌他也像個生意人。他的嗜好跟黃老闆一樣，喜歡遊藝事業，不過他比黃老闆更進一步，他愛和平劇演員接近，當年北方來的角兒，多半借住金老公館，戲劇界人尊稱他三爺而不名，有事請他幫忙，絕對閑話一句。他自己能哼幾段，有個兒子金元聲，以孱弱的體質，儼然武生名票，與趙培鑫、孫蘭亭、汪其俊、吳江楓且有五虎將之稱。基於這一層關係，黃老闆做過六十大壽退休前後，他所創辦的各大戲院如黃金大戲院、大舞台、老共舞台、共舞台等，全部交給金廷蓀續予經營。

金廷蓀是個孝子，他母親夏天打麻將，兒子媳婦要侍候在旁邊打扇，因此他也敬老，口口聲聲喊黃老闆「爺叔」。後來黃老闆退休，他不論怎樣忙碌，每天必定去看望一趟，他是黃老闆打「銅旂」的常搭子之一。

不但在黃老闆面前份量極夠，而且，金廷蓀和杜月笙非常要好。因此，桂生姐、杜月笙商議合組煙土公司，兩個人幾乎是不約而同的提出了金廷蓀。

30

三萬大洋公司開張

桂生姐做事，向來是一刮兩響，痛快乾脆，三言兩語商議停當，她頓時打開保險箱，取了一萬塊錢的錢莊莊票，交到杜月笙的手上。

這時，杜月笙並不曾立刻告辭，他望著手上的莊票，臉上的神情帶點忸怩——

桂生姐一眼料科，問他：

「阿是你的股本湊不出？」

杜月笙點了點頭。

「差多少？」

還是沒有開口。

回轉身，桂生姐又打開保險箱，再點一萬塊的莊票遞給杜月笙，她說：

「算是我借給你的，幾時有錢幾時還，不要利息。」

道聲謝，杜月笙立刻告辭下樓。

再跑到混堂裡，找到了金廷蓀，兩兄弟在洋盆房間隔張茶几，嘁嘁喳喳的一陣密議。金廷蓀大爲興奮，當即應允參加，約摸花了兩個鐘頭，一切的章程和做法，已經商量出結果。

「公司叫什麼名字？」最後，金廷蓀提出了這一問。

想了想，杜月笙說：

「三鑫。」

「三鑫？」

「一二三的三，三隻金字的鑫。」杜月笙微微地笑：「老闆的名字裡面有隻金，你的尊姓也是金，我杜月笙雖然沒有金，但是託你們的福，也算一金吧！」

這是古今中外空前絕後的——三鑫公司的由來。成立以後，它的經營方式是最奇特的，盈利數字驚人的，往後若干年內，上海人提起它時，猶仍不勝艷羨與敬畏，他們覺得「三鑫公司」不足以表現它的規模宏大與威風凜凜，於是他們稱它「大公司」，而由於「大公司」三字形容逼真，終於喧賓奪主，人們漸漸的忘記了這間公司的原名。

三鑫公司最初設在法租界維祥里，寫字間和倉庫連在一起，從弄堂口起有一道道的鐵柵欄，日以繼夜，安南巡捕分批守衛。由於黃老闆既不知情，又不能出面，公司董事長由杜月笙出任，金廷蓀則任總經理。

有了規模宏大的三鑫公司，法租界的煙土，零售批發，全部集中於一家，外面的場面雖然好看，但是和英租界上的風光，相形之下，未免如小巫之見大巫。當年最有名氣的潮州幫大煙土行，開設於英租界棋盤街麥家圈一帶的郭煜記、鄭洽記、李偉記，以及本幫人士所設的廣茂和等，每個月的營業數額，不曉得要比三鑫大多少倍。三鑫一直在想打開局面，拓展營業，但是他們始終衝不過大八股黨把定了的那道關口。

不久以後，黃老闆聽到了風聲，杜月笙、金廷蓀瞞牢他大幹起來了，他聲色不動，回家去問桂生姐。桂生姐坦然承認，這是杜金的主張，加上她自家的支持。黃老闆縱然覺得不妥，卻是無話可說。他心想，這就叫做「米已成飯，木已成舟」，他再反對也是枉然。下樓後他把杜月笙、金廷蓀尋來問，杜、金兩人早已料到有此一著，笑迷迷的呈上帳簿。黃老闆掃一眼盈利數字，他著實吃了一嚇，兩個小兄弟居然做出這麼好的成績，那就——他更加應該效法金人三緘其口了。

老闆面前過了明路，杜月笙和金廷蓀便不時的前來請示、求教，要求幫忙，無論從那一方面講，黃老闆都不能裝聾作啞，置之不聞不問。漸漸的他也參預起大公司的事了，老馬識途，經驗閎富，又有捕房總探目的金字招牌可照，他一步步登上大公司幕後董事長的寶座。

於是杜月笙、金廷蓀開始在他耳邊絮聒，——大八股黨仗勢欺人，手條子太辣，將一隻價值連城的烏金飯碗牢牢抱緊不放，像他們這麼賣命、努力，其結果也只能啃啃人家金元寶的邊，吃吃人家指頭縫裡漏出來的剩菜殘羹，普天下不平之事，孰過於此？

「山中無老虎，猴子充霸王」，大公司在法租界，至少是睥睨群雄，財源茂盛的。杜月笙收入日豐，場面漸大，洋錢銀子如潮水般的湧來。杜月笙不曾忘記他兒時的煢獨無依，以及少年時期的饑寒交迫，他了解金錢的價值及其爲用，但是他決不做守財奴。如果我們說杜月笙是近代中國最會賺錢的人，實不爲過，然而這個說法必須作一註腳，他同時也是有史以來最能用錢的人——在這裡我們必需說「用」，而不是「花」。

31 花錢手筆全國第一

少年時期窮得身無分文，尤乏一枝之棲，看見腦滿腸肥、珠光寶氣的闊人，幾乎就要伸出手去乞討。杜月笙在瀕臨死亡邊緣既不曾搶過，也不曾討過，那是與生俱來的「骨氣」和「志氣」攔阻了他，他不但不討不搶，反而瑟瑟發抖，咬緊牙關的立下誓願，他曾經說：

「將來我有了錢，凡是遇到窮人，都要加以接濟。」

本著這樣的心願，杜月笙在大公司初期，稍微有了點錢的時候，他便開始「揮金如土」，用錢。從民國七年（一九一八）起，杜月笙每年夏天必定出資購買大量的施德之「痧藥水」，雷允上「行軍散」，親自或派員運回浦東橋故鄉，比戶散發，並且叮嚀鄉里父老，諸姑兄弟姊妹，在炎炎夏日要注意衛生，嚴防時疫的傳染，以免重演當年疫癘大作的慘況。

冬天呢，他每年購辦棉衣，贈發高橋故鄉的貧民。

他一次斥資七千銀元，重建高橋沙港的觀音堂，兒時，那曾經是他坐在簷前晒太陽取暖的地方。

他一口氣建造了高橋鄉間的二十三座石橋。

嘗有人說，那些發了不義財的人，每每賙濟貧寒，修橋補路，或者建造寺庵，誦經禮佛，藉以消滅他內心的負疚。但是杜月笙絕對不然，因爲在當時的那種環境之下，他並沒有分辨財香何者爲義，何者爲不義的能力；同時，但凡知道杜月笙的人都一致公認，他以仁粟義漿，博施四方，純粹基於內心良知良能的驅使，他以爲自己是其所屬的社會的產兒，因此，他的收穫亦必公諸於社會，道理簡單明瞭，如斯而已。

另一方面，在大公司裡他擔任對外代表人，所有的對外交涉，一概由他主持，大公司發的是什麼財，上海的三尺童子都耳熟能詳，於是垂涎者有之，艷羨者有之，嫉妒者有之，覬覦者有之⋯⋯一鼎禁臠，芳香四溢，誰不想染指一嚐，大快朵頤？怎麼樣能把這許多人的慾壑填得平，情緒捺得下，那是社會哲學中最艱深奧妙的一門，目揮手送，心照不宣，一個錯失或疏忽，都會牽一髮而動全身，「眼看他起高樓，眼看他樓坍了。」那樓坍的起因是樑？是柱？是基石？是牆垣？倘若沒有日常檢查的工夫，必定頭疼醫頭，腳痛醫腳，其結果是焦頭爛額，疲於奔命，依舊免不了一著差，全盤垮！

杜月笙不曾受過高深的教育，尤其缺乏企業經營的訓練，他怎能做好這一家奇特詭秘，八方矚目的大公司「公共關係」工作？事實證明杜月笙在這一方面的成就，並非由於他靈活的頭腦，玲瓏的手腕，他所憑恃的，唯有一個「誠」字，心智專固，真摯篤實，於是他乃「持此誠實，以答譴咎」。有司得他賄賂，不以爲這錢沾滿罪惡，拿得燙手，朋友淘受他接濟，決不會想到此一贈與出於同情，發自憐憫。由於授者的心情光明磊落，真誠自然，乃能使受者無所愧怍，泰然自若。

杜月笙將大公司的鈔票，飛向四面八方，他卻並不一定對人有所求，他何以光明磊落，真誠自然？因爲他僅祇單純的想著一件事：「有飯大家吃。」

凡是在大公司裡拿錢的，在他們圈子裡特地尊稱爲：「吃俸祿。」蓋以俸祿者，官員之酬勞也。賚發俸祿，是杜月笙「揮金如土」大手筆的另一劃，「吃俸祿」的人士，上自達官巨宦，下至雞鳴狗盜；以類項分，其中又包括：一、高高在上的有力人物，二、衙門機關的相關部門，三、新聞界，四、幫會首腦，五、各路朋友，六、可能鋌而走險者，七、舊日友好，八、其它。

除了送錢到家，日常的交際酬酢，當然在所難免，凡有這種場合，一定是杜董事長親自出面。成功後的杜月笙，經常感慨的說：「人有三碗難吃的麵（諧音面）：情面、體面和場面。」儘管他曾有大澈大悟的感慨，事實上，終他一生，他始終掙不脫吃這三碗麵的苦惱。應酬場合上的杜月笙，一擲萬金，當伊噱介事，他必欲出人頭地，決不肯做「小兒科」、「小吊碼子」，研究他的心理，多半有點「補償」的潛意識作用，他出身寒微，乃欲故示闊綽。這跟拿破崙之由於自己身材矮小，遂而雄圖大略，征服世界的心情，並無二致。

應酬場合，無非是吃喝嫖賭，藉以互通聲氣，連絡感情，吃喝與賭，固弗論矣，以「嫖」而言，當年杜月笙在會樂里長三堂子裡的出手，竟被那些吃開口飯的朋友，編了道情和曲子，當著他面前大唱特唱，藉此討一筆豐厚的賞賜。

大公司賺頭多，吃俸祿的更多，場面大，日常開銷更大，一年三節結帳，三大股東只落得帳面上數字的好看，分配盈餘，所得無幾。黃杜金正在躊躇，誠所謂「好運道來了，城牆都擋不住。」一次大好良機，忽自天外飛來。

32

一括二響兩記耳光

民國八年（一九一九），一月初，申報紙上登得有：萬國禁煙會議，將於一月十七日在上海舉行。

杜月笙和金廷蓀，連日忙於收集「路透社」的馬路新聞，等到他們有了充份的資料，於是兩兄弟一淘去見黃老闆。

先由金廷蓀發言：歸納他們所得的消息，箭頭指向一點：萬國禁煙會議在上海舉行以後，英租界礙於國際觀瞻，必將宣佈禁煙，潮幫開設的各大土行，既然存身不在，自須遷地爲良。至於他們可能到什麼地方去呢？金廷蓀說：唯有法租界。因爲法國人只要銅鈿，對於煙土猖獗，一向睜一隻眼閉一隻眼，潮幫大土行統統搬到法界來，法工部局唯有歡迎之不暇。大公司如想發大財，如今正是千載難逢的好機會。

接下來，杜月笙向老闆分析說：眼前的障礙只有一樁，那就是大土商依賴大八股黨已久，他們可能會聽從大八股黨的主張，因此爭取這最大財源的唯一捷徑是：請大八股黨做個順水人情，把對潮州幫土行的保護權，轉讓給法租界的三鑫公司。

這件事情實在太大了，連老成持重，見多識廣的黃金榮，禁不住要倒抽一口冷氣，他遲疑不決的問：

「他們怎麼會肯呢？」

金廷蓀突如其來的問一句：

「大英捕房沈杏山，不是爺叔的要好朋友嗎？」

「嗯。」黃金榮點點頭：「蠻要好格。」

「爺叔請他吃頓飯。」金廷蓀慫恿著：「不妨跟他商量商量看。」

想了想，黃金榮覺得這個辦法可行，因爲他自己的內心也承認，這是一個可乘之機。最近以來，沈杏山由於在大英捕房當包打聽的關係，近水樓台先得月，他已成爲大八股黨的核心人物，將英租界的土行保護權移轉到法界，只要他肯答應，事情等於成功了一半。

「好嘛。」老闆終於點了頭：「明天晚上，請沈杏山到四馬路倚虹樓吃飯。」

杜月笙和金廷蓀欣喜萬分，連聲喏喏，別轉身便去寫帖子，派專差，送到英租界的沈公館。

倚虹樓，老上海都讀成「奇虹樓」，座落四馬路會樂里口，用的是中國師傅，燒的是西洋大菜，地點算是在英租界。民初文人墨客，都很喜歡光顧。黃老闆選這個地點請沈杏山，一方面因爲地屬英界沈杏山的勢力範圍區，另一方面也取其高貴大方，幽靜文雅，沈杏山可以不必有所顧慮。

當晚，倚虹樓上，特別開好的房間，沈杏山單刀赴會。黃金榮所帶的陪客，有他左右八隻生裡之四，黃老闆視同心腹的哼哈二將，杜月笙與金廷蓀，以及胳臂粗，拳頭壯，專司衝鋒陷陣，慣充保鑣打手的顧掌生和馬祥生。

這一班朋友經常聚會，因此沈杏山不疑有他，坐下來談笑風生，嘻嘻哈哈。酒過三巡，杜月笙金廷蓀拋一個眼色。於是由他首先發難，開口說了話：

「聽說英租界要禁煙，大小土行不是搬家便是關門，要搬，自然該到法租界來。英界各位朋友，吃牢這炷財香也該夠了。三百年風水輪流轉，阿可以把個保護的差使，挑挑我們來做。」

金廷蓀說這幾句話的時候，黃金榮閉目養神，像煞老僧入定，杜月笙目光炯炯，馬祥生、顧掌生虎視眈眈，六道目光盯住沈杏山，臉色都是嚴肅緊張。沈杏山這才恍然大悟，今天並非老友敘闊，他是來赴鴻門宴的。

應付之計，他決定先推：

「英國人禁煙，不過說說罷了，這是應付公事，當不了真的。」

金廷蓀釘牢他再問一句：

「假使真要實行了呢？」

沈杏山懶沓沓的說：

「那就到時候再說好了。」

顧掌生直淌淌的插進來：

「現在就是這個時候！」

沈杏山揚起臉，瞟了顧掌生一眼，鼻子裡哼兩聲，搭出前輩的架子，神情倨傲的說：

「八字還沒有一撇呢，要你們猴急個什麼？」

這句話，滿有點自家人的意味，若在平時，決不嫌重，然而此時此景，未免多了些份量。顧掌生、馬祥生一聽，立刻勃然色變，杜月笙和金廷蓀也皺起了眉頭，房間裡，一時頗有劍拔弩張之概。黃老闆這時候還不準備決裂，他一睜眼睛開口說：

「杏山，我們是老朋友了，所以我今天單請你來商議，我們明人不說暗話：英租界禁煙勢在必行，幾家大土行都在作搬場的打算。俗話說得好，肥水不落外人田，我們是自家弟兄，你們肯早點把保護權讓過來，我派人給那些土行尋房子，至於將來怎麼樣拆賬，全好商量。我曉得你們打出來這個局面不容易，頂好不要糊裡糊塗的收了場。」

黃金榮是好意，唯恐場面火爆，沈杏山下不了台，特地把話說得既婉轉又誠懇，但是沈杏山聽了，反以為黃金榮力道不足，因而態度軟弱，剎時間他想起許多舊恨前嫌。小八股黨不賣他們的賬，拼了性命來硬搶，叫大八股黨在土商面前坍台；還有，小八股黨搶來的土，居然公開開設大公司來發賣，使大八股黨和土商聯合操縱上海土價的局面始終擺不平，這些事以前他礙著黃金榮的面子，容忍不發，如今雙方都正面談判了，他免不了要發發牢騷，諷刺黃金榮幾句：

「金榮哥，」他聲聲冷笑的說：「你的手段我真佩服，你吃捕房的飯，做的是沒有本錢的買賣，手下又有這許多三頭六臂的人物。你何必要我們讓出什麼保護權呢？鴉片進口就在吳淞口，乾脆點，你喊人搭了兵艦，統統去接過來罷！」

這就叫做揭瘡疤了，沈杏山也不想想，他自己也是吃捕房飯，幹的是那個勾當？他陰惻惻的說了這一大段，不但杜月笙他們赫然震怒，連黃老闆都氣得臉色鐵青，發了他平生僅有的大脾氣——

他虎的站起來，伸出巨靈掌，對牢沈杏山，左右開弓，一刮二響，甩了他兩記耳光。

沈杏山眼前金星直爆，嚇呆了，馬祥生顧掌生一見老闆動了手，張脈僨興，怒髮衝冠，兩個人霍然立起，一左一右，作勢要向沈杏山撲過去。沈杏山曉得這兩位小弟兄的性子，驚慌失措，駭極大呼：

「不要動手，有話好講！」

杜月笙和金廷蓀相視一笑，老闆光了火，兩巴掌便叫沈杏山服貼了，這是他們始料不及的意外收穫。

沈杏山也是黃浦灘上很有名氣的人物，他出道很早，和黃金榮的交情極夠，大八股黨當道的時候，他威鎮八方，氣燄很高，後來英租界果然開始禁煙，大小土行，紛紛遷入法租界，小八股黨取大八股黨而代之，沈杏山仗著他和黃金榮的老交情，又撥轉頭來在大公司這邊揷一腳，照樣的有財香過手，體面風光，只是氣派稍遜當年而已。老上海嘗謂沈杏山吃了耳光便走楣運，其實並不完全正確。尤其黃金榮這個人，心慈面軟，向來不做斬盡殺絕的事，自他掌摑沈杏山以後，看見沈杏山那麼樣的恭敬服貼，他便時刻耿耿於懷，覺得愧對老友，後來，他甚至特意和沈杏山結為兒女親家，他的二兒子黃源燾，娶了沈杏山的四小姐，其實沈四小姐比黃二少爺還要大兩歲。

33

張嘯林來如虎添翼

就在杜月笙、金廷蓀摩拳擦掌，興緻勃勃，準備大幹特幹的時候，錦上添花，如虎加翼，從杭州來了一位好幫手，那便是日後成爲滬上三大亨之一的張嘯林。

張嘯林，生於光緒三年（一八七七），杭州人，中等身材，圓頭大耳，一對豹眼，怒睜起來滴溜滾圓，他兩顴高，雙頰陷，頸子特別的長，清癯中有其威風凜凜。這個人舉止文雅而出口粗穢，一開品便「媽特個X」，初見面時令人望之生畏，實則他心腸熱，性子直，言出必行，颯爽豪邁，是一位值得結交的好朋友。

他是杭州的白相人，名氣相當響亮，小時候讀過點書，寫的大字也很可以看得過去。成年後他做機房工人，機房織造綢緞，在杭州是最普遍的小手工業，開設得有一兩百家，機房工人何慮數千。張嘯林在同行之中頗起領導作用，不時糾眾滋事，尋釁打架，各機房的老闆對他頭痛萬分，暗中約好加以封鎖，不讓他再吃機房飯。這一來張嘯林迫於生計，帶了幾個小兄弟，專門以詐賭騙錢，刨鄉巴佬的黃瓜兒爲生。

後來他受知於革命人物，民初國會議員而又是洪門大哥的杭辛齋，照杭辛齋的牌頭，利用機房朋友作班底，他成爲杭州白相人的一霸。辛亥革命以前，張嘯林在茶館裡爲爭座位，跟旗人大打出手，險乎釀成命案。他怕官府捉拿，逃到紹興安昌鎮，投奔他的老朋友翁左青。翁左青在安昌分駐所當巡官，招待張嘯林住下來避禍，旋不久武昌起義，杭州光復，張嘯林託人一查，自己的案子不了了之，於是又堂而皇之回杭州，繼續為霸一方如故。

張嘯林早先到過一次上海，而且因杭辛齋的介紹，認識了黃金榮。黃老闆嫌他胚子粗，加以滬杭兩地沒有什麼來往，僅祇把他視為泛泛之交。

這一次重臨滬瀆，張嘯林是準備風雲際會，大幹一場的，因此他不但全家遷來，尚且邀了好幾位知心朋友，準備在上海共創一番事業。他帶來的朋友之一翁左青，文武全才，社會關係也彀。另一位陳效岐是他的過房親家。陳效岐是個唱灘黃的，灘黃是杭州的地方戲，一班只有五個角色，分飾生旦淨末丑，伴奏用絃子、琵琶、胡琴、鼓板，往後也有加入鑼鼓，唱的戲都是七字句，每本約有五六齣。那陳效岐唱的是丑，外號馬浪蕩。

陳效岐和張嘯林結識，正值張嘯林窮極無聊，在以訛詐維生的落魄時期，陳效岐每次出堂會，便使張嘯林抗絲絃傢牲，得幾文賞錢餬口。光緒三十四年冬（一九〇八）十月王文韶相國大出殯，陳效岐受僱扮戲參加行列，張嘯林便伴在他的身邊。出殯隊伍經過清和坊，裡面住的都是日本人，張嘯林祇顧照拂陳效岐，冷不妨撞倒一個看熱鬧的日本小孩，於是一條清和坊傾巷而出。日本人攔住王府的孝幃勒索賠款，張嘯林氣不過，大喝一聲：「開打！」成千上百掮執事、騎頂馬、吹吹打打各色人等，立刻潮水似的衝湧過來，嚇得一大堆日本人回頭便跑，紛紛的關上了上門。

日本人逃掉了，這邊得重新站好行列，繼續出殯，等到諸事已畢，隊伍解散，張嘯林掮著絲絃傢牲回頭走，十歲個好事的灘黃先生緊隨在後，他大呼小叫，一路邀集機房朋友。大隊人馬浩浩蕩蕩，開回清和坊和保佑坊，看見日本店舖人家，不分青紅皂白，衝進去便又打又砸，這一次糾眾鬪毆，打出了外交交涉。陳效岐很夠義氣，他以灘黃先生頭腦的身份，挺身而出，結果是被判在拱宸橋頭，披枷帶鎖，示眾一月。

可是，嚴峻的責罰反而激怒了杭州人，陳效岐的枷號示眾起了反作用。杭州人自發自動，一致拒買日本貨。群情憤激使日本人也怕了，相繼遷出城廂，使那一帶變相的日本租界，化為一片荒煙。杭辛齋一手提拔，張嘯林漸漸發達，他和陳效岐結為過房親房，民國八年（一八一九）秋天，張嘯林自杭遷上海，陳效岐也挈眷同行，老兄弟倆一道去上海闖花花世界。

張嘯林為什麼轉移根據地？那是因為他看準了一著棋。當時正值民國八年八月十四日，浙江督軍楊善德病故，盧永祥由淞滬鎮守使升任浙督，盧系大將何豐林繼任淞滬鎮守使，江幹廷任鎮守使署秘書長，劉春圃任淞滬警察廳主任秘書，俞葉封調充緝私營統領；這一連串的人事安排，彷彿給張嘯林指了一條明路，——趕緊到上海去插手鴉片煙的財香。因為這批分居要津的大官，張嘯林在關係運用上極有把握。

但是他懂得「強龍不壓地頭蛇」的道理，而且自己赤手空拳，一無所有。張嘯林自忖絕不可能在上海另開碼頭，因此他唯有爭取黃老闆、杜月笙的合作。也可以說他是趕來投効，也可以說他是參加入夥；總而言之，與其說是黃和杜需要他的助力，還不如說是他自己仰伏黃、杜提攜之處來得多。

一口杭州土話，一身長袍馬褂，手上拿一支嵌翠湘竹旱煙管，張嘯林大搖大擺，斜著眼，經過沈敖奇的介紹，到同孚里來拜訪黃金榮、杜月笙等人。由於他目高於頂，傲氣凌人，一語不合，破口大罵，一般人跟他合不來，見他就想躲開，唯獨杜月笙慧眼識英雄，他了然張嘯林的背景，看得見他後面那一排高冠峨服的浙江新貴。幾度接談，立刻引為生平知己，從此焦不離孟，孟不離焦，成爲極親密的好搭檔。

於是，杜月笙向黃老闆力請重用張嘯林。他條分縷析的說：頭一樁，因爲張嘯林會說普通話，對於官場交際應酬，有他自己摸出來的一套，用不著搭架子，看起來都蠻有派頭。第二點，張嘯林是杭州人，而民國六年（一九一七）以後，民國十三年（一九二四）齊盧戰爭之前，上海屬於浙江軍閥的勢力範圍圈，北洋第三鎭出身的盧永祥，由淞滬護軍使升任浙江督軍，繼任的護軍使何豐林是他的心腹大將，何豐林以下的軍警頭目，俞葉封也是籍隸浙江。杜月笙聽張嘯林談浙軍將領的來龍去脈，歷歷如數家珍，凡此都表示張嘯林縱然跟柯、盧等人並無淵源，但若請他去交結聯絡，必定是個適當的人選。

由刀光劍影，卡車手槍的搶土，到成立三鑫公司，獨佔法租界的煙土市場，接著又吉星高照，英租界宣告禁煙，黃老闆一時動怒，兩記耳光打來了大八股黨的保護權，這時候的黃、杜、金，早已牢牢的掌握了上海煙土事業，展望「前程」，一片金山銀海，瑞氣千條。但是，他們還有一重關口，無限隱憂，自吳淞口到高昌廟、龍華而入租界，這一條路，都是淞滬鎭守使衙門的天下，水警察、緝私營、警察廳，乃至各級隊伍，偵騎密佈，虎視眈眈，這個關鍵如果不能打通，運輸方面說不定還要走「水裡拋、順江流」的老路，危險萬分之外，尤且經常損失不貲，嚴重影響成本。

於是杜月笙忽發奇想，要來一次「一槓通天」的驚人之筆，他的瘋狂構想和雄渾魄力，時至今日言來猶足令人咋舌。大八股黨憑什麼囊括上海鴉片走私事業？他們的方法是夤緣投入水警、緝私兩營，然後再利用同袍關係上下交「征」利，不分撞見菩薩或小鬼，出事的時候便於打點。如今杜月笙的做法卻要比他們瘋十倍，狂十倍，高十倍，狠十倍！他乾乾脆脆，請張嘯林去交際連絡，打通關節，他們的這一把香要直接燒上閻王殿，他們要和俞葉封，甚至何豐林攀交情，談談生意經，有「土」斯有財，有飯大家吃，只要條件相當，何妨彼此合作？從此以後，鴉片煙土進上海，接駁護運，化暗為明，「軍警一體保護，沿途嚴禁騷擾。」

當年的軍閥，大多數以鴉片煙為主要的經濟來源，他們長袖善舞，經驗比杜月笙尤為閎富，利害所在，一眼便可洞察，在租界上經營鴉片，有百利而無一弊，何豐林、俞葉封何嘗不垂涎這股財香，只因為地位懸殊，關係搭不上，因而才有水陸查緝，雷厲風行。當張嘯林領了杜月笙的交際費，腰纏萬金，恣意揮霍，打著滿口杭諺，自下而上，由外而內，一步步的向俞葉封、何豐林進攻時，何、俞二位卻是早已虛席以待了。

於是乎張嘯林神通廣大，繼幫會與租界勢力結合以後，以促成軍閥、租界、幫會凝為一體，三方一拍即合。利之所趨，人情味濃厚無比，首先是：桂生姐的一位妹妹，過繼給何豐林的老太太做乾女兒。隔不多久，張嘯林和俞葉封又成了兒女親家。

這一下，局面豁然開朗，大公司的事業蒸蒸日上，杜月笙躊躇滿志，一帆風順，英租界裡吸鴉片煙的人仍然還有，但是各大土行全都搬到了法租界，大公司每年收取的保護費，爲數至少在一百萬銀元以上，除此以外，大公司本身也是一個大土行，它足以操縱控制貨色的進出，價格的漲落。據民國三十三年（一九四四）上海出版的「雜誌」透露，當年這個官商合管的公司，盈利有達每年五千六百萬元之鉅，而其資本額亦高達一千萬元。中國有史以來，除了鄧通得漢文帝的寵幸，賜蜀嚴道銅山准予自鑄鄧氏錢，恐怕再也沒有大公司這種予取予求，一本萬利的好生意。白花花的銀洋如長江大河，滾滾而來，杜月笙的用錢，從此成爲中華民國第一大手筆，他左手進，右手出，動作迅速，談笑自若。杜月笙的組織能力是驚人的，自淞滬鎮守使何豐林以次，各級衙門，每一個人，按照盈餘數字，分派好「紅利」「俸祿」標準，一年三節，屆期結帳。於是達官貴人，地痞流氓，巡捕軍警，散兵游勇，人人都有好處，時刻都得保障，社會秩序，漸趨安定，新興建築，風起雲湧。癮君子們一榻橫陳，噴雲吐霧，還不知道他們對於繁榮經濟，建設上海，在一吸一噴間大有貢獻呢。

34

墨林投效總管材料

在大公司內部裡，黃金榮穩坐江山，指揮若定，金廷蓀總攬業務，綜竅度支，杜月笙和張嘯林負責外務，交際聯絡，上下相融，小八股黨如今已換下短打，著起長衫，各自在大公司裡擔任職務。從早到晚，大家都在忙忙碌碌，忙著賺，忙著花。

杜月笙通常要到九、十點鐘起身，匆匆梳洗，便趕著到大公司去轉一轉，自此，他開始無時或休的見客、拜客、飯局和賭局，有時深夜兩三點鐘回家，有時爽性徹夜在外留連。

杜月笙的姑母萬老太太，在鄉下聽說他大發達了，老太太不辭跋涉，又跑了一趟法租界。她找到杜月笙，開口便說：

「現在你有了這麼大的場面，可以挑挑窮親眷了。墨林在十六舖做銅匠，工錢少，生活苦，你幫個忙，把他安插在大公司去，也好多賺兩錢，將來成家立業。」

杜月笙考慮了一下，說是：

「你叫他到我這裡來，先在我家裡打打雜，大公司那邊，我會給他掛個名。」

於是萬老太太親自去把萬墨林叫了來。

杜月笙一看萬墨林，這孩子十九歲了，頭大，體碩，衣著樸素，在上海住了靠十年，還是鄉下孩子的老實相。

他心想，要使他成爲一個貼身的跟班，恐怕還得經過一番磨練，他沉吟半晌，說聲：

「你跟我來。」

萬墨林誠恐誠惶，跟杜月笙上了樓，一間臥室，佈置得重帘垂幔，美輪美奐，靠裡牆一張貴妃榻，榻上躺一位瘦瘦的少奶奶，正在一榻橫陳，吞雲吐霧。

「他叫萬墨林。」杜月笙把萬墨林帶到榻前，介紹給沈月英說：「是我高橋鄉下的親眷，我喚他來服侍你。」

沈月英說：「很好。」因爲原先替她燒煙泡的華巧生，經常都有外務，跑來跑去，時刻尋不著人。她正需要一個聽使喚的小囝。

萬墨林心裡在躊躇，應該怎樣稱呼呢？照說，他母親是杜月笙的姑母，他和杜月笙是表兄弟，但是，他早已「親上加親」，跟杜月笙堂兄的女兒訂了親，這樣，杜月笙又成了他的叔岳父，想了一會，他終於開口喊了沈月英一聲：

「嬸娘。」

對杜月笙呢，他用通常小輩對尊長的稱呼：

「爺叔。」

杜月笙留下了萬墨林，下樓去送走了他姑母。萬老太太很開心的回鄉下去了，杜月笙錄用萬墨林，他很看重自家的老面子。

萬墨林事事留心，學習進度很快，不久，他便燒得一手好煙泡，服侍孀娘吃鴉片，很討沈月英的歡喜。有一次，沈月英要試試他是否誠實可靠，她叫萬墨林去拎開水，卻把一張四明銀行的五元鈔票，暗暗的放在樓梯口，移時萬墨林拎了一壺開水回來，還沒進門，便猛可的一聲喊：

「這張五塊頭是誰的呀？」

萬墨林中氣足，嗓門高，哇哩哇啦一叫，反把沈月英嚇了一跳，她忍不住的笑起來，說是：

「好了好了，拾起來還給我吧！」

從此，沈月英常在杜月笙面前，稱讚萬墨林老實、規矩，萬墨林也能勤勤懇懇，任勞任怨，他漸漸得到杜月笙的信任，由跟班升到杜公館的總管。

黃金榮一家搬到鈞培里，同孚里的八家逐漸星散，杜月笙和顧掌生遷入金福里，分住衖內第一和最後一家，同是兩上兩下的衖堂房子，不過顧掌生家的天井大，杜月笙的房間較寬。杜家的隔壁鄰居姓黃，黃先生死得早，他的兒女一直都由杜月笙負擔學費。黃家算是遇上了好鄰居。

金福里的房子，要比同孚里大了一倍，勉強足敷杜月笙當時的排場，這整條衖堂，都是黃老闆新置的產業，買下來做出租房子收租錢的。但是杜月笙和顧掌生佔了四幢，他們每月只出四五塊錢的房租，無非跟老闆意思意思而已。

其他大公司和賭檔上的朋友，如金廷蓀、馬祥生、范恆德、戴老二等，以及由杜月笙幫忙在大公司吃了「俸祿」的老朋友袁珊寶，還有冒險犯難，出生入死，終於人人腰纏多金，紛紛立業成家的小八股黨，全都住在附近的寶昌、福昌、貞吉、生吉、元聲、紫陽各里，這一帶地區便是上海人慣稱的八仙橋。衖堂房子，望衡對宇，平時往來走動，非常方便。因此使他們的情誼，分外密切。

35

交遊廣闊皆大好佬

自從張嘯林參與了他們的集團，大公司的觸鬚，開始向官場和軍界發展，民十前後，全國各地的軍閥、政要，但凡有個局面的，莫不在上海設有代表，或辦事處。由於租界及上海市特殊地位的形成，在南北對峙，各省四分五裂的情況下，上海成爲頗形微妙的政治中心。和議在上海進行，政治家或政客在此發表對於國事的意見，政治和軍事的秘密交易，情報的蒐集和交換，軍餉政費的籌措，搜購軍火，運銷鴉片，下野政客軍閥作避難所，乃至於各個地方貨物之出口及採辦，秘密性質的觀光遊歷，眷屬家人的僑寓，少爺小姐的入學出洋——那些代表們辦理著五花八門，包羅萬象的事務，他們必須耳目靈活，手腕敏捷，始能完成那許多複雜紛歧的工作。倘若他們能夠結交當地有力人士，凡事都會方便得多。杜月笙和張嘯林看準了他們的這種需要，盡可能的和他們接近、結交。於是，藉由這許多代表爲媒介，他們逐漸打進了政治與軍事的高階層，全國各地的政要和軍閥，都和他們建立了密切的關係，深厚的友誼，黃金榮、杜月笙、張嘯林的名字，開始在各地響亮起來。

各地派駐上海的代表，大都和他們的上司有著較深的關係，他們任務特殊，於是經濟來源也旺盛，可以盡情揮霍，無須擔心報銷問題。在上海聞人如杜月笙、張嘯林面前，他們特別的要表現得濶綽大方，相反的，杜張自許爲黃浦灘上的大亨，手面又怎可示弱？於是每逢他們交際應酬，吃喝玩樂，那種奢侈豪爽的作風，堪稱驚人，往後影響廣遠的「海派作風」，杜月笙和張嘯林以次諸人可謂爲「始作俑者」。

北洋政府，革命黨人，四川軍閥，東北大帥，紛紛的和法捕房的總探目黃金榮，以及他的朋友杜月笙、張嘯林等有著或多或少的交情。法捕房的總探目，充其量不過等於時今一個刑警隊長，他的職務僅祇是偵防彈丸之地的罪案，但是他和他的朋友如果有了喜慶之事，總統、執政、內閣總理、督軍、省長、護軍使、鎭守使………全國各地的軍政長官，都會派專差來道賀，或題匾、或贈與、或致送重禮，這不是任何國之大老，或者億萬富翁所能辦到的。在民國有史以來最紛擾複雜的政局下，他們竟以卑微的職位，或竟是個白丁，而能獲得這麼多的榮寵，與折節下交的私誼，更爲古今中外，絕無僅有的一大奇蹟。

民國十二年（一九二三）六月十三日，北政府總統黎元洪，由於內憂外患，交相煎逼，直系軍警聲勢洶洶的上總統府索餉，並且僱用游民組織「公民團」，逼他退位，離開北京。直系大將王懷慶，乾脆派兵「請」他上火車，於是這位開國偉人，黎大總統再也無法戀棧了，他倉皇出京，先赴天津，幾經努力復位，不獲槍桿支持，他遂黯然南下，堂堂大總統要到黃金榮家裡去作客。

先是，杜月笙在杜美路二十六號，買了一幢精緻幽美，花木宜人的小洋房，得到黎元洪派駐上海代表的秘密通知，黃杜張一商量，覺得杜美路適合這位退職的總統小住，杜月笙雇了工人去修葺一新，並且置備了全套的傢俱。

黎元洪抵達上海，黃金榮、杜月笙、張嘯林以次各人都去迎接，當天由法租界巡捕房的總探目作東，備了豐盛的酒席，爲黎大總統夫婦洗塵，杜張當然也在座奉陪，黎大總統曾經特地向杜月笙敬過酒，因爲他知道杜月笙是黃老闆的靈魂，不僅如此，他今後在上海的安全，全部掌握在杜月笙的手裡。因爲，黃金榮招待黎元洪確夠誠意，他對法捕房裡多年相從的巡捕還不放心，這一次，他又動用了杜月笙這支小型快速驃悍部隊，情商杜月笙親自率領他的小八股黨，輪流分班，爲黎大總統保駕。

36

黎元洪到負責照料

顧嘉棠、高鑫寶、葉綽山、芮慶榮、侯泉根、黃家豐、楊啓棠、姚志生，這八位朋友經過一番奮鬪，追隨杜月笙身後，如今，早已鯉魚跳龍門，有錢有勢，大非吳下阿蒙了。他們從杜月笙那裡學來仗義輸財，廣交志友的全套本領，小八股黨的每一個人，都擁有成千上萬的徒眾。這些人大都散居上海及其近郊，只消一聲令下，立可組成大軍，用杜月笙來保黎大總統的鑣，不僅極夠面子，而且實力強勁，萬無一失。

黎元洪是和他的如夫人黎本危相偕南來的，隨行的有一些秘書副官、衛士傭僕，其中還有一位鼎鼎大名的人物，便是鬧過「黎元洪是袁家太子，饒漢祥乃法蘭西人」笑話的駢文大師、黎氏的秘書長饒漢祥。當年饒漢祥代黎元洪所擬的通電，文情並茂，傳誦一時。他因爲力求對仗工穩，引經據典而鬧了兩次大笑話，一則爲他替黎元洪擬的通電致袁世凱，開始一句便是：「元洪備位儲貳」，把堂堂民選的副總統變成了袁世凱的太子。其二是係他自已發通電，也在起首用了這麼一句「漢祥法人也」，實則他是在引用近代的法學名詞以表示其身份。

不過饒漢祥這次到上海，卻留下了一副膾炙人口的好對聯，因爲他特別賞識杜月笙的慷慨好客，群賢畢集，所以爲他題了十四個字：

「春申門下三千客，
小杜城南尺五天。」

杜月笙將這副對聯愛如拱璧，特地請名家雕刻爲黑底金字，懸在他家客廳的兩楹。

黎元洪和他的如夫人送給黃金榮的禮物，可以說是相當奇特，黎元洪送黃金榮一套陸軍上將的煌煌戎服，由於黃老闆的身段和黎大總統約略相仿，他私自在房中一一穿著起來，搖搖擺擺，踱個八字官步，自己沾沾自喜，逗得俏娘姨們一個個的掩口葫蘆。黎本危所致送的禮物，確很名貴，但是不登大雅，同時也毫無用處。原來那是一套精美的鴉片煙具，連同煙盤，全部純銀鑲鑽。黃金榮拿在手裡把玩再四，讚不絕口，那一年黃老闆五十七歲，他還在吃法捕房的公事飯，並不曾抽大煙。他那口越吸癮頭越大的大煙，是他在壽登花甲，告老退休以後，方始弄來消遣白相的。

杜月笙對保護黎大總統的工作，十分認真而盡心，他每天儘量抽出時間，守在杜美路，他和黎元洪、黎本危同進同出，並起並坐，當時，黃老闆私心愛慕的一個人，名坤伶露蘭春正在老共舞臺獻藝，這位早期的坤伶，風靡了整個上海。黎元洪和如夫人客中無聊，於是黃老闆恭請他們二位去聽一次戲。

爲黎元洪及其如夫人那次在公眾場合露面，杜月笙率領的小八股黨，所做的防範和戒備工作，的確是非常週密而徹底。那一天，他們身上都帶了手槍，黎元洪及其如夫人所坐的包廂，前後左右，更佈滿了他們的自家人。

在表面上，黎元洪及其如夫人進老共舞台是輕裝簡從，全場爆滿的老共舞台，好幾百觀眾全神專注於台上露蘭春的投手舉足，輕歌曼舞，誰都不知道他們今天是如此的幸運，正和黎大總統同處一廳，而黎大總統曾在上海與民同樂，可能時至今日猶爲一項秘密。

杜月笙看著一切佈置得很好，黎元洪及其如夫人都在聚精會神的聽戲，他吁了一口氣，信步走到樓下去休息一會。才到門口，他便碰到了老共舞台把門的阿大，他是黃公館的老傭人，一向忠心耿耿，老共舞台開張，黃老闆挑了他這樣一個美差。

「杜先生，」阿大迎上來愁眉苦臉的說：「這樁事情真是太稀奇了。」

杜月笙眼睛望著他，一面揩汗一面問：

「什麼事情？」

「方才你們陪著那位貴客進門，」阿大湊近他，神秘的壓低了聲音：「還不到兩分鐘，突然之間我看到一大串狐狸，彷彿受了驚嚇，從戲館裡一溜煙的跑出來。」

「瞎三話四，」杜月笙聳肩笑笑：「城裡面那兒來的狐狸。」

「千真萬確的啊，」阿大撞屈般的喊起來，然後，左右一看，又在悄聲的說：「我起先被牠們嚇一大跳，連忙跑出大門去追。我清清楚楚的看到，那一串狐狸，跑到斜對面那爿當舖裡去了。」

「那麼，」杜月笙還跟他開玩笑：「你就該追進當舖裡去呀。」

「當舖老早打了烊，」阿大一本正經的說：「我親眼看到，牠們一隻隻的往當舖門上撲，撲一下，就不見了一隻。」

聽他說得那麼活靈活現，杜月笙回念一想，阿大是個老實人，連黃老闆都誇讚過他，從來不打誑，不說一個字的廢話。他有什麼理由要向自己編這一套鬼話呢？

「阿大，」他柔聲鎮撫他說：「我看你是太辛苦了，一時看花了眼睛。」

「絕對不是。」阿大斷然否認，並且提出反質：「那裡有接連兩次都看花了眼睛的？」

「不管怎樣，」杜月笙累了一天，稍微有點不耐煩的說：「這種事情你就擺在自己心上好了，用不著說給別人聽。」

「我只說給你聽，杜先生，」阿大真誠流露，十分懇摯：「杜先生，你是老闆跟老闆娘最看重的人。真是的，在老闆老闆娘面前，我這個話還不敢說呢。杜先生，你知不知道，我們老共舞台設有狐仙祠？」

「這個——我不知道。」

「老共舞台生意好，都是靠狐仙的法力。」

「啊？」

「如今狐仙統統跑掉，依我看，老共舞台的旺氣也就跟著跑了。」

「不會的。」杜月笙勉強的搭一句。

「信不信由你，杜先生。」阿大喚口氣，忽然又想了起來問：「剛才你請來聽戲的貴客是那一位？」

「你聽了不要嚇壞啊！」杜月笙笑嘻嘻的回答，然後附在阿大的耳邊，悄聲的告訴他，來者正是大總統黎元洪和他的如夫人。

「這下糟了！」不曾想到，白髮蒼蒼的阿大，竟會跌足嘆息，他十分悵惘的說：「大總統是天上的星宿呀，星宿怎麼可以隨便到什麼地方去呢？難怪黎大總統一來，我們供的狐仙就要趕緊逃跑，而牠們這麼跑掉，杜先生，你看嘛，老共舞台的生意一定不靈了。」

當時，杜月笙只覺著阿大戆得可笑，但是往後事實的演變，卻又使他將信將疑，相當費解。

露蘭春首創男女同台合演，在當時真是紅透了半爿天，然而黎大總統與民同樂不久以後，先則黃老闆老入花叢，甘違閫命，將露蘭春納寵專房，竟然鬧得和紅顏知己，糟糠之妻桂生姐離婚，然後佳人愛上少年郎，使黃老闆賠了夫人又折妾，從此心懶意灰，不問世事，黃老闆像晨星曉月，冉冉隱去，而老共舞台的營業，也自那夜以後直線下降，一蹶不振。黃老闆心煩意亂，一籌莫展的當兒，曾經發過狠，將它拆過之後再翻造。

黎元洪，在杜月笙的杜美路住宅駐蹕三個月，然後乘輪北返，行前曾向杜月笙再三致謝，說他是最好客、最週到的居停主人。臨行前他自動破鈔，訂製二十餘面金牌，上鐫「義勇」二字，分贈杜月笙的手下。黎大總統走後，他留給杜月笙一個不可磨滅的印象，那便是狐仙確實有靈。因此，當他營建華格臬路住宅時，他特地在大廳後面，專闢一座狐仙祠，並且雇用一名寧波老佣人，負責祭供洒掃，晨昏三炷香，逐日獻奉茶果。而杜月笙自己則是不管怎樣忙法，每個月的陰曆初二和十六，必定正心誠意，供以酒饌，親自上香磕頭。

華格臬路杜公館狐仙之靈驗，曾有許多令人汗毛凜凜的傳說，那位寧波老傭除了服侍狐仙，一無事情可做，有時候他不免懶怠，或者是想揩油尋外快，中飽了狐仙的好茶葉或鮮果品，或者逕以

37

鴉片財香有人插手

大公司業務一帆風順，進展神速。然而到了十二三年之交，突然發生了嚴重的問題，原來長江口，中間含了一座崇明島，島北是長江北汊，島南又因隔個橫沙小島，分爲北水道和南水道，這兩條路，輪船都可以出入。往先，運鴉片的輪船由南水道駛入吳淞口，再從高昌廟起岸，循公路運到上海。但是，自從三鑫公司獨佔了上海的市場，潮州幫退居附庸，業務每況愈下。他們之間的一部份人又匯合了黃浦灘上另一股力量，全力另闢運土新途徑，企圖東山再起，進而與三鑫公司抗衡。他們幾經周折，選定了長江北岸的啓東、海門一帶，作爲駁運的站驛。

民初蘇北，設了三位鎭守使，海州白寶山、淮揚馬玉仁、通海張仁奎。啓東、海門以至南通，都是通海鎭守使張仁奎的轄境。

張仁奎號鏡湖，山東滕縣人，武功精嫻，爲人四海，在清軍飛虎營徐寶山部從低級軍官一直當到統帶（卽今之團長），辛亥光復徐寶山參加革命，所部改爲民軍第二軍，自任軍長，張鏡湖升第七十六混成旅旅長，並前後當了十六年的通海鎭守使。他是淸幫大字輩的前人，陳世昌的老頭子，自山東、蘇北，以至上海、長江沿岸，他的潛勢力之大，民初碩果僅存的十幾位大字輩中，無人可望其項背，在政治上他尤且受知於南通狀元張謇。

張鏡湖的鎮守使衙門設在南通，他本人則在上海海格路建有一幢巨宅，他有一個「仁社」，門弟子中多的是達官巨賈，高級軍官。通海鎮守使雖然是北洋政府任命的，可是自張氏本人，和他的參謀長馮汝麟，副官長王鳳樓以官，都和國民黨有所聯絡。

謀與三鑫公司對抗的那一幫人，在海門、啓東一帶，和張鏡湖的地方幹部搭上了關係，他們終於開闢了鴉片新「航線」，也雇外輪專運駛入長江北汊，然後用小船接駁，深入蘇北，轉運各地。

首先是三鑫公司業務大受影響，繼則民國十三年（一九二四）江蘇督理齊燮元和浙江督辦盧永祥打起仗來，上海雖然倖免於戰爭的洗禮，可是盧永祥和何豐林兵敗，盧永祥東走日本，轉赴大連、天津，何豐林和盧永祥的兒子，民初四大公子之一的盧筱嘉，雙雙避難到杜月笙杜美路二十六號的那幢小洋房。

和齊燮元同隸直系的福建督理，後來自封五省聯帥的孫傳芳，亦率兵自閩攻浙，於十三年十月十六日抵達上海，收降盧永祥、何豐林的部隊，同日任命前海鎮守使白寶山爲上海防守總司令，辦理善後及收撫事宜。

面臨這樣一次巨變，黃金榮、杜月笙、張嘯林手足無措；大上海重歸江蘇人的天下；一朝天子一朝臣，三鑫公司靠山盡失；孫傳芳、白寶山那一批新貴，卽使有心高攀時間上也是來不及，眼看著黑貨的來源立將全部斷絕，兵慌馬亂之中，原先堂而皇之走的那條老路線，如今怎敢再走。

以前因爲有恃無恐，篤定泰山，貨到立卽發售，從不考慮庫存的問題，現在一經戰亂，癮君子們羅掘一空，上海大小土行，更進一步面臨鴉片斷檔的恐慌。

販運鴉片生意陷於停頓，除了黃老闆底子厚，平時花用不多，金廷蓀開銷小，有點儲蓄，杜月笙、張嘯林以及小八股黨顧嘉棠等人，很快的就捉襟見肘，囊中金盡。早先財源茂盛，洋錢銀子如潮水般的湧來，他們抱著「辛苦賺錢痛快用」，「小數不在乎，大數橫豎橫」的心理，揮霍成性，撐足場面，左手來右手去，應了個俗諺：「積錢針挑土，用錢水流沙」，竟是一文存餘也沒有，其中杜月笙甚至還揹了一身的債。杜月笙個人的花銷不如張嘯林他們大，說起來他還不算怎麼揮霍，可是他的善門大開，對於任何人的要求，從不開口拒絕，這一點形成了一個無底洞，他施醫施藥施棺材，修橋築路，年年打發數以萬計的上海乞丐，還有孤苦貧弱發給摺子，按月到杜公館拿錢，凡此種種，即令有了沈寶三的聚寶盆也不夠用。

場面撐起來了，手面濶綽慣了，一旦進項斷掉，兩手空空，這些人的焦急慌亂，窘態百出，自屬想當然耳，因此，那一年將近過年的時候，大家日處愁城，束手無策，張嘯林窮瘋了，硬逼他的太太，那位綽號茄力克老四的，把頭上手上，所有的首飾拿出來當掉，然而杯水車薪，過不了幾天他又唉聲嘆氣，繞室徬徨。

小八股黨到處借不到錢，有一天他們得到消息，聽說國會議員手裡面居然有「貨」，於是他們不管三七二十一，跑去找到了陸沖鵬。

陸沖鵬，江蘇海門人，遜清秀才，清末廢除科舉，他便就讀於蘇州法律專門學校，以迄卒業。陸氏是海門世家，在吳淞口北，膏沃之地，擁有沙田千百頃，他家的佃戶，多達數千戶之眾，名門後裔，翩翩年少，在黃浦灘上執業律師，大有名聲。民國七年（一九一八）安福系當權時，他是海門選出的國會議員，隸眾議院，和段祺瑞、李思浩等人，甚爲接近。

「陸老闆，幫幫忙，我們真叫是過年白相相的賭本都沒有了。」

「可以。」陸沖鵬爽氣的說：「你們要用多少錢呢？數目不太大，讓我去想想辦法。」

「數目不大。」顧嘉棠連忙說：「不過，我們不要借錢，我們要借土。」

「借土？」陸沖鵬驚了一驚，天大的秘密怎會被他們知道，但是當時他聲色不動，說是：「你們一定要借，我去跟朋友商量商量。」

小八股黨也很落檻，他們並沒有追問：究竟那位朋友現在還有土？

「辦得到的話，」還是顧嘉棠代表大家發言：「我們借個二十箱好哦？」

「十箱，」陸沖鵬輕鬆的笑笑：「多了我就很爲難了。」

「好，十箱就十箱！」

八個人借到了十箱土，抬回家裡，商量一下：覺得還是應該去報告一下杜月笙。

杜月笙正在家裡傷透腦筋，一聽說小兄弟們向陸沖鵬借到了十箱土，他驚詫得眼睛都睜大了，頓時十分困惑的問：

「陸沖鵬又不是做土生意的，他那裡來十箱大土借給你們？」

顧嘉棠忙說：

「他是跟朋友那裡勻來的。」

「不可能。」杜月笙斷然的說：「土都要斷檔了，沒有人會勻十箱土給別人。」

「那麼，」葉焯山說：「土是他自己的。」

「一定是他自己的。」杜月笙彷彿想起了什麼，他的一對眼睛，又在閃閃發光，唇邊微微的牽動，似笑非笑，他訥訥自語的說：「不但是他的，而且他那邊的數量還不少，這個道理很明白，他如果沒有兩百箱，他就不會借給你們十箱。」

這一次，杜月笙又是料事如神，不過，準確性稍微差了些，陸沖鵬手裡的土，不止兩百箱，他竟擁有一千箱之多。

38 北洋軍閥賣土發餉

杜月笙心知箇中必有緣故，他當機立斷，馬上派人去調查，短短期間，便被他查出北洋政府的一大內幕。

民國十二年六月，直系軍閥攆走了黎元洪，組成「攝政內閣」，同年十月五日，曹錕以重賄當選總統，次年十月廿六日，直奉兩系軍閥在榆關鏖戰正酣，直系大將馮玉祥乘機倒戈，自古北口迅速回師北京，發動政變，於是曹錕重蹈黎元洪命運，卽被推翻，且遭幽禁。廿七日，段祺瑞被「推舉」爲國民軍大元帥，掌握政權。十一月廿四日，段祺瑞入京就任「臨時執政」，任命各部總長，以林建章長海軍，李思浩長財政，並兼鹽務署督辦。

李思浩在民國元年（一九一二），還是鹽務署的一名科長，不久升任廳長，民五（一九一六）便以財政次長兼任鹽務署長，且曾代理財政總長，此人之飛黃騰達，扶搖直上，完全是受知於段祺瑞的緣故。

段祺瑞重行執政，李思浩再做馮婦，他們所面臨的一大難關，便是軍費龐大，外債紛雜，財政陷於極度困難。海軍方面，積欠薪餉爲數頗夥，將士強索，鬧得海軍總司令杜錫珪無法應付，他爽性辭職，留在上海「養疴」，而把堂堂總司令一職，讓給楊樹莊。

因此，段祺瑞和李思浩，在山窮水盡，羅掘俱空之餘，千方百計，想給海軍籌付欠餉，終於他們獲得日本財閥三井的暗中協助，由日本人中澤松男出面，每個月打出一張日人竊踞下的「大連政府」護照，向波斯採購紅土五百箱，由波斯運往上海銷售，資金由中澤松男墊付（實際上是三井公司拿的錢），販運鴉片所獲的利潤，則交由段祺瑞、李思浩撥付海軍欠餉。

段祺瑞和李思浩聞訊大喜，但是他們必須要在上海找一個可靠而又有辦法的自家人，亦即所謂「安福系」人士作爲這樁極機密買賣的總代理。他們想來想去，最後決定這項重要任務交給陸沖鵬，原因是：一、陸沖鵬是安福系支持當選的國會議員。二、民國九年（一九二〇）夏天的直皖戰爭，直系曹錕、吳佩孚戰勝皖系，段祺瑞下野，有許多安福系的政客軍要南下滬瀆，陸沖鵬曾予庇護招待，住在他的家裡，段、李將這項美差給他，多少有些酬庸的意味。三、陸沖鵬和上海的若干煙土商很熟，因爲，循長江汊經由啓東海門逕運蘇北的鴉片，有時候要假道陸沖鵬家靠近海濱江畔的那幾千畝田地。四、陸沖鵬本身是大地主，有身家，信用可靠。

這便是陸沖鵬爲什麼會牽入鴉片買賣的由來，他是因爲公誼私交，被段、李臨時拉差。

杜月笙所獲的情報，迅速而又精確，他調查到，陸沖鵬接奉這項密令以後，便和廣茂和土行簽訂一紙合約，由陸沖鵬代表段祺瑞臨時政府簽字蓋章，雙方約定陸沖鵬負責運送「貨物」至廣茂和土行，而廣茂和則見貨付款，不得延宕。

波斯紅土照樣由波斯運往吳淞口外的公海，不過，自公海外輪上接駁則採取「全副武裝」，「霸王硬上弓」式，由亟待發放欠餉的海軍兵艦負責運送，送上海、送蘇北，悉聽尊便，因爲卽使孫傳芳、白寶山再狠，他們也惹不起海軍。

第一批貨，紅土五百箱運到外海，陸沖鵬早已接獲密碼電報，他事先去通知廣茂和土行，即時準備現款接貨。他這一去，才曉得自己上了大當，廣茂和的老闆居然是空心大老倌，他推諉一時籌不出這麼許多現款，言下之意，彷彿卽令放棄這筆大生意，實在也是無可奈何。

陸沖鵬爲這意外的變卦急得團團轉，貨色就要到了，買主突然逃跑，叫他把這許多鴉片往那裡搬？他左思右想毫無辦法，只好——暫且把五百箱紅土搬到他的田莊，他的田莊面積遼濶，以前也曾被人利用，作爲存鴉片的秘密倉庫。另一方面，陸家的佃農有好幾千戶，平時爲了防範盜匪，和散兵游勇的騷擾，他們買了很多槍械，佃戶中的丁壯，全都受過訓練，萬一有人強行來搶，他們還可以竭力抵抗。

更重要的一點，是陸沖鵬和通海鎭守使衙門，上上下下的人都很熟，攀起交情來還是自家人。因爲民國十年（一九二一）那一次，陸沖鵬從家鄉出來，路過南通，通海鎭守使張鏡湖張老太爺，便曾派人向他示意，張老太爺很想收他一分帖子，這個意思就是說：淸幫大字輩的張老太爺要開香堂，收陸沖鵬爲門徒。

陸沖鵬欣然遵辦，他拜張老太爺爲師，比韓復榘他們更早。

張仁奎的大弟子吳崑山，當時翩翩濁世，頗富膽識，任職第三十八師某部營長，卻經常在上海海格路張公館，侍候張老太爺。同時，他也是張老太爺的駐滬代表，而不論老太爺是否在上海，陸沖鵬既然同是張老太爺的愛徒，他跟吳崑山相當的熟，他很想透過吳崑山的一關，向老頭子請求，讓他將每月五百箱大土運赴蘇北去賣。

小八股黨無意之間聽說陸沖鵬有土，而且登門向他借到十箱的時候，張老太爺已經答應了陸沖鵬假道，陸沖鵬的大問題是將獲解決，那正是歲聿云暮，臘鼓頻催時分，田莊上存了兩個月的滯銷煙土，爲數共達一千箱。

杜月笙把陸沖鵬的底牌，摸了個清清楚楚，他精神抖擻，內心興奮，首先，他去拜訪通商銀行的老闆傅筱庵，商借兩萬塊錢。傅筱庵是遜清郵傳部尚書盛宮保盛宣懷的舊屬，爲人也很四海，只要杜月笙一開口，既無抵押，又不需保證，他當即照借不誤。

借到了這兩萬元，他請張嘯林莫再愁眉苦臉，好好打點精神去辦事，儘速結交孫傳芳部下的新貴，孫傳芳先受知於吳佩孚，經吳一手提拔，當過長江上游總司令、閩粵邊防督辦，浙閩邊防督辦和福建督理。過去杜月笙、張嘯林和他的駐滬代表，也曾有過交情，再加上吳佩孚、張宗昌駐滬代表的居間介紹，幾度酬酢往還，孫傳芳左右的幾位高級官員，又和杜月笙、張嘯林稱兄道弟，親親熱熱。杜月笙曉得這一著棋下得差不多了，他讓張嘯林去和那班人花天酒地，自己抽出身來，另有要公待理。

39

一聲幫忙借五百箱

真正應了當年倚虹樓上，金廷蓀說的那句開場白：「三百年風水輪流轉」，起初把持上海鴉片市場，不把法租界各位朋友看在眼裡的大八股黨，自從黃金榮兩記耳光打到手「保護權」，小八股黨崛起，三鑫公司掌握大權，包佔上海鴉片市場，大八股黨就反過來在三鑫公司，和黃、杜、金公館行走了，他們有人在吃俸祿，有人經常調頭寸。俗話說：「吃人口軟，拿人手軟」，「得人錢財，與人消災」，即令年紀輕得多的杜月笙「有事拜託」，他們也莫不奉命唯謹，跑得非常熱心。

於是有那麼一天，外邊正在下雪，陸沖鵬的老朋友，英捕房探目沈杏山，突然跑到陸沖鵬在上海的家裡，口口聲聲說有要事相商。

完全是杜月笙所授的計，沈杏山一看到陸沖鵬，便開門見山的說：

「大公司最近斷了來路，黃浦灘上鴉片煙缺得要造反，杜月笙想請你買個交情，你那票貨色與其統統運到蘇北，何不撥一部份出來，也好讓法租界的朋友救救急。」

陸沖鵬一聽，心知這事很難辦，他怕白白損失了一批煙土，又不願得罪杜月笙，以及他的小八股黨。沈杏山的一席話已經罩住了他，他有大批的煙土，對方老早摸清楚，即使想賴，也賴不掉，於是他皺起眉頭反問：

「現在還能運土到法租界嗎？」

沈杏山立刻極有把握的回答：

「爲什麼不能。」

陸沖鵬心想：你真是事不關己不操心，看你現在說得這麼輕鬆，我那批土運到法租界，萬一在路上被沒收，被搶掉，或者竟會被吃掉，這個千斤重擔，到時候叫誰去挑？

沈杏山見他躊躇，又添加了一句：

「你放心，價錢一定照算。」

迫不得已，陸沖鵬只好掉一記槍花，先推脫一陣，於是他說：

「好，我會盡力促成這件事。杏山兄，你曉得我向來不做土生意的，這票土幕後還有其人，我總盡量把杜先生的意思傳到便是。」

「那麼，」沈杏山果然就深信不疑了，「我什麼時候來聽回音呢？」

陸沖鵬想了一想才說：

「一個星期以後。」

沈杏山欣然回去告訴杜月笙，杜月笙深沈的笑笑，向沈杏山道了辛苦。

第二天，山東督軍張宗昌派駐上海的代表，跟杜月笙、張嘯林很要好的一位單先生，居然也在陸沖鵬的家裡出現，他一見面就嚷嚷的說：

「老杜想跟你勻幾百箱土，應應市面上的急，你既然有，這個順水人情爲什麼不做？難道你怕老杜拿了你的貨色不給錢嗎？」

陸沖鵬是當過律師的，他很擅於言詞，當時，他既不否認，也不承認，他定定的望著單先生說：

「依你的意思，我應該撥一票土給杜先生？」

「上蘇北，到上海，還不是一樣的賣嘛。」單先生豪爽的說：「你撥五百箱土給老杜，下了船，由他自己負責運，出了差錯，我替老杜擔保。」

有這一句話，和昨天沈杏山放過來的舊交情，陸沖鵬放了心，他決定照辦，當時便亢爽的說：

「好，我就撥五百箱土給杜先生，不過，交貨日期要等到一禮拜以後。」

「為什麼？」單先生錯愕的問：「老杜不是說你手裡有現貨嗎？」

「現貨都在江那邊，」陸沖鵬笑笑：「而且前些時已經接洽好了買主，這兩天便要啓運，你去回復杜先生，只管放心，下一票土總共五百箱，我已經接到輪船上由西貢發來的電報，一個禮拜之內準到。」

「好，我們就這麼說。」單先生興匆匆的告辭離去。

在這一個禮拜之內，陸沖鵬幾度和杜月笙直接接觸，黃浦灘江山已改，人物全非，運土輪船駛入吳淞口，這一路上應該怎樣運送？每一個細節都得從詳研究。陸沖鵬在這幾天裡和杜月笙交往密切，他很佩服他，因為他實事求是，不管自己有什麼弱點，都決不「顧全大局」「不計小節」的欺瞞朋友。

民國十三年，舊曆大年夜的前三天，運送鴉片的遠洋外輪，準時抵達吳淞口外，大輪船在公海上拋錨，和以前兩次一樣，陸沖鵬搭楚謙軍艦，駛往公海接駁鴉片。楚廉艦的楊艦長，是海軍總司令楊樹莊的介弟。

艦船相並，停俥時隨著浪濤顛簸搖晃，陸沖鵬由兵艦登上輪船，和押運的日本人辦好手續，簽了字，他斜倚船欄，看那一箱箱的煙土由商船抬上兵艦。

五百箱鴉片煙轉到楚謙艦，陸沖鵬請楊艦長回航，按照事先訂定的計劃，楚謙載運五百箱煙土，駛赴高昌廟。

無星無月，黯黯沉沉，一陣朔風撲面，陸沖鵬驀地驚覺，自己肩頭，擔子何等重大？於是他先下艦，到高昌廟撥一個電話給杜月笙；他先報告他說：

「杜先生，我已經到高昌廟了。」

「很好。」

「我想先下一百箱貨，試試看路上有沒有風險，倘若能夠平安渡過，那麼，我們明天再繼續運。」

「不必，要卸就一起卸。」杜月笙毅然決然：「我馬上打電話給宋希勤，請他宣佈自高昌廟到楓林橋，全部戒嚴，讓你的貨色運過來。」

「宋希勤？」陸沖鵬不由倒抽了一口冷氣，宋是孫傳芳的心腹，如今已是黃浦灘上紅得發紫的頭號人物，聽杜月笙的口氣，就像宋希勤亦成爲他的麾下，跟小八股黨一樣，對杜月笙的話唯命是從。

陸沖鵬遲疑不決，杜月笙卻老大不耐煩的在電話那頭催了：

「陸先生，你聽到我的話沒有？全部貨色，你儘快的下，我們戒嚴到兩點鐘爲止。」

陸沖鵬看看錶，再問：

「我要不要跟貨色一道來？」

「不必，你最好一個人先到法租界。」

「法租界那裡？」

「維祥里。」

維祥里，就是大公司的所在地，陸沖鵬明白杜月笙的意思了，他指揮楚謙兵艦卸貨，岸上自有杜月笙派來的人迎接。陸沖鵬孑然一身，空空兩手，坐一輛汽車，風馳電掣，向法租界疾駛而去。

40

老杜運煙宣佈戒嚴

一路上，車燈照耀，公路兩旁人影幢幢，陸沖鵬驚羨不置，杜月笙確實有苗頭，試看這一路荷槍實彈的官兵，不正是孫傳芳最精銳的手槍旅段團嗎？

車抵楓林橋，租界與華界的交界處，陸沖鵬從車裡又看到杜月笙、顧喜棠、高鑫寶……他和他的小八股黨，深宵不眠，親來接貨，連杜月笙的褲腰帶上都別了手槍。

就這樣，軍警戒嚴，草木不驚，五百箱鴉片煙，終於首尾相啣的運入法租界維祥里——三鑫公司。陸沖鵬先生那夜擔著極大的風險，杜月笙和他的小八股黨來不及照拂他，他一進法租界便直撲維祥里。陸沖鵬在三鑫公司一直等到那五百箱鴉片煙土全部運達。

有這五箱鴉片煙到手，法租界的朋友全部鬆了一口氣，這是一個非常重要的契機，它不但幫助杜月笙等人渡過那個窮愁不堪的舊曆年，而且，更適時的給上海癮君子解除了黑糧斷絕的危險，三鑫公司的信譽，以及杜月笙的金字招牌，都由這一項買賣大爲增光。尤有甚者，杜月笙從此和蘇北的一些人物，有了接觸往來，對於他的事業幫助不少。

宋希勤爲什麼會聽杜月笙的，一方面由於他們是老交情，孫傳芳還不曾佔據上海以前，他便是孫的駐滬辦事處處長，張嘯林和他很要好，杜張不分家，宋希勤和杜月笙當然有往還。另一方面呢，孫傳芳是何等精明厲害的人，他對東南半壁上的這一座金礦——上海垂涎已久了，他心裡明白：上海有那幾股最旺的財源，鴉片販運是其中之一，與其物色人選，另組班底，何不繼承盧永祥、何豐林的餘緒，輕車熟路，安享財香？軍閥與軍閥之間，唯有在利害衝突中始有敵意，一旦勝負分明，未嘗不可保全友情，何豐林和盧筱嘉兵敗以後，曾經受過杜月笙短期的庇護，些微小事，何足掛齒？大利在前，孫傳芳也不得不伸出手來和杜月笙一握，不惜宣佈戒嚴，幫忙杜月笙運土，便是雙方合作前的一次秋波。

五百箱土一轉手間便賣光了，大公司獲利甚豐，陸沖鵬那邊，很快便收到了應收價款，他放了心，對杜月笙的爲人更加欽敬，這是一位可以結交，可以共事的好朋友。不久，李思浩到了上海，杜月笙、張嘯林便由陸沖鵬介紹，雙方杯酒言歡，往來頻繁，後來陸沖鵬和李思浩同赴北京。回上海的時候，他帶來兩張北京政府財政部的委任狀，聘任杜月笙、張嘯林爲財政部參議。杜張敬謹收下，但是平時並不輕易示人，因此這便成了一項秘密，時至今日，猶然罕有人知：杜月笙在民國十四年（一九一五）便做官了。

41 醉心革命結交黨人

早在光緒三十四年（一九〇八），陳英士自東京回國，建立革命機關於法租界平濟利路德福里一號；與此同時，張靜江由巴黎歸來，和前浙江鹽運使蔣孟蘋合夥，在法租界福建路四〇八號開設通濟公司，表面上做買賣古董的生意，實際亦爲策劃革命的大本營。除此以外，民元前後，革命黨設於法租界的機關和重要人物住宅，先後還有孫中山先生的莫利愛路二十九號和環龍路四十四號寓所，陳英士的蒲石路新民里十三號，先總統蔣公的貝勒路三百六十九號滬寓。此外，新橋街寶康里曾經是陳英士的機關，八仙橋文元坊住過于右任和陳英士，霞飛路漁陽里尤且成爲二次討袁時的淞滬司令長官總部。湖北來的革命黨人如居正、何成濬和孫武，都曾在菜市路菜市場亭子間裡搭過地舖。

革命黨人以法租界爲工作基地，和巡捕房裡的人物，免不了要經常打交道。捕房中人如黃金榮、曹振聲，都是富有愛國思想，欽敬並且贊助革命黨人的，但是他們吃的是外國公事飯，必須謹守本身的立場。他們知道法國人應付革命黨人的問題，和他們同樣的是左右爲難；一方面必須敷衍當權的中國政府，如滿清朝廷，和袁世凱的「大總統府」，另一方面，自他們政府以至個人，一概希望中國革命早日成功。

在這種矛盾的心情，和尷尬的處境下，黃金榮當時所決定的方針，是儘可能避免跟革命黨人公開來往，但如遇有重大事件，或特殊緊急情況，則又不惜挺身而出，盡心盡力，務期對於革命黨人有所貢獻。同時，自法國駐滬總領事以次，如公董局、警務處與巡捕房，一致有個默契，儘量拒絕滿清和袁世凱政論不利於革命黨人的要求。他們定了個不成文法，公然告訴革命黨人：只要不藏軍火，當可加以保護。

就在法大自鳴鐘捕房裡，黃金榮的學生，同時也是他手下的一名督察魯錦臣，便是革命黨同盟會的會員。杜月笙和魯錦臣很要好，魯錦臣也覺得這個小伙子頗有可取之處。當他和黃老闆同在法大馬路聚寶樓上吃茶，一面會晤大小三光碼子，亦即替包打聽們通風報信，勾當公事的朋友。閑來無事，他也曾講些革命黨的宗旨和事蹟給杜月笙聽。

和杜月笙同時成爲魯錦臣忠實聽眾的，還有綽號「鬧天宮福生」的徐福生。

黃金榮二度進法捕房，老天宮交給徐福生經營，歇不了多久徐福生奉師命將戲館關掉，回到上海爲老闆效力，他這個人肚皮裡多些墨水，於是在黃公館跟杜月笙比較接近。兩兄弟從魯錦臣那邊聽來些國民革命的皮相之談，在同孚里儼然成了專家。魯錦臣的啓發產生了兩重作用：其一，使他們對於革命黨，有了熱心與好奇的心理，自然而然的願意和革命黨人親近。其二，黃老闆不便露面，而必須和革命黨人有所聯繫，或者是要解決他們的問題，跑腿傳話，每每總是派遣徐福生和杜月笙。

起先他們所接觸的，都是些名不見經傳的人物，協助的事項，也無非排難解紛，嚮導保護，或則代辦一些雞零狗碎的小事情。但是，革命黨人有時候受到清軍的搜捕，清廷豢養密探的迫害，僅以身免的跑到法租界來，他們衣食兩缺，無地容身，難免需要少數的接濟，渡過眼前的難關。杜月笙和徐福生不便去向黃老闆討，往往只有自己掏腰包。每逢有這種報效的機會，杜月笙不但悉索敝賦，而且極其心甘情願。

那時候杜月笙偶爾會去說書場，或者聽朋友們講些「梁山義氣」「瓦崗威風」之類的英雄俠義故事，他的知識範圍除了現實生活，便不出於「三國」、「水滸」、「說唐」、「七俠五義」等等說部的小圈子。他崇拜英雄豪傑，英雄豪傑在他的心目之中，比起滿清皇帝、法國總統還要偉大得多。現在他深信那些革命黨人，尤較古代的英雄豪傑更加了不起，他能替這樣的大好佬跑腿當差，其本身便足以使他受寵若驚。

苦惱的還是自家收入太少，時間有限，力道實在不足。辛亥那年的某一天，他接受一項相當重大的囑託，這項重大囑託使他興奮得手舞足蹈，另一方面，也叫他焦急憂愁，輾轉難眠。

42

僞裝炸彈嚇煞老闆

湖北的一批革命黨人，他們那個團體的暗號叫「漢聲」，「漢聲」同志有五六個人秘密過滬，必須即日乘船趕回武漢。問題在於他們方才逃過清軍的邏捕，行李衣物全失，他們缺乏旅費，付不出旅館房錢，甚至連吃一頓飯的錢都湊不出來。

是他們自動來找杜月笙的——另一位曾經得過杜月笙幫忙的「漢聲」同志，偶然之間告訴他們：過上海時倘若發生困難，同孚里黃公館裡住著的那位杜月笙，同情革命，熱誠慷慨，——不妨去找找他看。

這批革命黨人折節下交，慨然委以重任，而且「杜月笙」這三個字居然也在英雄豪傑輩中口耳相傳，怎麼能不使杜月笙興奮若狂？他當時傾其所有，請那些「漢聲」同志飽食一餐，住進棧房，然後他一口允諾，明天可以把必須的旅費籌到，讓「漢聲」諸公早日成行，以免耽擱了軍國大事。

躺在床上想了大半夜，這筆旅費需要好幾百塊錢，叫他這抱抱樓腳，吃份俸祿，一個月只拿三十隻洋的小伙計從何籌措呢？黃老闆那裡只怕此路不通，邀會借貸自知沒有這麼大的週轉能力，想動桂生姐私房錢的腦筋，——他不由打了一個寒噤，連忙自己告誡自己說：

「這是萬萬動不得的。」

桂生姐衣著永遠平凡樸素，平底鞋，竹布短衫褲，清湯掛麵女學生式直頭髮，誰能想到這位其貌不揚的矮小女人，竟會是上海「白相人阿嫂的祖宗」，法租界的「老正娘娘」，精明強幹，遠勝鬚眉，而且當時便已是擁資巨萬的一大富婆。

她私人所擁有的錢統統瞞著黃老闆，她有大筆的私房錢，有恃無恐，到處放利錢。經手往來，一概信託杜月笙。而杜月笙也能受人之命，忠人之事，不論輸得多麼急，逼得如何緊，他從不動用桂生姐一分一釐錢。

那一夜他竟轉念頭轉到這上面來了，由此可知，他當時的心境是何等的焦灼。

第二天一早跑到了大馬路上，方始靈機一動，給他想出了這麼一條行險僥倖的辦法，他忙不迭的跑去小客棧，和那幾位「漢聲」同志，交頭接耳，細細商量。

實在是處境過於險惡，軍情急如星火，而且，杜月笙一再強調他們所將攫得的是——「不義之財」，「漢聲」同志無可奈何，唯有勉予同意。

當天夜裡，杜月笙吃俸祿的那隻賭枱，正值「夜局」最熱鬧的辰光，珠光寶氣，長袍馬褂，場裡進來了不少滬上富賈，北里嬌娃；賭場老闆笑口常開，到處梭巡，今晚又有大筆的洋錢可進。他一眼看見杜月笙，像煞有介事的也在執行抱枱腳任務，記得他是「老正娘娘」桂生姐跟前的紅人，賭場老闆笑著和他打了個招呼。

不一會兒，從大門外又走進五六個面容嚴肅，神情緊張的大漢，他們像是癮頭極大的煙客，不約而同的，一個人手裡拿一只香煙罐，賭場老闆盯望著他們，心裡不覺得起了懷疑。這一幫人來得相當蹊蹺，他們並不像是來賭錢的客人，分明是一道來的，進門後便立刻分散，五六個人各赴一張賭桌，他們所站立的地點，在賭場裡分佈得相當平均。

正自驚疑不定，一眼瞥見杜月笙在暗暗的出動了，他若無其事的，分別在那幫人身邊轉兩轉。於是，他氣急敗壞的跑到自己身邊來。

暗地裡一拉賭場老闆的衣袖，兩個人一前一後，進了賭場右邊的寫字間。

「怎麼樣？」賭場老闆先開口問。「是啥個路道的朋友？」

「他們是革命黨，」杜月笙壓低了聲音說：「這件事情很不好辦。」

賭場老闆想像中的革命黨，是衝鋒陷陣，三頭六臂一型的人物。因此當他一聽這三個字，立刻便嚇得臉孔發白，目瞪口呆。

「他們跑來做什麼？」

「破壞，」新名詞從杜月笙嘴裡脫口而出：「他們手裡的香煙罐，是炸彈。」

炸彈？轟然一響，血肉橫飛，認真爆炸起來，那還了得？賭場老闆嚇喪了，他滿頭大汗，低聲下氣的央求杜月笙說：

「月笙哥，幫幫忙，你去跟他們拉攏拉攏，講講斤頭，只要我能辦得到，什麼事情都好商量。」

於是，杜月笙應命前往，歇了半晌，他再回來，告訴老闆說：

「這批朋友因爲風聲太緊，急於離開上海，他們想請有銅鈿的人幫幫忙，借一筆路費。他們說：革命的人在爲老百姓拼命，請你出點錢，似乎沒有什麼不應該。」

「當然當然，」賭場老闆接口很快，他就怕時間一耽誤，炸彈之一會在突然之間炸開，他急急的問：「他們需要多少路費？」

「八百塊。」

開得出數目便好辦。八百塊錢，在賭場老闆說來不過九牛之一毛。他欣然應允，打開抽屜數錢，點了八百元交給杜月笙。

躊躇了一下，杜月笙問：

「老闆，你親自去交給他們好不好？一回見面二回熟，你捐了這許多錢，也該彼此留個交情。」

「啊，不不不！」賭場老闆驚得臉色又變了：「月笙哥，幫忙幫到底，火速把錢捐出去，請他們早一點離開，免得弄不好出大事體。」

拿了錢往外間走，杜月笙心花怒放，一意想笑，棘手之極的問題會這樣輕易解決。賭場老闆不肯跟「漢聲」同志打交道，原來是他怕吃炸彈。怪不得他一直都躲在寫字間裡，連顆頭也不敢伸出去。

「漢聲」同志得到適時的接濟，他們迅速撤離賭場。

翌晨，杜月笙替他們買好輪船票，約了徐福生，兩兄弟親自護送這一行人登船。

43

楊虎革命與王柏齡

經常往來上海法租界的革命黨人中，有一位昔年窮途潦倒，後來飛黃騰達，終於又潦倒窮途的人；他是楊虎，號嘯天，安徽人，他曾登門拜望黃金榮，毛遂自荐，很快的和徐福生、杜月笙結爲要好朋友。

楊虎在海門住過很久，跟當地人士相當熟悉。海門有一位茅老先生，豪爽豁達，素重公益，茅老先生在上海十六舖開一爿福安旅社，等於是海門同鄉在上海的會館，海門人到上海，多半住在福安。

辛亥那年楊虎到達上海，在福安旅社三樓長住二號房間，他整天在外流連，行蹤飄忽詭秘。茅老先生因爲那時候「世道」亂得很，「各人自掃門前雪，休管他家瓦上霜」，他告誡茶房，不要去問那個年輕朋友的事。

陰曆八月十九武昌起義成功，九月十二，上海的革命黨人由陳英士領導發動，一百多位革命黨員鼓舞成千上萬的群眾，包括敢死團、商團、義軍，以大無畏的精神，用四十支步槍和少數土製炸彈，從滬南軍營曠地，一路鼓噪，向高昌廟江南製造局進攻。

製造局是中國最大的兵工廠，備有大量的槍砲彈藥，當時的總辦張楚寶，貴爲合肥相國李鴻章的外甥，他有三百名衛隊，都是剽悍善戰的淮勇。張楚寶在革命黨發動之初，早有週密的準備，他以六尊排砲、無數的小鋼砲與水冷式機關槍，擊退了倉卒成師，一半在撚刀舞棒的革命大軍，當場死一人傷二人。最糟的是陳英士挺身勸降，被淮勇捉了進去。少數的炸彈甩光了，四十支步槍敵不過機關槍和大砲，革命的群眾只好紛紛退卻。

當夜，上海縣城的文武官員幾已逃避一空，製造局提調李平書贊助革命，他和日清洋行的買辦王一亭，親赴製造局請見張楚寶，想為陳英士緩頰。但是張楚寶堅決拒絕。因而在午夜二時，革命黨人又得商團之助，再度夜襲製造局。起先仍受阻於機關槍的猛烈火網，後來幸虧有人遶道局後，翻牆進去縱火，於是淮勇撤退，張楚寶帶了他的幫辦，乘小火輪逃往租界避難。被綁在長板凳上的陳英士，終於獲救，旋卽當選滬軍總督。

上海在一夜之間幸慶光復，楊虎兩次參與攻打製造局，他是很有功勞的。因此，民元前後，他都在滬軍都督府裡，擔任軍事方面的工作。

辛亥年同時參加攻打製造局，光復上海之役的，還有揚州人王柏齡。王柏齡，字茂如，世代書香，文武兼資，長身玉立，風流倜儻，保定軍官學校，日本陸軍士官學校十期畢業，曾在滬軍第一師擔任軍官，曾攻南京，厥功甚偉。不久第一師改編為第七師，王柏齡任職如故。他在滬上時，曾與杜月笙、徐福生、楊虎時相過從。

杜月笙那時候還沒有出道，不過他好交遊，性慷慨，熱心誠懇，對兩位革命黨人執禮甚恭。凡此種種，都使王柏齡和楊虎，對他青睞有加，另眼相看。

民國二年（一九一三）討袁之役，史稱癸丑二次革命，宋教仁三月二十一日被刺，孫中山先生三日後便趕返上海，他積極籌劃立卽討袁的軍事。南京方面，則由黃興前往主持；上海這邊，陳英士是現成的總司令人選，京滬兩地得手，可能沒有問題。問題在於緊扼長江咽喉的鎮江、揚州一帶，有一支極其剽悍的部隊，徐寶山的第二軍，他屹立京滬線的中間，大有舉足輕重之勢。

44

二次革命刺徐寶山

徐寶山，字懷禮，江蘇鎭江人，氣宇軒昂，聲音洪亮，世代以篾匠爲業，在鎭江城裡開設竹器店。他和他的弟弟徐寶珍，自小便學篾匠。不過他生性頑皮，好勇鬪狠，仗著膂力過人，在市井無賴中爭得一席地，成群結黨，經常惹事生非，既不容於家庭閭里，他爽性加入綠林，嘯聚同夥，屢在揚州仙女廟、宜陵、大橋、郭村一帶，明火執仗，攔路打劫，專做沒有本錢的買賣。官兵捕快，一再兜捕，都由於他機警權變，逃跑得快。他在強盜幫裡年紀最小，但是他兇猛剽悍，狂妄大膽，人人畏之如虎，於是他年甫弱冠，就當了一群江洋大盜的頭目。

當時兩淮鹽梟，多如牛毛，所謂鹽梟卽爲私鹽販子，他們大都從泰縣販運私鹽，直到揚州東鄉，再由三江營等通江口岸，運往江南各地售賣。因此揚州東鄉塘頭、吳家橋、朱家伙各地，都是私鹽集散轉口的重要地區。鹽梟往來頻繁，無形中成爲他們的一處根據地。這些鹽梟盡是心黑手辣，目無王法，殺人不眨眼的亡命之徒。清末民初之際，數朱大獅子、朱小獅子兩兄弟最爲兇悍，徐寶山和他們臭味相投，互通聲氣，鹽梟的人數比綠林多，入息較強盜豐，因此自然而然的，徐寶山再搖身一變，成爲鹽梟中的一股。

強盜鹽梟，合而爲一，聲勢更加浩大，他們公然抗拒官兵，淸除異己，尋仇報復，殺人放火，鬧得地方上風聲鶴唳，雞犬不寧。鎮江對岸七壕口一列沙灘，便是他們屠戮殘殺的場地，血染黃砂，幾乎無日得乾。徐寶山的徒弟顏小麻子，等於他的劊子手，顏小麻子和他乃師徐寶山一樣，拿殺人當做兒戲，他們可以在稠人廣眾中，刀刃仇家而挽之使出，使前後左右的人，懵然一無所知。有一次鄉間演戲，成千上百的鄉民駐足觀賞，他們在人叢中發現了仇家，擠到他的身邊，雙手分執兩把匕首，猛一下插進仇家的左右腰穴，刀尖直抵脊骨的笑筋，於是這人明知遭了暗算，卻只會呵呵的傻笑。這時，兩名凶手一左一右，攙起那位垂死者，一直談笑風生，若無其事的擠出人叢，把仇家帶到偏僻無人之處，一拔雙刀，鮮血濺湧，那人方始一命嗚呼。而他們自誇這一手殺人術時，還說是讓人死得快活哩。

徐寶山早年加入洪幫，由於他在江湖上臭名四播，結交黑道上的朋友很多，因此他在洪幫中字號響亮，遠近聞名。和他同入洪幫的同山弟兄任春山，是一位屢試不售的落第秀才，爲人工心計，通文墨，在洪幫中是出類拔萃的人物，大有梁山泊軍師智多星吳用之概，洪幫弟兄都尊稱他爲任先生。而洪幫入山係採兄弟結義方式，大家一字並肩，彼此兄弟相稱，徐寶山排行老五，是爲洪幫中僅次於老大的重要位置，因此人稱徐老五，五虎音近，再加上他那一股威勢和狠勁，於是改口喊他徐老虎。

徐老虎凶殘成性，驕恣橫暴，但是他也有幾樁好處，其一，他事母至孝，無論他在野性大發，鬪毆殺人，祇要他母親出來一聲喊，他立刻退出圈外，馴伏不動。其二是他劫富濟貧，常將不義之財，周濟貧苦。同時他約束手下，嚴禁姦淫，曾有一次他率眾在仙女廟行劫，某一同夥意圖施暴事主的女兒，他便親手把他殺掉，從此以後，徐寶山的手下便再也不敢冒犯婦女。其三是敬重斯文，儘管他對任何人都不賣帳，倨傲狂妄，可是一見任春山，他便執禮甚恭，百依百順。有這幾層，任春山也對他刮目相看。後來，這一文一武，洪幫中大名鼎鼎的兩位人物，就合開山頭，各用其名一字，叫做春寶山。

開山是洪幫的最隆重而盛大的儀式，必須經過普天下三山五嶽，英雄好漢的同意，而且大家到場會齊，表示當眾承認，躬與其盛。開過山的洪幫中人稱為「山主」，山主「開山立堂，扯旗掛帥」，該算幫會中地位最高的人了。

民元以前，清廷因為始終無法消滅徐寶山這大股鹽梟，改行羈縻之計，許以高官厚利，徐寶山就此接受了清廷的招安，出任兩淮鹽務緝私統領。他所率領的隊伍，號稱飛虎營，招徠了不少武藝高強之輩，在清軍之中，素為一支驍勇善戰的勁旅。

徐寶山以洪幫的山主投降滿清，幫會人士不但引為奇恥大辱，而且把他恨之入骨。與此同時，徐寶山也自知絕不能見容於昔日弟兄，他乃利用職權，先下手為強，大批逮捕鹽梟私販、綠林舊侶，而且抓來便殺，不稍瞻徇。這一來，兩淮一帶鹽梟盜匪，為之絕跡，地方秩序，恢復安寧。他的官聲雖好，但卻成為幫會弟兄和江湖人物的死敵，一致罵他吃裡扒外，寡情絕義，洪幫把春寶山的這一派人，統統逐出幫去。尤其定下「提春字挖眼睛，提寶字割舌頭」的嚴厲律法，誰敢再拿「春寶山」作招牌，立將處以「挖眼」和「割舌」的酷刑。

辛亥年九月十七日，清軍江南第九鎮三十五標管帶，福建閩侯人林述慶，在鎮江宣告起義，大勝旗兵。鎮江光復以後，林述慶還在駭怕揚州徐寶山，如果他不肯歸順，傾鎮江一標的軍力，再加上聞風來降的南洋海軍軍艦十二艘，恐怕都不是飛虎營徐寶山的敵手。

於是他派私人代表李竟成，水師統領趙鴻禧，跑到揚州去下說詞。其結果是鎮督府喜出望外，徐寶山毫不遲疑的投効革命，他要求將他的部隊擴編為鎮軍第二師，並且兼領揚州軍政分府。

林述慶招降徐寶山，由李竟成代表，辛亥九月十六日中午雙方簽約於鎮江三益棧。條件中有一項：響應革命後許以揚州鹽稅特別利益。於是徐寶山九月二十日發表揚州軍政分府宣佈獨立電，其中還特別強調「銷鹽協餉」的事——

「各都督軍政府、各報鑒：揚州已於廿日宣佈獨立，惟兩淮司統轄銷鹽，產鹽省份範團甚廣，由總機關部以章天水為兩淮鹽部都督，到揚與舉定鹽政長方澤山籌辦一切，協助軍餉。」

除了特別利益，徐寶山通電反正的另一項因素，是飛虎營的統領之一，駐防南通的張鏡湖，響應江蘇都督程德全宣佈共和，早已先一步在九月十八日，以通州總司令的名義，通電全國，宣告獨立了。

徐寶山反正以後，一味擴充兵力，兼併地盤。將他的飛虎營由一旅之眾，擴為鎮軍第二師，再建立鎮軍第二軍。他的揚州軍政分府，不旋踵間便囊括揚屬各縣。辛亥年九月十八日光復南京之役，徐寶山帶了他的部隊，參加攻城，結果是寡不敵眾，吃了敗仗，退到六合，由後來出任安徽都督的國民黨人柏文蔚幫忙整理補充，總算不曾潰散。十月廿四日革命軍攻下南京，在此以前，南京守將江防軍統領張勳的部隊陸續北撤，徐寶山消息靈通，他由揚州西出六合，截擊張勳的輜重，被他奪到好幾千石米。這便是他參加革命的戰績。接著他又向南京的監時大總統府，不斷的索械要餉，使孫中山先生和陸軍總長黃興，疲於應付，不勝其擾。卻是因爲他以高瓴建甌之勢，佔據長江中游，虎視京滬，尤其他所率領的部隊，其基本骨幹是十二圩的鹽梟，多爲安徽壽州一帶的健兒。壽州舊屬鳳陽府，向爲古今兵家必爭之地，由於征伐頻仍，自古以來，壽州兵剽悍英勇，天下聞名。因此自遜清以至民國，徐寶山的飛虎營和第二軍，素稱淮上勁旅，革命軍乃不得不和他虛與委蛇，儘量敷衍。

在這種情形之下，徐寶山自來是革命黨的心腹之患，辛亥光復，被他利用機會，擁兵自重，日漸坐大。癸丑二次革命，孫中山先生發動討袁，國民黨的主要根據地是江蘇、江西、安徽與廣東，而以江蘇首當其衝。計劃軍事的時候，立即有人提到徐寶山的問題，——據說徐寶山已與袁世凱有所勾結，徐寶山的次子徐浩然，在袁世凱的總統府擔任侍衛武官，其實便是人質。因此，袁世凱乃派徐寶山爲南下大軍倪嗣沖、張勳的前哨，國民黨自上海運赴安徽江西的軍火，竟被徐寶山在瓜步襲擊劫奪。這一次事件，實際上便是二次革命南北戰爭的導火線，當時情勢，極爲嚴重，陳英士立刻拍發密電，通知在北京有所佈置的黨人葉夏聲，請他設法，先行剷除徐寶山，以免討袁軍事遭到深鉅的打擊。

葉夏聲，字競生，浙江慈谿人，寄籍廣州。在日本法政大學讀法律的時候，加入同盟會，甚爲孫中山先生倚重。民國元年，他出任廣東大都督府司法長，不久當選國會議員。二年二月，他代表廣東都督胡漢民到上海，和陳英士等治商軍事，憤於袁世凱險謀竊國帝制自爲，於是自告奮勇，利用民國元年陳英士、張靜江、林森、陳子範等和他所組織的鋤奸團名義，親身北上，準備狙擊袁世凱，殄彼元惡。陳英士壯其志，當時曾解下所佩的手槍，送給葉夏聲，祝福他順利成功。豈知葉夏聲的佈置還不見端倪，十天後，袁世凱反倒賄買凶手，暗殺國民黨代理事長宋教仁於上海北站。

徐寶山劫械事件發生，葉夏聲在北京接獲陳英士的密電，他懂得陳英士的用意，消滅徐寶山，既不能直接利用軍事力量，唯一的辦法，便是派遣志士，將他暗殺。於是，他立派廣西人羅芳侯南下，協助張靜江和陳子範，尋求暗殺徐老虎的方式，但是他們想來想去，仍舊無計可施。事聞於王柏齡，他因爲自己是揚州人，當時正在滬軍第一師改編而成的第七師任職軍官，他家素爲揚州士紳，地方熟悉，交遊又廣，尤其他參加辛亥革命，忠黨愛國，膽識俱壯，他慨然的向陳英士、張靜江等請纓，這一個危險而重大的任務，他也要參加一份。

王柏齡一意爲國鋤奸，先掃開徐寶山這個絆腳石，但是他想來想去，想不出究該如何下手，因此接連有很長一段時期，他長日愁眉不展，鬱鬱寡歡。

杜月笙和徐福生看在眼裡，悶在心頭，於是，有這麼一天，杜月笙忍不住的大膽探問：

「王先生，你有心事？」

深沉的嘆了一口氣，王柏齡說：

「不止是心事，而且是件大事。」

杜月笙心知革命黨人的工作自有其秘密性，不容外人與聞。但是他想，問一下也許無妨——

「不曉得我們能不能幫忙？」

王柏齡望他一眼，報之以一聲苦笑。於是杜月笙機警的就此不往下提。

又過了幾天，王柏齡忍不住了，他自動的告訴杜月笙，那日他所說的「大事」，委實太大，因為他想「做」掉徐寶山。

他以為說這句話來，會把杜月笙嚇一大跳的，那裡想到，杜月笙的反應竟是稀鬆平常，——實際上是杜月笙根本就不曉得徐寶山有多麼厲害。因此當時他衹輕飄飄的答一句：

「我給你去摸摸看。」

轉彎抹角，迂迴側擊，似有意若無意的到處「摸」過了，杜月笙愁眉苦臉的告訴王柏齡說：

「這件事體不容易。」

王柏齡聳肩苦笑：

「所以我說是件大事體。」

兩個人交換情報，雙方所獲都很正確。徐寶山深知自己為幫會中人所憎惡，又形成了國民黨當前的讎敵，他平時深居簡出，防範嚴密。何況他有一身的武功，等閑之輩近不了他的身。他的衛隊更是人人身手敏捷，個個武藝高強，要想行刺，不論用刀用槍，結果必是枉然。

「這些我老早就曉得了。」王柏齡緊皺眉頭說：「要『做』徐寶山，手槍和匕首都不是辦法。除非是——」

「用炸彈。」杜月笙接口來得格快。

「嗯。」王柏齡眼睛一亮，深深的點點頭。

「怎麼樣炸他？」杜月笙很急切的追問。

於是，王柏齡把自己的計劃和盤托出，徐寶山警衛森嚴，他不可能接見陌生人，也不會在大庭廣眾之間公開露面。想要炸死他，唯有一個辦法。徐寶山因襲了鹽商的附庸風雅，他喜歡古董字畫。而黃浦灘上便有幾個古董字畫商人，經常到揚州去獻「寶」，做一票好生意。王柏齡附耳告訴杜月笙說：如欲撲滅彼獠，除非如此這般。

杜月笙沉吟俄頃，忽又眉飛色舞的說：

「好，你再讓我去摸摸。」

這一次，他摸出了結果，偵悉有一位姓艾的古董掮客，經常在爲徐老虎搜購古董，來往於滬揚二地。他大喜過望，輾轉託人跟姓艾的吃喝玩樂，而把他怎樣上徐寶山的公館，跟那一些人連絡，交貨收款通常用的是什麼方式，一五一十，打聽得清清楚楚。

原來，連這個姓艾的都不曾見過徐寶山，徐寶山的四周，彷彿圍上了銅牆鐵壁，除了他的家人衛士，他不相信，也不接見任何客人。古董商跟他打交道，價錢開好，貨色由衛士送進去，只要徐寶山看得中意，第二天到衙門裡領錢，他若不要，原件退還。

杜月笙興匆匆的去見王柏齡，將他所獲的情報，一一說明，末後他更建議的說：

「我看越是這樣防得嚴密，越有辦法可想。就不曉得炸彈怎麼能夠等到拿進去以後再放？」

一句話點醒了王柏齡，他回去報告，這個情報太有用了，問題只在於炸彈燃放的技術問題。「解決徐寶山小組」掌握了杜月笙所提供的線索。連日開會，反覆討論，終於決定了進行的步驟。

控制炸彈爆發時間的技術問題，「徐寶山小組」請出國民黨第一炸彈專家，四川隆昌籍的老革命同志黃復生代爲設計。黃復生曾經和汪精衛在北京行刺攝政王載灃，因而名震天下。彭家珍炸良弼；楊禹昌、張先培、黃之萌等烈士謀刺袁世凱，他們所使用的炸彈，都是黃復生親自傳授而製造的。

民國二年五月二十三日，揚州徐寶山公館的門房，來了一位陌生的客人，他求見徐寶山的某一名親信衛士，說是刻在上海的艾某，派他專程送來一隻宋瓷鈞窯硃砂紅的花瓶，請徐大人過目鑑賞。花瓶放在一只小鐵箱裡，另外遞上一枚信封，信封裡裝的是開箱鑰匙和報價，徐大人要或不要，這陌生人說他準定明天中午來聽回音。

這名衛士經常轉手徐寶山和艾某之間的買賣，陌生者很正確的找到了他，鐵箱、信封、鑰匙和報價，以及聽回音的時間，全部和往常一絲不爽。衛士很歡喜的捧著鐵箱送進去；如果交易完成，他有一筆回扣好收。

衛士將小鐵箱捧到徐寶山的簽押房，頗不湊巧，徐寶山正值公忙，他隨口漫應一聲：

「放在這裡好了，回頭等我有空再看。」

這一等，等到了翌日上午，徐寶山終於有了空，但是他要理髮，他是在簽押房辦公桌旁邊，由他的私人理髮師爲他整容的。時近正午，他突然想起那個「姓艾的」中午要聽回音。於是他順手取過桌上的小鐵箱，放在自己的膝蓋上，然後拆開信封，把鑰匙拿出來。

正當他將鑰匙插入鎖孔，驀地聽見有輕微的茲茲之聲，一霎眼間，箱縫裡沁出一縷黑煙。徐寶山機警過人，他情知不妙，猛的把小鐵箱往遠處一拋；鐵箱方始離手，便在半空中強光一閃，發出轟然巨響，徐寶山和他的理髮匠，當場被炸身亡。

這是黃復生平生最巧妙的設計，因此在他死後，還特別將這一件事載於行述。小鐵箱裡滿貯炸藥，根本就沒有什麼宋瓷鈞窯花瓶。鎖孔裡裝著引線，鑰匙插入，觸及機括，引線燃著，火藥爆炸。

此卽爲癸丑二次革命之役中，轟動一時的徐老虎被刺事件。然而數十年來卻是聚說紛紜，莫衷一是。許多人都說徐寶山是袁世凱派人炸死的，甚至有謂主事者爲洪幫大哥江幹廷。這一項傳說肇因於章太炎爲徐寶山撰的神道碑，硬指袁世凱因徐寶山不爲己用，遣人將其暗殺。真不知何所據而云然。

但筆者寫此一段，多半根據王柏齡生前好友，揚州國大代表戴天球的指點與「三百年幫會革命史」著者劉伯琴的口述。戴氏所無法確定的是：王柏齡生前從不曾提起他參與過這一件大事。現在筆者還引用了開國元勳鎮江都督林述慶的「江左用兵記」，和柏文蔚的「浦口南京之役談片」及葉夏聲所著的「國父民初革命紀略」。此外，還有幾點旁證：

一、徐寶山被炸斃後，袁世凱急調他的乾兒子段芝貴，率領張勳、倪嗣沖、雷震春、殷鴻壽、徐寶珍等部循津浦鐵路南下浦口。這六員大將中的徐寶珍，便是徐寶山的胞弟。

二、徐寶山死後，袁世凱追贈爲上將，並且優給治喪費。民國四年（一九一五）十二月廿一日袁世凱準備洪憲稱帝的前十天，大舉封爵，廿二日，追封刺宋教仁案主角趙秉鈞爲一等「忠襄」公，及徐寶山爲一等「昭勇」伯。這兩位，都可以說是袁氏稱帝首難的「賊臣」。

三、徐寶山的夫人孫潤仙，曾經呈准袁世凱，將政府所撥治喪費用，在揚州廣儲門外為徐寶山建祠。祠中大殿塑徐寶山和董開基像。董開基是徐寶山的弟兄，曾攻南京之役陣亡，時任團長。在這座徐祠的偏殿，還塑有一像紀念與徐寶山同時炸斃的那位理髮師。

五月廿四日徐老虎一死，卅一日，南京國民黨機關被袁世凱封閉，六月九日，江西都督李烈鈞免職，十四日，廣東都督胡漢民改任西藏宣撫使，三十日安徽都督柏文蔚調任陝甘籌邊使，袁世凱的報復手段越來越辣。終於在七月十二日，李烈鈞西湖口舉義，檄討袁世凱，二次革命，於焉全面爆發。

七月十五日，黃興入南京，宣布獨立，組織討袁軍；十六日，陳英士就任上海的討袁軍總司令。然而東南討袁軍事，由於發動過遲，聯絡難周，終被袁世凱一手編練的北洋軍，各個擊破。首先是七月下旬上海方面屢攻製造局不下而敗退，繼之以八月間，廣東、安徽、江西、湖南先後失利，至九月一日南京失守，十五日重慶討袁軍被川黔二軍兩路夾攻，熊克武、楊森僅以身免，到這時候，軍事方面業已全面失敗。其中南京之役，黃興親臨指揮，王柏齡隨洪承點的第七師開赴臨淮一線，抵禦北軍，但因冷遹（禦秋）的第三師在韓莊潰敗，陳之驥的第八師不戰而退，洪承點前後受敵，退守南京，不久被張勳軍攻陷，這一師人也就全部潰散。洪承點遁往上海，王柏齡回到揚州，住在他的岳家顧宅，杜門不出，閑來無事唯有打打痲將。當時知道他身分的，只有他的堂內兄顧南超，和好友楊士香、毛宗萇等三數人。其後因袁世凱搜捕甚急，王柏齡又避居邵伯丁文瑩家，再奉密令到山東張樹元師擔任參謀，相機策反。民國五年袁世凱洪憲稱帝，居正在山東舉義，和張樹元師接觸時，王柏齡首先率眾反正；山東討袁軍失敗，王柏齡為了避禍，遠走雲南，曾任雲南講武堂教官，龍雲便出自他的門下。直至黃埔軍校創辦，他才回到廣州，膺命出任軍校教授部主任。

黃埔軍校成立，全國各地青年風起雲湧，紛紛南下參加此一國民革命的軍事最高學府，東南各省招收的軍校學生，多半從上海登輪直駛廣州。而控制上海的軍閥如孫傳芳等，輒時百計阻撓，甚至賄買租界當局，藉詞阻止。當時在上海的軍校辦事人員，一遇到這種尷尬的場面，便打電話通知杜月笙或黃金榮，他們無不立刻趕到碼頭，親自處理，一直等到學生全數出發，輪船駛離江岸，方始放心回去。由此可想王柏齡在黃埔時期，仍與滬上的老友有所連繫。

45

陳氏孫氏同年進門

民國七年（一九一八），杜月笙已經相當得意，鈞福里的杜公館，每天晚間，只要杜月笙在家，準定是車水馬龍，佳賓盈門，或則大張筵席，或則竟夕豪賭，客人多，場面大，傭人隨而增加，大老倌們玩玩牌九麻將，一個月下來，積存的頭錢動輒巨萬，午晚兩餐經常要準備酒席，深夜三更，還得另外請點心師傅，烹調精美可口的消夜。以杜公館這樣豪奢的格局，接待賓客，管理家務，杜夫人的主婦職責，要比一般人繁重十倍不止。沈月英誠然溫柔美貌，杜月笙對她也很好，只是，她的身體孱弱，常時三病兩痛，爲了祛除病苦，她又染上了阿芙蓉癖，兩三年下來，精神越來越萎靡，漸漸的，她竟然長日不踏樓梯，一逕躺在樓上，吞雲吐霧，足不出戶了。

爲了便於保管財物，杜月笙家裡買好幾隻大鐵箱，還有一具保險櫃，鐵箱鐵櫃，鑰匙一大串，長長大大，掛在褲腰帶上沉甸甸的，分量很重。杜月笙覺得不方便，有一天，他帶沈月英到保險櫃和鐵箱前面，先開保險櫃將一層層的裡櫃、抽斗，打開給她看。——那裡面有金銀元寶、金條金葉子、珍珠寶石、一疊疊的鈔票、銀行存摺，……真把沈月英給看呆了。

一向曉得丈夫很有錢，但是卻想不到丈夫會有這麼許多錢，而且這些個錢就存放在自己的房間裡。沈月英長長的吁了口氣，搖頭讚嘆的問：

「你怎麼有這許多錢呀？」

杜月笙面容端肅的告訴她說：

「這裡面的錢，有公有私。私的歸我們自家，公的是大家相信得過我，交給我開銷應用的。」

接下來，他便向她解釋，自黃老闆以下，他們這一群人，場面越做越大，開銷越來越多，「光棍財香，四海有分」，飯不能盡一個人，一群人，一幫人吃。因此，有的朋友要長期接濟，有的朋友要不時送禮——

「墨林那裡有一張單子，」他說：「妳去看看就曉得了，有多少人按月指望這隻保險櫃裡的銅鈿吃飯。」

沈月英怔怔的望著他，直到此刻，她還不明白，杜月笙給她看這些，說這些，究竟是個什麼用意？

笑了笑，杜月笙再講給她聽：

「管理帳目的，我們有帳房，分派『俸祿』的，現在是歸墨林辦，錢嚜藏在保險櫃或者是鐵箱裡，這必須我們自家經管的。我把這些鑰匙交給妳，妳替我看好了錢，好嗎？」

原來是這麼一回事，沈月英覺得很高興，杜月笙居然對她委以重任，把所有的錢，統統交給她管。她興匆匆的接過了那一串鑰匙，把它小心翼翼的藏起來。

然而，不到半個月，她又深深的感到，接管那一大串鑰匙，無異接過來一大累贅。她這間舒適寬敞的大臥室裡，原來是很清靜的。除了貼身老媽子和小丫頭，穿門入戶的，只有華巧生和萬墨林，他們進來，多半是答應她的召喚，替她做這做那。如今呢，保險櫃鑰匙在自己手裡，她的房間，簡直變成了「山陰道上，絡繹不絕」，一會兒華巧生闖進來了，一會兒是杜月笙的親隨馬阿五，過一會兒又是萬墨林跑來哇哩哇啦的喊：

「嬸娘，要開保險箱，拿銅鈿！」

起床，下地，捧了鑰匙，開箱，關箱，再回床上，鑰匙又重，保險箱又難開，當杜公館這個出納，還真要有幾觔力氣，久而久之，沈月英不耐煩了，她先是開口抱怨：

「哎呀，真真煩煞哉！」

然後，她便直截了當的對杜月笙說：

「你把鑰匙拿回去吧，一日八九靠十趟，我實在盤伊不動！」

杜月笙一聲不響，接過鑰匙，順手交給萬墨林。與此同時，他定定的望著沈月英說：

「我看，我是要去討兩房小，專爲幫妳的忙。」

沈月英頭也不抬的說：

「有本事你去討嚒！」

這種本事，杜月笙有的是。他說了算數：「閒話一句」，張嘯林一力撮促，黃老闆深表贊同，杜月笙便在民國七年，一年之內連娶兩位如夫人。上半年討的陳氏夫人，十五歲，來自蘇州農家，姿容艷麗，略比沈月英長得富泰。民國初年，三妻四妾同樣具有合法的地位，杜月笙娶陳氏，照樣的大張筵席，賀客盈門，他們也算是完成了婚禮。

鈞福里住不下了，杜月笙便另設一座杜公館，地點在民國路民國里，因爲民國里裡面也有幾家老朋友，便於彼此來往和照應。顧掌生、松江阿大王阿慶，這時候便又成爲了鄰居。

陳氏夫人溫恭文淑，見過她的人，沒有一個不極口讚她賢慧。杜月笙和她自是如魚得水，十分恩愛，她默默的開始接管杜月笙的身邊瑣事，但是決不過問外務，杜月笙漸漸對她倚重起來，幾乎就一日不可或缺她的照拂了。

從前那些老一輩的人，不作興交女朋友，卻可以吃花酒，逛堂子，跟風塵中人交結相好。等而上之者便娶姨太太，收丫頭作偏房，凡此行爲，不但爲社會公議所默許，卽在太太子女面前也是無須掩飾。尤其是名利場中的人，那班吹拍逢迎之徒，如想巴結一位大好佬，介紹、或至奉送一位「如夫人」，相沿成爲便捷有力的一條途徑，最能討到大好佬的歡心。

有一批朋友看中了一個女孩子，也是來自蘇州的，小家碧玉，楚楚可人，娘家姓孫。這一幫人覺得孫氏配得上杜月笙，可以娶回杜公館做三房，於是又大力介紹，一逕撮合。另一方面，杜月笙一見孫氏，恍然以爲如有宿緣，他從心底喜歡這個荳蔻年華的小姑娘，當年孫氏也是一十五歲。他想自己反正結了兩門親，何妨再接再厲？因而，在民國七年桂子飄香的季節，他又迎來了孫氏夫人，他爲孫氏夫人再設一座杜公館，仍舊租幢房子住在民國里，陳氏和孫氏同在一條衖堂，只不過兩座杜公館中間，隔了王阿慶和姓龔的兩家。

46

盧筱嘉的兩記耳光

民國十年（一九二一），黃金榮五十四歲，他開設於鄭家木橋南堍的老共舞台戲館，一下子延攬了三位色藝俱佳的坤伶登台。卽使是在風聲開全國之先的上海，男女同台，這也是破天荒，從所未有的大膽作風，因此之故，不數日間便風靡了整個黃浦灘。

這三位最早在上海登台的坤伶，她們的藝名是小金鈴、粉菊花和露蘭春。

法捕房裡有一位翻譯，姓張名師，江北揚州人，他是黃金榮的學生。往後紅遍春申江上的露蘭春，便是張師領養的女兒，小時候她也曾到黃公館裡來玩過，圓圓臉，怯生生的，非常討人喜歡。大家見她皮膚白，面孔圓，因而喊她「粢毛團」，又稱「小毛團」。

小毛團長大了，常到黃家公公開設的戲院裡去聽戲，學哼幾句老生，居然中拍中節，她養父看她聰明伶俐，便請了戲師傅專來教她。

有一次，黃家公公看見她，小丫頭已經變成了大姑娘，玉人頎頎，艷光四射，這時候她已能唱十幾齣老生戲，兼工青衣，委實是不可多覯的梨園好角兒。

經過張師夫婦欣然同意，把她帶到老共舞台粉墨登場，佐之以另兩位坤伶粉菊花、小金鈴。排日請了朋友去捧，果然一砲而紅，成爲老共舞台的台柱。

於是不惜斥重資，聘名師，爲露蘭春排演連台好戲「宏碧緣」，這一部戲，唱得老共舞台天天客滿，人人爭說露蘭春。露蘭春最紅的那些年，聲勢還在後來的伶王梅蘭芳之上。由露蘭春唱紅的那部「宏碧緣」，十多年來風行大江南北，歷久不衰。

露蘭春不但爲黃老闆賺足了鈔票，同時，也使這位五十四歲的老人，美色當前，返老還童，他對露蘭春體貼愛護，無微不至。露蘭春上戲館，黃老闆派保鑣，派車子，管接管送，除此之外，不論他怎樣忙法，每天晚上，必定要到老共舞台，親自爲她把場。

民十年間，有所謂四公子，都是風流倜儻，卓犖不群，而且俱爲各門後裔，財勢絕倫。這四公子頭一個是袁大總統的二少爺袁克文，號寒雲，他爲了投身俠林，輩分又要最高，於是專程跑到山西，在一位禮字輩的清幫前人墓前磕了頭，算是拜了師，從此他便成了「大」字輩，和上海的張鏡湖、高士奎、樊瑾成、王德齡等人，分庭抗禮。其次是東北關外張作霖的大少爺張學良、第三位是南通狀元曾經做過民國農商總長張謇的公子張孝若、第四位便是浙江督軍、權傾東南盧永祥的兒子盧筱嘉。

盧筱嘉喜歡聽戲，而且精於音律，有一天他一襲青衫，輕車簡從，專誠往聽露蘭春的拿手好戲「鎮潭州」。露蘭香自飾岳飛一角，不知怎的，她一時大意，竟將一段戲文唱走了板。台下雖然也有聽眾聽出來了，卻是懾於黃老闆的聲勢，誰敢在太歲頭上動土？唯有盧筱嘉，他見眾人不聲不響，不覺氣往上撞，當時便毫不容情，怪聲怪氣的喝起了倒采。

露蘭春被人當眾紮了台型，羞憤交集，匆匆唱完一段，不按鑼鼓點子，跑回後台便放聲大哭。

當時黃金榮正爲伊人把場。眼看這般情景，面子問題，坍不起台，他頓時勃然色變，命他的手下，立刻將那個搗蛋的抓來！

黃老闆身邊的保鑣，不認識盧筱嘉是誰，而堂堂盧筱嘉，更不把這批「小白相人」放在眼裡，這邊氣勢洶洶的要捉人，那頭偏起張臉付之不理。於是，黃家的保鑣光火了，一把捽起盧筱嘉的衣領，當場劈啪兩響，甩了他兩記耳光。

一群人耀武揚威，把盧筱嘉捉到黃老闆跟前，黃金榮一看，目瞪口呆，眾目睽睽之下，是顧自己的面子，還是替盧筱嘉找台階？兩記耳光甩過，雙方等於發生了衝突。這衝突繼續下去，自己的勢力不出租界，而整個浙江和大半個上海，都是盧家的天下，時任淞滬鎮守使的何豐林，便是盧永祥的嫡系大將，老實不客氣說，盧少帥在上海一住，忠心耿耿的何豐林，遇到了大事，還得向少爺請個示呢？——要是大事化小，小事化無，陪個笑臉罵一頓保鑣，彼此既是熟人，應該化解化解。黃金榮何嘗不願這樣做，但是，他畢竟老謀深算，機智深沉，立刻便想起四大公子平日氣燄何等之高，當眾受辱，豈有三言兩語，善干罷休之理？萬一自己賠禮，那邊卻來個得寸進尺，定規不饒他過門，老共舞台台上台下，盡是黃老闆馴良的子民，他面子上有半點難堪，這一世的威名就算付諸東流。

因此，當黃金榮和盧筱嘉打了照面，兩個人都呆住了，幾百對眼光，集中在他們身上，這時候的一言一行，確有千鈞萬擔的份量。於是，黃金榮故作矜持，臉孔上依舊滿佈秋霜，他裝做不認識盧筱嘉，冷冷的說了一句：

「好了，放他走路！」——那意思是說：你喝了我角兒的倒采，我手底下請你吃了耳光，算是懲罰過你了。現在我們姑且拉平，兩免，放你走路，不再叫你吃苦頭。給別人看起來，黃老闆到底威風，有苗頭，他手底下打了盧筱嘉，都算是白打。

「好極！」盧筱嘉捺住怒火三千丈，他父親卽使擁有十萬雄兵，這彈丸之地的法租界還是無法闖得進，好漢不吃眼前虧，卻是也不能過於坍台，於是他咬牙切齒的說：「今天我算陰溝裡翻了船！套句戲詞，『騎驢兒看唱本，我們走著瞧！』」

說完，他昂首挺胸，大踏步走出老共舞台，池座裡，爆出陣陣嗡嗡之聲，盧少帥向黃老闆下了戰書，且看這黃浦灘上罕見其匹的大陣仗，究將如何開場？

當夜，黃金榮一隻電話，把杜月笙和張嘯林，雙雙請到鈞培里。一五一十，將今天晚間的一幕，細說端詳。杜張二人聽了，蹙額皺眉，嗒然無語。黃金榮曉得他們兩個的心理，這樁事體鬧大了，很棘手，很難擺得平，確實令人傷腦筋。還有一層，兩個人都有點埋怨老闆，卻是，在老闆面前不便講。黃金榮性急不過，催了一句：

「那能（怎麼樣）？」

張嘯林的毛躁性子是出了名的，他天不怕，地不怕，開口便是「媽特個×」！尋事打架，殺人放火，這一類最對他的脾味。偏偏這天黃老闆出了岔，他反倒「徐庶入曹營，一語不發」！張嘯林越是閉緊了嘴，黃老闆越覺得他不夠朋友，沒有肩胛。——這是黃金榮對張嘯林漸生不滿的始端，往後那些年裡，黃老闆一提張嘯林，便不勝憤懣的說：「這個抗絲絃傢伙的，他忘記了，他娘死了還是我替他買的棺材呢！」

47

張老太爺出面調解

那一邊，杜月笙的沉吟不語，卻是在搜索枯腸，動腦筋，事關黃浦灘兩位大亨的面子問題，雙方要是僵持，敵對，後果之嚴重簡直不堪想像。更要緊的是，在黃杜張——盧何俞的通力合作下，大公司的業務正一日千里，日進斗金，爲這一場糾紛鬧得連橫之勢瓦解，那未免太划不來。當年雙方的合作是如何的徹底？舉一例以明之，吳淞口外轉駁來的煙土，乾脆以淞滬護軍使衙門爲倉庫，堆棧。護軍使衙門是製造局龍華分局改建的，局址寬敞，房屋極多，地當法租界之南，和楓林橋近在密邇。衙門囤鴉片，安全自可無虞。當時大公司在法租界的棧倉，則爲杜美路二十六號，那幢住過黎元洪總統，以及無數要人的洋房。

盧筱嘉萬萬不能得罪，這樁公案便必須加以調解，杜月笙首先決定原則，然後，他再考慮另一個更困難的問題，以黃老闆和盧筱嘉的身價和地位，誰有資格給他們當和事佬？這位和事佬必須牌頭更大，字號響亮，他一站出來，不但雙方會服貼，而且黃浦灘上的任何一個人，都認爲他們準定服貼，「黃老闆和盧少帥可能大動干戈，是某某人出來說了話，他們不能不買這個帳，於是化干戈爲玉帛，和好如初了。」——倘使黃浦灘上能有這種說法，黃盧二人始誰也不會坍台。

何豐林不夠資格，法國頭腦拉不動，而且這兩位是盧、黃的後台，立場難以公正。袁寒雲是理想的人選，前大總統的二公子，又是大字輩，不過袁寒雲既與盧筱嘉同被人目爲四公子之一，表面看來，袁、盧彷彿一字並肩了，這也不妥。其餘在上海的大字輩前人，王德齡、高士奎和樊瑾成都只能算俠林，他們不沾官府。唯一又在當官又是大字輩的，唯有海格路上範園裡的張老太爺張鏡湖。

打好了主意，才把自己的意見，婉轉說給老闆聽。黃金榮聽了，心想月笙不僅是絕頂聰明，而且他八面玲瓏，一團亂蔴中居然會給他理出這個頭緒。尤其是當他傾聽杜月笙詳加解說：盧筱嘉那邊心情還不是跟老闆一樣，但求面子上下得來，誰想大動刀兵，傷了雙方的和氣？——他聽得落胃之至，於是眉飛色舞的說：

「好，就這麼辦！」

第二天，不管張嘯林如何聲聲埋怨，杜月笙逼牢他去尋他的親家，緝私統領俞葉封，甚至黃老闆攀上的乾親何豐林，以及何老太太，請他們在盧筱嘉那邊善加譬解，好生安慰。彼此是好朋友，風光是要做給別人看的，杜月笙拍胸脯代他老闆保證，三日之內定有交代。

然後，他親自到海格路範園，拜訪張鏡湖的開山門徒弟，吳營長吳崑山。吳崑山留兩撇八字鬚，三十來歲，一襲綢衫，脣紅齒白，雙目閃閃有神，儼然翩翩濁世佳公子。張老太爺的事，他能做一半以上的主。因此之故，江湖上誰都要格外欽敬他幾分。

杜月笙道了仰慕之忱，託他代請老太爺的安，然後開門見山，提出要求。吳崑山聽後落門落檻，他一口代替老太爺應允。——辦成這件雙方騎虎難下的事，無異順水推舟，事成之後，張老太爺面子上當然也很光采，何樂而不爲呢？

杜月笙很高興的道了謝，吳崑山送客的時候，輕飄飄的遞過來一個大難題。——說它是相對的條件吧，自也未始不可。

吳崑山說：

「聽說黃老闆是倥子啊？」

杜月笙驚了驚，唯有尷尬的笑笑。

「但是他也在收學生嚒。」

額頭上都在冒汗了，這是杜月笙多年來一直見在心上的大心事，黃老闆不曾進過幫，他是倥子，但是他卻援用清幫的體制，收門徒的時候照樣要點香燭，磕頭，遞三代履歷，門生帖子。凡此都是極嚴重的犯了幫規：「冒充光棍天下有，清出袍笏要人頭」，這些事不提也罷，一提出來黃老闆就很難置答。吳崑山和張老太爺大概把這些個一直看得頗不順眼，今天是黃老闆、杜月笙有事相求，他順便提一提，杜月笙替金榮哥著急，覺得像有一座山在壓下來。看出杜月笙的窘，吳崑山呵呵大笑，他還輕描淡寫的打著哈哈：

「我不過隨口說說罷了。這年頭，世界在變，凡事都難保持定規。」

杜月笙辭出範園，心情頗為沉鬱，吳崑山是甚等樣人，此時此刻，他會把關係重大的這種事「隨口說說」？

新聞報導並無記載，流言卻在滿天飛，茶樓酒肆，交頭接耳，人人都在說：「黃盧火併」，有人說昨晚黃老闆甩了盧少帥兩記耳光，盧少帥的保鑣去撥隻電話，不久何豐林便派了幾卡車兵，到老共舞台把黃老闆捉去，於是黃老闆吃了「生活」，直到此刻還不曾放出來。又有人說這話不近情理，中國兵怎麼能開得進法租界來呢？再說：林民老太太桂生姐的妹子，是何豐林老太太的過房女兒，卽使何豐林接了盧筱嘉求救的電話，他也只有親來排解，怎麼會派兵到法租界來捉親家，居然還把他乾親好友綁起來打？

不久風止塵定，流言宣告澄清，街頭巷尾，又在繪聲繪影，傳說張老太爺在上海從來不曾出面問過事，這次他爲黃老闆和盧筱嘉的一時誤會親自出馬，擔任調人。這還有什麼話可說呢？黃老闆和盧筱嘉，面子撐足，心平氣和，雙方又是好朋友了。

事實上，自從發生了這次不愉快的事件，黃盧雙方唯有交往更密。其後不久，露蘭香嫁了黃金榮，何豐林的老太太便收她作乾女兒。

黃盧糾紛迎刃而解，杜月笙的難題猶在方興未艾，就爲吳崑山那日的幾句話，他無疑是在作強烈的暗示：黃金榮應該拜張老太爺的門，加入清幫，做張鏡湖的徒弟。

他曾試探過黃金榮的意思，黃金榮素來也很景仰張老太爺，拜不拜門他覺得無所謂，祇不過，他有一層顧慮：

「我是在外國衙門吃公事飯的，照規矩，我怎好加入幫會呢？」

難題總要解決，杜月笙只好再去拜訪吳崑山，他想開誠佈公，跟他商量出一個兩全之道。

剛說了一句：「黃老闆是一向敬佩張老太爺的——」，吳崑山妙不可階，他卽刻打斷了杜月笙的話，滿面笑容的說：

「多承黃老闆的盛意，前些時我也在老太爺前提過這個話，卻是他老人家說：黃老闆的場面這麼大，我們還是各行其道的好。請你上覆黃老闆，就說我們老太爺說的：樹大根小，不敢從命。」

杜月笙如釋重負，談了些別的，告辭出來，滿腹心事一廓而空，他由衷佩服張鏡湖和吳崑山，手條子漂亮已極。樹大是恭維，根小，又謙虛得何等巧妙。吳崑山只要自己的半句話，黃金榮有意要拜張鏡湖的門，這就夠了。有沒有正式拜過，全部不生關係。總而言之，黃金榮對張鏡湖曾以師禮敬之。他們爲什麼爭取這一點？那是因爲「強龍不敵地頭蛇」，張鏡湖的範圍座落海格路，海格路在新法界，而黃金榮是法租界捕房裡的摩溫——天字第一號。

黃老闆出了事情，杜月笙一力肩承，由他獻策奔走，居然刀切豆腐兩面光，將一場大禍消弭於無形。黃老闆對杜月笙不僅是寵信有加，而且開始有意付託全盤重任了，從此以後，杜月笙在金榮哥面前，可以分庭抗禮，侃侃而談。

48

黃金榮迎娶露蘭春

有一天，黃老闆突如其來的對杜月笙說：他實在歡喜露蘭香不過，他想金屋藏嬌，把她討回家來。

杜月笙大吃一驚，處在當時那種時代，像黃、杜、張這般月入巨萬的聞人，討三妻四妾，原本不算一回事。不過，黃老闆向有季常癖，桂生姐尤其一世嚴於閫威。如今老闆一旦要討小，討的又是當時綺年玉貌，早先抱都抱過的露蘭香。杜月笙簡直不敢想像，桂生姐聽到這個消息，將會作何反應？

「這件事情只怕難辦。」他不假思索，一開口便這麼直率的說。

「爲啥？」黃老闆分明是在「明知故問」。

杜月笙向樓上望一眼，意思是說：桂生姐這一關，你怎麼通得過？

黃老闆竟然把一隻熱馬鈴薯，抛到杜月笙的手上，他輕輕鬆鬆的說：

「你的話，她最聽得進，你去跟她談談看。」

迫不得已，「百依百順」的杜月笙，只好覷個機會，把黃老闆的心意略向桂生姐透露一下，桂生姐是何等精明的人，她冷眼旁觀這些時來黃老闆的種種反常現象，早就有了幾分疑心，此刻聽杜月笙稍稍的一點，她還有不明白的嗎？於是，她一聲苦笑，反問杜月笙說：

「你也認爲這件事情可以做？」

杜月笙立卽否認，他說：他對這事是一百零一個不贊成，但是他說：

「老闆一定要我來試探一下妳的意思，叫我又有什麼辦法？」

桂生姐瞅他一眼說：

「你也可以講點道理給他聽。」

就這樣，又一個滾燙的熱馬鈴薯拋了過來，——杜月笙夾在兩大之間，爲難之至。黃老闆的要求，他不能不答應，桂生姐的話，他又怎可不聽？何況桂生姐站得住道理，自己和她原有同感。再去跟黃老闆婉轉的諷勸，何必爲這麼個小姑娘，不惜跟多年恩愛的桂生姐鬧翻？

黃老闆對杜月笙，向來言聽計從，唯獨這一樁家務事例外。杜月笙驚異不置，金榮哥的熱情，簡直不減少年人，他已決定不計任何後果，非討露蘭春不可。

那一頭，桂生姐一再表示堅決反對，甚至不惜以自己的去處力爭。她所恃的理由堂堂正正，沒有人駁得倒她。她不反對黃金榮討小老婆，但她不許黃老闆娶露蘭春，露蘭春是張師的養女，張師是老闆的學生，讓這個幾乎是看著長大的小妮子，由「黃家公公」改口稱「金榮」，就未免太不成體統。

鬧僵了，黃老闆爽性把心一橫，不管那個勸都沒有用，他一心一意討定了露蘭春。黃公館的家庭糾紛越演越烈，夾在兩大之間爲難極了的有兩個人，一個是杜月笙，他是老闆的心腹，又是老闆娘盡心盡力，一手提拔起來的小兄弟。杜月笙是知恩必報，不計嫌隙的人，在他一輩子裡，時刻不忘告誡他的妻子兒女：「桂生姐的恩，是我一生一世報不完的。」

另一位在夾縫裡左右爲難的，是黃金榮的長媳，黃李志清，當時她才十七歲，剛剛嫁到黃家，公公婆婆很喜歡她，當公公婆婆鬧情感糾紛，兩位老人都想把她拉到自己身邊。一時間簡直使她徬徨失據，無所適從。

黃李兩家，原是通家相好。黃李志清的父親，也是法捕房的探目，和黃金榮乃是同輩弟兄。他的名字叫李祥慶，蘇州人，秉性剛強，嫉惡如仇，老上海稱他「生鐵彈」，以喻其質堅力猛。黃金榮的長子黃鈞培，乳名福寶，極獲父母寵愛，自小給他訂了李家的親。黃老闆有了錢，不是開戲館便是置地產，法租界鈞培里，鈞福里都是黃家的物業。鈞培、鈞福的里弄名稱，便由黃老闆的長公子得來。黃鈞培和黃李志清有一雙璧兒，長子啓予刻在臺灣，次子起明爲了侍奉祖父，淪於大陸。黃鈞培英年早逝，由於黃家只有一媳二孫，因此黃金榮和桂生姐都亟欲加以爭取。

有內外兩重因素，促成了黃金榮和桂生姐的離婚，在內是兩夫婦爲了露蘭春勢同水火，當「人」不讓。桂生姐一提離婚好了，黃老闆居然一口答應。——另一方面，黃老闆迫不及待的跟露蘭春論嫁娶，那年黃老闆五十四，露蘭春只有二十五，花信年華的美貌佳人，伶國皇后，要嫁個老頭子，開條件時難免要拿蹻。露蘭春下嫁黃金榮，條件計爲兩項：第一，黃公館保險箱的鑰匙要交給她。其次：她本是雲英未嫁之身，結婚是人生大事，她要龍鳳花轎抬進黃家的門。

儘管桂生姐拿得起，放得下，她不在乎黃金榮的家當，但是末後一個條件，實在是欺人太甚，叫桂生姐忍無可忍。露蘭春要跟黃金榮正式結婚，豈非在諷示桂生姐：妳到黃家來還不曾坐過花轎呢？

一怒之下，桂生姐揮慧劍，斬情絲，她決心和黃金榮離異。儘管她曾幫助黃金榮掙來百萬家財；贍養費，她說叫黃老闆拿五萬塊錢來好了。

黃老闆如逢大赦，由於他一有錢便投資於戲館與地產，五萬塊一時拿不出來，他派人拿道契去向銀行押了一筆錢。

桂生姐收拾自己的東西，就要搬出鈞培里了，頭天夜晚，她再把兒媳婦叫到房裡來，神情凝肅的問她：

「妹妹，你究竟是跟爺，還是跟姆媽？」

黃李志清眼見一房間的凌亂衣物，覩景生情，傷心萬分，她答不出話，抽抽答答的哭了。

一聲長歎，桂生姐又說：

「好吧，妳就跟妳爺。不過話要跟妳說清楚，妳既然是跟爺的，以後不管有什麼事，妳都不必來找我。」

第二天一早，桂生姐便搬出了黃公館。杜月笙嚴正表示他的態度，他不管金榮哥會不會生氣，他親自迎接桂生姐，親自送桂生姐到西摩路新宅——那是由他出面租的房子，裡面的傢俱擺設，他曾煞費經營，他儘量使西摩路林宅和鈞培里黃公館一式一樣。

花花大轎把露蘭春抬進了黃門。她實在美得很，不過湊近面前仔細的看，她那張皎如秋月的銀盤臉上，有著天女散花式的細白痳子。露蘭香膚若凝脂，黃金榮面皮黝黑，他也有些個痳瘢，——早年人家喊他「痳皮阿三」、「痳皮金榮」，黃金榮有兄弟姊妹各一，長兄早夭，他確是行三。

黃金榮和露蘭春，一黑一白，一粗一細，著實是相映成趣。

貼身服侍露蘭春的娘姨，往後神秘萬分的透露說：露蘭春最美之處厥在那一對三寸金蓮，那真是自然伸展，纖纖如筍，不像一般女人硬裹成了雞爪握拳。

黃老闆屬龍，露蘭春屬雞，吃喜酒的時候，阿諛之徒說是這便叫做「龍鳳配」。他們忘記了桂生姐屬馬，自從桂生姐「功成身退」，黃老闆顯已失去他當年的那股子龍馬精神。

49

露蘭春變移情別戀

露蘭春自小學戲，按步就班練過武功，她若一日不打把式，便會覺得混身筋骨痠痛。再說，老共舞台裡，紅氍毹上，燈火通明，采聲如雷，她的藝事與聲譽，正在如日之升，光芒萬丈。露蘭春貴為「老正娘娘」後，她仍然不能忘情於袍笏登場，粉墨生涯，黃老闆凡事都依她，於是婚後的露蘭春，照舊在老共舞台獻藝，一如往昔。

露蘭春色藝雙絕，紅遍上海，像她這樣一位美人兒，拜倒石榴裙下的，當然不止黃老闆一人。只是當那些多情兒郎，一聽說露蘭春是黃老闆的禁臠，縱有天大的膽，權衡利害得失，也唯有悄悄的打了退堂鼓。徒興可望而不可卽之嘆。

當黃金榮還不曾把露蘭春量珠聘去，有一對上海人所謂的「荷花大少」，亦卽紈袴子，風度翩翩，手面濶綽，兼且精通音律，很能票幾齣戲。這兩個人是親兄弟，名喚薛二與薛四，薛二薛四的父親，便是歐戰期間，因囤積顏料而發了大財的薛寶潤，當年在黃浦灘上，確是赫赫有名的殷商富戶。

兩兄弟都把露蘭春驚為天人，露蘭春在老共舞台唱一天，他們便包定座位竭力捧場，而且這兩兄弟都雄心勃勃，對露蘭春百計追求，不遺餘力。

露蘭春嫁了黃金榮，薛四意懶心灰，退出追求者的行列。薛二卻初生之犢不畏虎，他對露蘭春魂牽夢縈，一往情深，儘管佳人已歸沙吒利，他仍不死心，發誓要把露蘭春追到手。時日一久，他這驚人勇氣，萬丈柔情，果然使露蘭春怦然爲之心動。

另一方面，黃金榮費盡心血，贏得佳人歸，他以爲從此不必再親自把場了，他開始少上老共舞台，不再親迎親送，甚至對於露蘭春的行蹤，他也不大過問。誰知道，由於他這一大意疏忽，竟使薛二乘虛而入，露與薛，竟然不時的約會起來。

紙包不住火，何況法租界面積有限，黃杜張手下耳目眾多，起先，礙於老闆的面子，縱使知情，也不敢報。但是，後來被張嘯林聽到了風聲，他那種霹靂火的性格，怎麼捺得下這股忿怒，被他「媽特個×，媽特個×」，哇哩哇啦一喊，於是，連黃老闆也略有風聞了。

當時，上海「綁票」風熾，擄人撕票，慘劇不絕如縷。綁匪有「嵊縣幫」與「江北幫」，大膽潑辣，愍不畏死，稍有身價的商人，出門要帶保鑣，卻是有時仍還難於倖免。黃老闆實在是太愛露蘭春了，當他偶聞她曾在外有所交際應酬的時候，他仍不曾懷疑露蘭春會移情別戀，他僅只婉言的勸她：

「以後妳出門應酬，白相，什麼時候回來，妳一定要讓我知道。」

恃寵而嬌，露蘭春頓時便冷冷的反問：

「爲什麼？」

「咦，外面綁票鬧得這麼凶，難道妳都不曾聽見？」黃老闆再跟她開頑笑的說：「我是捉綁匪的人，妳不要一時大意，被人家綁去了，我可坍不起這個台。」

黃老闆說這個話，倒未必全是反面文章，如所週知，黃金榮一生小心謹慎，對於家人兒女，經常都是牽肚掛腸，一出門便不放心。他在世時，總是告誡兒子孫子輕易不要出法租界，唯恐一出法租界就會有禍事。以此之故，他兒孫讀書的學校，也是以法租界爲限。他甚至不許小孩子到英租界去讀書。

露蘭春是個有心病的，她一聽這話，就以爲黃老闆已經察覺了她和薛二的私戀。當時不聲不響，卻又要表示她的心高氣傲，蠻不在乎。從此，她在人前人後，開始對黃老闆嘖有煩言，她甚至這麼樣說：

「我嫁給黃老闆，無非是借步登高而已。」

曹振聲太太聽到這句話，爲黃金榮抱不平，大爲不滿，她立刻吩咐她的家人：

「你們以後不許再跟露蘭春來往！」

張嘯林常時破口大罵，罵不出道理，薛二在太歲頭上動土，至死無悔。張嘯林痛恨他狂妄膽大，使一幫子人，面上黯然失光，他急欲採取行動。杜月笙力勸無效，有一天，他單獨派他手下顯點威風，於是，薛二宣告被綁。有人叫他吃足苦頭，付了代價，依張嘯林的意思，必欲將他處死，是杜月笙說好說歹，勸他釋放。——杜月笙自承他確是用心良苦，因爲事情鬧穿，對黃老闆並無好處。

50

臨城劫車「天霸拜山」

露、薛事件正在鬧得滿城風雨，不可開交，民國十二年（一九二三）五月五日，山東江蘇兩省的交界，津浦線上，突發發生了舉世震驚的劫車案，嶧縣抱犢崮深山峻嶺裡盤踞的土匪，破壞了臨城附近的軌道，深夜時分，使北上夜快車爲之出軌，土匪由盜首孫美瑤，「軍師」郭其才率領，一擁而出，大事搜劫，當場殺死洋人一名，更將二百多位中國旅客，和好幾十個「高級洋人」，全部擄入山中。

由於當時被擄的那批洋人，其中有法國公使館的參贊茹安，和上海素孚眾望的首席律師穆安素，和法國人貝路比，上海密勒氏評論報記者英國人鮑惠爾‧史密斯，及美國人愛倫等。因此消息傳出，國際震驚，在北京的公使團，立即向京北政府提出嚴重抗議，並報告本國，交涉至爲緊急。甚至有逾期未救出被擄外僑將要求重大賠償，及國際間醞釀共管中國鐵路的傳說。

爲了顧慮這兩三百華洋肉票的生命安全，北政府和山東督軍田中玉，不敢派兵進剿，相反的，交通總長吳毓麟，由田中玉陪同，專誠赴棗莊與土匪代表進行談判。徐州鎮守使陳調元，天津警察局督察長，洪門大哥楊以德，也紛紛以「自家人」姿態，勸促孫美瑤釋放肉票，北政府並且應允收編土匪，委派孫美瑤爲「司令」，郭其才當「參謀」，協議甫定，五月十七日夜間，二十餘股土匪頭目開會，臨時又生變卦，再向官方提出五項條件，於是談判破裂。五月廿一日，官兵進行包圍，航空署派飛機入山示威，孫美瑤駭怕了，到二十五日，他派記者鮑惠爾下山，向官軍帶個口信，如果官方還想重開和議，唯有將上海法租界巡捕房的總探長黃金榮請來，跟他事先磋商。

這一著，使得痛心煩惱，日處愁城的黃金榮，突然朵雲天降，平步青雲，成爲舉世矚目萬眾驚的新聞人物。孫美瑤做了這麼大的案子，總長、督軍、鎭守使，甚至黎元洪總統的美籍顧問安特生都解決不了，黃金榮何許人也，孫美瑤怎會這麼樣的看重他？事後方知，孫美瑤有一位長輩在上海，因案繫獄曾經得過黃金榮的照顧，設法開釋，他是特意挑選個機會，爲他的長輩報恩。

由於法國參贊茹安和穆素律師等人都困在山上，生死存亡莫卜，因此法國駐滬總領事一聽到消息，立刻便催請黃金榮束裝北上，俾使轟動國際的臨城事件早日解決。

幾十年來爲老上海津津樂道的「黃天霸拜山」，黃老闆親自出馬，頭一趟出遠門，解決臨城事件，救回兩三百名肉票，其經過約略如是：起初，黃金榮心懷疑懼，孫美瑤和他素昧平生，爲什麼偏偏挑他去談判。他不敢去，問計於杜月笙。杜月笙卻斬截鐵的說：

「金榮哥，你這趟非去不可。」

黃金榮還在猶豫，因爲他這一去實在毫無保障，安全堪虞。於是杜月笙靈機一動，問一聲：

「阿要我再到張老太爺那邊去跑一趟。」

這一趟，仍還是吳崑山接見杜月笙，兩人接席密談。杜月笙提出一連串的要求：「可否請吳先生陪我家金榮哥走一遭？」「可否請張老太爺寫一封介紹信？」「可否……」

「不必，」「用不著，」「不要了。」吳崑山笑吟吟的逐一否決。最後，他悄聲告訴杜月笙說：請黃老闆放心，只管到臨城抱犢崮區匪窟裡去，有什麼「風吹草動」，簡單得很，他只要把張老太爺這四個字輕輕一提。

於是，「黃天霸」放心大膽的去拜山。他自家掏腰包，花了好幾千塊錢，按照鮑惠爾帶來的口信，爲了解決山中急需，買一千多條草蓆，好幾百隻面盆，無其數的毛巾牙刷等等。

結果是功德圓滿，孫美瑤等曾予黃金榮盛大熱烈的歡迎，黃金榮帶下山來重開談判的條件。孫美瑤爲了表示誠意，取信於官方，請黃金榮把英國人史密斯，美國人愛倫無條件的帶回山下。五月卅一日，由當地紳士八人，北平商聯會代表二人，上海商會代表——黃金榮一人，陪同半官方人士陳調元、溫世珍、安特生在霧家原和匪方代表郭其才、劉武剛重開談判。六月一日，陳調元、溫世珍帶了幾名書記，進抱犢崮點名收編土匪，同日，山東督軍田中玉，派人自天津購來軍裝兩千套，另備大洋五萬元，令吳長植入山分發，以資犒賞。到十二日，官匪雙方簽字，外僑全部釋放，於是轟動中外的臨城刼案於焉宣告圓滿解決。

六月中，黃老闆躊躇滿志的回上海，更大的打擊在等待著他，趁他遠赴臨城，露蘭春逃逸無蹤。——由於保險箱的鑰匙一同由她掌管，露蘭春把黃家的道契、債劵、金珠寶貝，可以說她已將黃老闆的全部財產席捲一空。

露蘭春嫁到黃公館三年，驚濤駭浪，糾紛無窮，使黃老闆的心情由亢奮而憂悒，由憂悒而萎靡，當年豪情勝慨，都隨著身心折磨，付諸九霄雲外，「英雄難過美人關」，黃金榮在他聲勢日趨壯大，事業興盛已極的當兒，竟會壯志消滅，遽然引退，儼若巨星之隱沒，實足令人浩嘆，——臨城一案，使他名揚中外，聲譽鵲起，再加上民國十六年（一九二七）清黨一役他的策劃有功，只不過是月落星稀時的一痕微芒而已。

相反的，杜月笙天縱智能，又復勤懇努力，聚精會神，他在光怪陸離，無奇不有的大千世界，接觸其心臟，伸展其觸角，融會貫通，無遠弗屆，正如砂礫中的一粒寶石，迭經磨練，終於光芒四射，脫穎而出，寖假成爲黃浦灘上史無前例，「前不見古人，後不見來者」的一代人傑。他和黃金榮的一消一長，除了「長江後浪推前浪，世上新人換舊人」的必然趨勢，尤有天賦、磨練及其時代環境、政治情勢的多種因素所使然。

黃老闆內憂外患，打擊重重，從山東臨城回到上海，他憬然悟覺，他放在杜月笙肩頭的那一隻手，分量越來越重，年未及六十，他已垂垂老矣，無論家事外事，他都必須仰賴杜月笙代爲盡心處理。

露蘭春當了將近三年的「老正娘娘」，她一直不曾生育，黃金榮一度爲了收她的心，替她領養了一個男孩，取名源燾。他對這個孩子相當寵愛，然而露蘭春一旦逃之夭夭，那孩子的啼哭之聲，便使他感到分外的煩惱。

無須他吩咐或下令，露蘭春一逃，杜月笙這邊立時偵騎四出，他早已掌握了露蘭春的行蹤。但他很聰明的秘而不宣，他曉得黃、露這一段姻緣，必須以悲劇終場，他不欲將事態擴大，唯恐砸了老闆的金字招牌。

時間可以治癒感情的創傷，黃金榮迭經變故，露蘭春大膽潑辣，花樣層出不窮，她使黃老闆深感無法駕御，在莫可奈何時，唯有放她一馬，對於破鏡重圓，爲之全部絕望。黃老闆有意無意的告訴杜月笙說：

「女人心，海底針，露蘭春既然變了心了，尋她轉來也是白費。罷罷罷，我只要把她偷走的東西拿回來，多少有個交代。」

杜月笙深深的點頭，他心中高興，黃、露脫幅，只有好處，黃老闆花甲以前的「美人關」，總算由於他自己的大澈大悟，可以迎刃而解了。

替露蘭春出面作調人的，有上海會審公廨的法官聶榕卿，和民國十四年（一九二五）五卅慘案曾任交涉使，時爲上海清丈局長，鎭江人許九爺許沅，號秋颿，上海大中華飯店便是他的產業。許九爺和黃老闆私交極好，再加上聶榕卿跟黃金榮等的淵源很深，聶老爺在會審公廨，黃金榮經手承辦的案件，絕大部份都是由他過堂。

情場失意的黃老闆，一想開了，便量大福大，宰相肚裡好撐船，他決意不再過問露蘭春的事情，露蘭春繳回她捲走的財物，正式和黃金榮脫離，她下嫁薛二，兩個人果然愛情彌堅，躺在鴉片煙榻上過了大半輩子。她替薛二生了六個孩子，爲薛二在民國十六年（一九二七）時帶來一場「橫禍」，她不再唱戲了，這一對情侶除此以外，並無一事足記，抗戰勝利後她始侘傺而卒。臨死時她渴望見一次「妹妹」，——黃家長輩對黃李志清的暱稱，曾經託人帶了信去的，說是死前有要緊話告訴她，黃李志清恐怕公公生氣，她不敢見那最後一面。露蘭春悵惘地懷著她的秘密心事，魂歸黃泉。

51

老闆退隱獨當方面

由於黃金榮的金面，使臨城劫案順利解決，法租界公董局頭腦十分興奮，他們由衷的向他道賀，並且這麼樣直率的問他：

「你平時不出法租界一步，怎麼連山東的大響馬都認識你呢？」

心裡稍微輕鬆一點，黃老闆也會得意洋洋的回答：

「幹我們這一行的，本來就要三教九流，一概熟悉。上自皇帝總統，下迄土匪癟三，必須統統認得。」

酬庸殊功，法租界當局想再爲他晉級，然而黃金榮在法捕房的級職已經升無可升了，於是法國人又破一次例，升他爲督察長。這個「洋官銜」是史無前例的，因而可以說是「巧立名目」。

黃金榮苦笑著接受此一殊榮，他早就心灰意懶了。升了官而不大問事，爲了消愁解悶，他開始抽上了大煙，進入半退休狀態。他知人善任，把家務事和所有的財產物業，交給新寡的兒媳黃李志清掌管，外間的公事呢，他毫不猶豫，全部責成杜月笙。

一顆光芒萬丈的巨星，辭離片片雲靄，在黃浦灘的上空熠熠閃亮。——杜月笙風雲際會，躊躇滿志，他勇猛精進，大刀闊斧，開闢他的天下，與此同時，也將大上海導向更繁榮，更璀璨的境界。

縱使幫會的力量早已和捕房勢力相結合，然而事實上黃金榮卻是在將近退休，門生故吏滿法界的日薄崦嵫時分，方始正式加入了清幫。

這也是杜月笙一力促成的傑作，結束了黃金榮獨創的清幫「旁門左道」，使「倥子」成爲前人，支流納入正軌。起因是黃老闆某日接到一封無名信，他頓時大感恐慌，因爲這封信上義正詞嚴的對他加以指責：他犯了幫會中不可宥恕的戒條：他分明是個「倥子」，用清幫規矩收學生納名帖已是大大的不該，怎可以再冒充張老太爺，大字輩張鏡湖的門人，有恃無恐的深入臨城匪窟，「黃天霸拜山」，博致虛名。

又是杜月笙出面，替他解決這個問題，黃金榮「弄假成真」，他向張鏡湖遞了名帖，送一筆豐厚的摯敬，兩萬大洋。自此成了清幫「通」字輩的前人。他比杜月笙高一輩，卻和手下的金廷蓀、馬祥生、顧掌生、張嘯林，……乃至杜月笙身邊的顧嘉棠，高鑫寶等一字並肩。

將近五六十歲，還受到感情上的嚴重挫折，使黃老闆無論在心情上或外表上，都呈現了龍鐘老態，除了他所經營的娛樂事業，他那擁有兒孫三代依然人丁單薄的家庭，他不大過問其他的事，他開始斤斤較量金錢，並且，過分關切、寄望於他心目中認定的繼承者，和他相處已及二十五年的杜月笙。他密切注視杜月笙的一言一行，尤其是他的路向與做法。

杜月笙承接了黃老闆在法租的驚人權勢，然而羽翼豐滿，雄心勃勃的他，目光遠大，他所做的頭一件事，便足以說明上海法租界這個小圈圈，實在容納不下他這一顆巨星。

他一開頭便要向英租界進軍。

所謂英租界，正確的名稱應該是「公共租界」，道光廿五年（一八四五）由英美兩租界合併而成，但是由於美國一向委託英國人代管，典章制度，政治社會一切英國化，因此上海人相沿稱它「英租界」、「大英地界」，公共租界的字樣，僅祇登載在官文書上。

大英地界的範疇遠比法租界遼闊，市容與秩序也較爲整齊，它可以說是大上海的心臟和精華之所在。在那邊另有一批亨字號的人物，譬如說巡捕房裡的先後三任華探長，譚紹長、尤阿根和陸連奎，都儼然是大英地界的「黃金榮」；早期的大八股黨，如沈杏山、楊再田、鮑海籌、郭海珊等人，以及賭界的大亨嚴老九等等皆是。

杜月笙這一方面，跟大英地界那一路人的關係，起先是明爭暗鬥，嫌隙甚深。小八股黨搶了大八股黨的金飯碗，黃老闆又敲過沈杏山的耳光，杜月笙開山門的徒弟江肇銘，且曾訛過嚴老九的賭台，害他一怒一下關門打烊。凡此種種，都有鬧出劍拔弩張，雙方火併的可能。黃金榮的「前敵總指揮」是杜月笙，他有羣眾，有力量，他以有組織有系統的陣營，對付大英地界的各自爲政，一盤散沙，大英地界諸人實在惹不起他，於是只有自甘退讓，被法租界的人全部吃癟。

大英地界那一般人最慘的時候，大八股黨銷聲匿跡，嚴老九不能不買杜月笙的帳，沈杏山這個吃耳光的人，懾於黃杜張的聲威，居然跑到北方去避過一陣風頭。一年多後，當他在北方存身不住，又悄悄的回到上海，恰値黃老闆將對外事務，統統交給杜月笙掌管。而杜月笙登台以後，他的手法與作風，和黃老闆大大的不同。

換一個人，當法租界的朋友大權在握，氣燄萬丈，大英地界的人自承失敗，勢力急劇降退，縱使不斷盡殺絕，擴充自身的力量，迅速的將大英地界也兼併過來；最低限度，他總不會再去理睬那班手下的敗將，予他們死灰復燃的可乘之機。這就是杜月笙之所以爲杜月笙了，他從老闆手中接過權柄，頭一件事，便是一心化敵爲友，他很熱烈而誠摯的向昔日之敵伸出了手。

聽說沈杏山從北方回來了，躲在家裡孵荳芽，栖栖皇皇，彷彿「無面目見江東父老」，於是杜月笙想盡方法，說服黃老闆，「冤家宜解不宜結」、「大水沖了龍王廟，橫豎都是自家人」，他又說：

「想當年沈杏山從崇明島到黃浦灘闖世界，身上只有兩塊銀洋，省吃儉用，用到第二塊錢，居然是隻啞板（敲不出叮噹之聲，假的）。可見他也是吃過苦頭來的，如今他一觔斗摜倒，除了金榮哥，還有誰能拉他一把呢。」

黃金榮被他說動了心，果然登門拜訪沈杏山，這一次拜訪，不僅使沈杏山喜出望外，而且感激涕零。也就從兩冤家重相見開始，大八股黨一個個的投奔杜月笙門下，借重他們的經驗力量和人事關係，對於鴻圖大展的杜月笙來說，無疑是最有力的一支生力軍。

去看沈杏山的時候，黃金榮見到沈杏山的三小姐和四小姐，兩個很聰明美麗的小姑娘，當時還不曾嫁人。杜月笙聽說了，請上海市政府的司法科長劉春圃做媒，將沈四小姐配給黃二少爺，黃源燾的年紀比女方還小兩歲，反正是「政治婚姻」，誰也不會計較。

起沈杏山於杜門蟄居之中，冤家成了親家，沈杏山面子撐足，自此又恢復活躍於黃浦灘上，他對於杜月笙「知恩圖報」，心情的熱烈摯切可想而知，由於他竭力報效，穿針引線，大八股黨紛紛東山再起，投奔在杜月笙的大纛之下。這一來使杜月笙成爲黃浦灘上最有權勢，最有威望的人，——他從此有了海上聞人的稱號，黃金榮、張嘯林雙雙跟進，這便是滬上三大亨的由來。上海人尊稱黃金榮爲「黃老闆」，杜月笙爲「杜先生」，虞洽卿爲「洽老」，不願意稱他先生的，也唯有代之以「木土」二字，能夠直呼其名的除了黃張二位，要末就是達官顯要，高年耆宿。至於幫會分子，連大字輩的高士奎、樊瑾成等等，儘管以輩分言是杜月笙的祖老太爺，然而當起面來，照樣畢恭畢敬的喊他「杜先生」。「杜先生」三字在大江南北，前後二十年間，成了杜月笙的專用代詞。

收復了曾經縱橫滬上不可一世的大八股黨，杜月笙「皇帝不差餓兵」，他能不卑不亢，做功漂亮。大八股黨在他的大公司每人吃份俸祿，一年三節，還有節敬。不論他們如何俯首貼耳，聽從杜月笙的調度指揮，杜月笙對待他們始終謙恭有禮，使他們爲之心悅誠服。

52

勢力漸及大英地界

除開大八股黨，大英地界還有一批賭檔上的人物，需要加以擒服，其中爲首的便是嚴老九，財多勢大，精明強幹，杜月笙和他有過一點淵源，卻是基於一次江肇銘鬧出來的不愉快。

嚴老九自家開賭場，自己也豪於賭，他喜歡打麻將，於是杜月笙便利用兩人之間的這一點同好，想和嚴老九在牌桌子上建立交情。他避免引起微妙的感情作用，不請大八股黨去尋嚴老九，他用一著閑棋陸沖鵬，和另一位在大英地界做鴉片煙生意的范回春，替他在嚴老九面前先容，杜月笙想到大英地界白相相，陪嚴老九搓搓麻將。

頭一次，嚴老九反應冷淡，他嗯嗯啊啊，只說好呀，卻不曾明白的提出邀請。

杜月笙很有耐性，他等了一段時間，嚴老九那邊如石沉大海，范回春爲這件事頗不心安。他認爲嚴老九架子搭得太大，今日的杜月笙，已非吳下阿蒙，如此虛心求教，怎可以置之不理。再說，范回春本身也是上海大英地界的亨字號人物，論身價地位，他只有比嚴老九更高，他曾當過七天的上海縣長，上海的第一座跑馬廳，座落在虹口以外的江灣，那就是范回春的一大手筆。早先，黃老闆爲了傾心結交，命他的長媳黃李志清，拜范回春爲義父。因此，他又是黃老闆的親友。

范回春掩飾不住他對嚴老九的不滿，杜月笙卻毫不在乎，他不但不怪嚴老九，反而一心結納到底，他發帖子，請嚴老九到他家裡吃飯。這一桌酒委實擺得隆重非凡，清幫大字輩在上海的四位前人，統統被他請來作陪。這四位前人便是赫赫有名的高士奎、樊瑾成、王德齡與曹幼珊，除此以外，他又請了滬上聞人中的後起之秀，人人尊稱爲顧四老闆的顧竹軒。

顧竹軒是江北鹽城人，他是赤手空拳打出來的江山，當年，江淮一帶災患連連，盜匪遍野，每一次大災荒，都有成千上萬的難民，逃來江南就食，幸運一點的往上海跑，男人拉黃包車、剃頭、擦背或扦腳，女人走投無路時便淪爲娼妓。抗戰以前，揚屬八縣寄居上海的郎達百萬之家，他們因爲職業關係，頗難受人重視，於是發奮圖強，不惜利用一切手段，拚命爭來較高的社會地位。——顧竹軒便是這樣的一種典型，他手下擁有八千名黃包車伕，這批弟兄個個願意爲他出生入死，打架賣命，因此，顧竹軒崛起的初期，他連黃老板、杜月笙都不怎麼擺在眼裡。

當晚在杜公館的這一席「群英會」，吃得眾人無精打彩，冷冷清清，「話不投機半句多」，顧竹軒心直口快，菜還沒有上完，他便離座而起，向嚴老九他們說聲：

「我們走吧！」

杜月笙仍然笑容可掬的送客，他並不曾表現絲毫窘態。

「路遙知馬力，日久見人心」，「蒼天不負苦心人」，有一天，機會來了，嚴老九一位最要好的朋友，孫傳芳部下的軍長謝鴻勳，久仰杜月笙的大名，乘過滬之便，請嚴老九代爲引見。當時，杜月笙的慷慨好客，天下聞名，但凡有點地位的人，到上海而不曾接受過杜月笙的招待，大有「如入寶山空手回」之概，回去以後彷彿都不好交代，因此，謝軍長的這一要求，可謂合理而自然。嚴老九想想這些時來他對杜月笙的冷落，難免心中有所尷尬，他無可奈何的答應了，這一次，主客之勢互易，他反過來請陸沖鵬代杜月笙轉達。

半點也沒有記取前嫌的心理，杜月笙表示隆重而熱烈的歡迎，他備了帖子，派專人送到大英地界嚴公館，謝軍長得到喜出望外的殊榮，嚴老九則是旣感且愧。杜月笙的爲人真夠「四海」，他當天晚上便請嚴老九和謝軍長，到他家中便酌。

一夕盛會，談笑風生，嚴老九如今方始知道，杜月笙這個人講義氣，愛朋友，尤其他那一腔衷誠，自神情表現，看得出他毫無做作。最令人感動的還是他那分胸襟與氣度，嚴老九親身體味，看在眼裡，記在心頭，他確有五體投地的佩服。

飯罷，謝軍長和杜月笙，彷彿已是相交多年的老朋友，一群人在客廳裡談得好不歡暢。無意之間，謝軍長提起他在日貨公司裡看到的那些新奇淫巧的西洋小玩意兒，他說洋鬼子在這方面確實「巧奪天工」。

杜月笙微微的笑，他向身旁的一名聽差說：

「去把我那隻鳥籠拿來。」

聽差應了聲是，折身便向後走。嚴老九正在納悶，那個聽差捧了隻鳥籠子來，金光閃閃，籠架粟盂無一不備，幾可亂真。籠子中間有一隻維妙維肖的黃鶯兒，杜月笙將鳥籠雙手捧過，送到佳賓們的面前。謝軍長和嚴老九定眼看時，兩個人不約而同的驚喊起來：

「咦，居然是假的呢！」

「一個外國朋友昨天送給我的小玩意。」杜月笙一面解釋，一面伸手去開發條，發條開足，那隻黃鶯一連串做著姿態優美的動作，牠會振撲翅膀，又能回喙啄脅，然後便引吭高歌，發出婉轉嚦嚦的鶯啼之聲。

「妙極了！」謝軍長讚不絕口，接下來便問：「這玩意兒上海有得賣嗎？」

「只怕還沒有。」杜月笙坦然的說：「我那位法國朋友告訴我，便在巴黎也只有這一隻，他是專為買來送給我的。」

嚴老九脫口而出的搭了一句腔：

「不曉得要值多少錢啊？」

「法國朋友說，合起中國錢來，大概要值個五六百塊光景。」

謝軍長小心翼翼的從杜月笙手中，把鳥籠接過去，像個小孩子似的，一遍又一遍的把弄。

杜月笙側轉臉去，悄聲的吩咐聽差：

「還有一隻裝鳥籠的盒子，你去拿出來，等下把鳥籠裝好，送到謝軍長的汽車上。」

「不必不必，」嚴老九聽得清清楚楚，他想起了「君子不奪人所好」，趕忙雙手搖搖，加以攔阻：「謝軍長一定不會收的。」

謝軍長只顧玩他的鳥籠，這頭的對話一句不曾聽見，杜月笙壓低聲音回答嚴老九說：

「謝軍長不肯收，就託你替他做主收下。」

謝軍長玩夠了，把鳥籠隻手交回到杜月笙。杜月笙遞給聽差，聽差拿到後面，裝好了盒子，先一步送上謝軍長的汽車。

53

三月之賭老闆擔心

只用了五六百塊錢籌碼，杜月笙這一寶押得旣靈且準，嚴老九把這件小禮物看得重如泰山，謝軍長逢人便道杜月笙做事漂亮極了。——要緊的是嚴老九和謝軍長交情實在深不過，兩年後謝軍長在前線督戰，身受重傷，被送到上海來治療，終告不治；嚴老九穿了白衣孝服去主持喪葬，杜月笙當然也是親臨執紼。

從此以後，杜月笙和嚴老九成爲最要好的朋友，嚴老九邀杜月笙到大英地界威海衞路一家總會裡去搓麻將，前後歷時三四個月之久，他們湊好四個最理想的牌搭子：嚴老九、杜月笙、陸沖鵬和鄭阿塔，鄭阿塔是上海的金字大王，官名松林，綽號「塌鼻頭松林」，賭起錢來，脾味和杜嚴陸極爲相投。

每天下午大概是三四點鐘入局，一場麻將打下來，多半要到午夜才散。四位大亨賭的輸贏相當可觀，一副四番自摸雙，一家要輸三千二百元，嘴子在外。他們打的是二百元的嘴子，自摸加倍，連莊時照數類推，第一副二百，第二副四百，要是連莊連得多，嘴子上的輸贏遠不止三千二百了。

四五十年前打的老麻將，如今的中發白，在當年還是龍鳳與白板，花樣不多，番數不高，清一色三番，和四番滿貫，那得四喜、三元之類的大牌。不過，儘管如此，一擔米才賣兩三塊錢，他們的輸贏已足令人咋舌了。

每天都是張嘯林陪杜月笙一道去，不過他們並不同桌賭，那時候的張大帥，還賭不起這麼大的牌。他總是在輸贏少些的另外一張桌子上。輸了時，他會怒目橫眉，滿口「媽特個×」。

兩三個月麻將打下來，杜月笙除了結交大英地界的許多好朋友，與此同時，他更把大英地界的情形，摸了個一清二楚。

黃老闆不曉得杜月笙用心良苦，只是躺在鴉片煙榻上，風聞杜月笙日夜流連大英地界，動輒上萬的豪賭不休。他以爲杜月笙又犯了早年「脫底棺材」，「野馬兒」的毛病，他很擔心。於是他暗底裡囑託沈杏山，請他萬勿聲張，去把杜月笙的麻將搭子之一，也是黃老闆好友的陸沖鵬請來談談。

陸沖鵬應邀前往，黃老闆把他請到會客間，他自己繼續吞雲吐霧，請陸沖鵬歪靠在他對面。黃老闆抽足三槍，方才坦率的吐露自家心事。

他說：自己吃了一輩子捕房飯，而今年將花甲，已屆暮年，所以早把世事看淡，亟欲急流勇退，幸虧有絕頂聰明的杜月笙，替他挑起了外務事的沉重擔子，否則他多年來所掰下的這個大場面，那麼許多好朋友，何以善其後？想想都叫人心煩。

「月笙現在肩胛上擔子不輕，」黃老闆漸漸的導入正題：「裡裡外外，百事如麻。我聽說他最近日日賭銅鈿，賭的輸贏來得格大！輸錢贏錢倒不生關係，問題是賭銅鈿太花費時間，一個人嘛，血肉之軀，精力總歸有限，我是怕他一天到晚只曉得搓麻將，躭擱了正經事體。你要曉得，今朝我既然不管事了，所有的事情統統都在他的身上啊！」

聽了黃老闆的話，當時陸沖鵬只有一個感覺，「歲月不饒人」，「少年子弟江湖老」，黃老闆早先的豪情勝概，實已付之東流。否則的話，他不會對杜月笙這樣的不瞭解。

尊老、敬賢，陸沖鵬唯唯諾諾，他表示一切悉遵台命。黃老闆曉得陸沖鵬勸不動杜月笙，叫他戒賭，他只要陸沖鵬以後不再做杜月笙的牌搭子，陸沖鵬恍然憬悟，黃老板採行的還是「釜底抽薪」之計，他答應了，自此不再參加威海衛路總會的牌局。

於是，友情彌篤，賭興正酣的嚴老九與杜月笙，老搭擋湊不齊，爽性更上層樓，他們應邀到盛五娘娘的公館去大賭特賭。盛五娘娘是遜清重臣盛宮保盛宣懷的五小姐，一門豪闊，富可敵國，兄弟姊妹七個，個個好賭好玩，會賺會花。杜月笙在盛五娘娘家裡，曾有一夜之間輸三萬元的駭人紀錄。

漸漸參加他們這個豪賭集團的，風雲際會，大有人在。刻在臺灣的名律師江一平，便是曾經沉湎之一員。有一次，杜月笙、盛家老四、和江一平等人在泰昌公司連賭兩日兩夜，江一平博進兩三萬金，大家興致正高，於是欲罷不能，而江一平在第三天早晨有一個很要緊的案子，必須親自出庭。他無可奈何，徵求與賭諸公的同意，可否等他幾個鐘頭，待出庭出來，再予繼續。杜月笙和盛老四頷首贊可，於是江律師暫時拋下他的賭友，穿起法衣去執行律師任務，事情辦完，重回泰昌公司，杜月笙、盛老四等果然守信等候，就這麼再賭一日一夜，被上海人士傳爲佳話。

杜月笙傾心結交大英地界有力人士，不出半年，連「靜觀自得」的黃老闆，都不由自主的向他伸出大拇指：

「月笙真正了得！」

原來，黃老闆在上海享了一世的英名，勢力範圍圈，卻始終不出「勃蘭西」——老上海所謂的「法租界」，這位連兒孫輩都不敢送到英租界讀書的總家老闆，眼睜睜的看著杜月笙，輕易擒服充滿敵意的強鄰，使嚴老九、沈杏山之流俯首聽命任由驅策，他的讚服是從內心中流露出來的。

對於老闆的極口誇獎，杜月笙的反應是微微而笑，不作任何表示，其實，儘管杜月笙在生人面前，神情靦腆，木訥難言，他的心胸中正燃燒著熊熊火燄，他有萬丈雄心，無限壯志，區區大英地界算得了什麼？他那攻勢箭頭所指的方向，甚至不止整個黃浦灘。

和大英地界的朋友聲息相通，往來密切，對於雙方都有莫大的裨益。大英地界和「勃蘭西」的區別，是英國人愛體面，重法治，白相人要想爲非作歹，作奸犯科，多少有點忌憚。相形之下，由於英租界政治修明，秩序安定，大商家、大富翁都樂於在那邊營業或僑寓，加上大英地界地區遼闊，熱鬧繁榮，大英地界的市面，豈止勝過「勃蘭西」十倍。至於法租界呢？法國人眼眶子淺，只認得錢，於是賄賂公行，紅包滿天飛，出了天大的事也是「有錢可使鬼推磨」，由而使「勃蘭西」成了罪惡的淵藪，煙賭娼的溫床。在法租界想掉槍花，賺大鈿，當然要比大英地界便利多多。

杜月笙給大英地界的朋友打開了天地，拓寬了範圍，直接間接，增進財源，英界朋友對他，當然是感激涕零，唯命是從。因此，黃老闆和杜月笙的徒子徒孫，在大英地界是到處兜得轉，行得通。他們一個個躊躇滿志，洋洋得意，但如飲水思源，立刻便會想到杜月笙真比黃老闆高明——向心力漸漸的在集中，杜月笙名符其實，成爲這一股羣眾力量的領導人。

54

公開出面保護小徐

從光緒末造，到民國十六年北伐軍光復上海以前，上海法租界以其便捷的交通，特殊的環境，實已形成我國政壇勾心鬥角、縱橫捭闔之中心地帶，無論在朝在野，各黨各派，都有重要的角色，在此從事多方面的活動。這彈丸之地在歷時二十餘年間，它的地位約略彷彿二次世界大戰的英倫，再加上北非的卡薩布蘭加。

黃金榮、杜月笙和張嘯林，置身政治氣氛如此濃厚的環境中，以他們在法租界所掌握的權勢和財力，卽令無意捲入漩渦，決計置身事外，在事實上也絕無可能的。時人嘗謂黃杜張自民國以來，一直都在隨波逐流，朝秦暮楚，純爲自身的利害爲前提，也有人說他們根本就沒有中心政治思想，凡此均屬皮相之談；殊不知黃、杜二人，自陳英士起卽與國民黨人士多所往還，國民黨的許多領導人物，對他們影響殊深，因此，如果說黃、杜、張也有政治路線，那麼，他們是絕對傾向國民黨，明裡暗地，只要對國民黨有益之事，他們必定盡心盡力。而對於北方直系、皖系與奉系，不過表面敷衍，虛與委蛇。不但如此，倘若直、皖、奉三系有事，他們或能助力，或可破壞，其親疏之別，亦以渠等於國民黨之利害關係爲準則。

譬如說，直、奉、皖三系，以皖系和國民黨較爲接近，於是，民國十三年九月，齊盧之戰爆發，直系大將江蘇督理齊燮元聯合閩粵邊防督辦、福建督理孫傳芳，兩路夾攻皖系的自稱浙江軍務善後督辦盧永祥。齊部驍將冀汝桐，奮勇突破太倉防線，上海岌岌可危；盧永祥水陸兩路緊急增援，惟以缺乏機動交通工具，進度遲緩，眼看著齊軍即將長驅而入。這時候，黃金榮、杜月笙，邀同張嘯林三個，分頭奔走，將法租界裡的卡車汽車首尾相啣，車龍馬水般駛往龍華集中，聽候盧永祥的調度，卒使瀏河前線轉危為安。

十月十二日，盧永祥因為孫傳芳襲取浙江，腹背受敵，和淞滬鎮守使何豐林通電下野，盧永祥赴日本轉北京，杜月笙單獨出面，招待何豐林和盧永祥的兒子盧筱嘉，在杜美路二十六號，住過一段時期。

十三年齊魯之戰，最大的原因是齊燮元和盧永祥爭奪上海的鴉片收入，齊孫聯軍逐走盧永祥，孫傳芳便取而代之，控制了整個浙江地盤。杜月笙等人為了利益關係理應接近上海的新主子孫傳芳，但是杜月笙開頭還不太買孫傳芳的帳，也因為他是直系的一員大將。孫傳芳關切煙土，向杜月笙送秋波，發表他為總部參議，杜月笙竟置之不理，一度惱怒了孫馨師，指他包庇亂黨（軍閥口中的國民黨），來了一紙具文——下令通緝。

通緝由他，好人好事自為之。民國十四年（一九二五）十二月，杜月笙說服黃老闆與嘯林哥，在舉國矚目之下，完成一件慷慨仗義的壯舉。

早在民國九年（一九二〇）發生的皖直戰爭，直系軍閥針對的目標，是段祺瑞手下的第一員大將，曾任陸軍次長、西北籌邊使、遠威將軍有「小徐」之稱的徐樹錚。七月十七日皖系兵敗，段祺瑞通電下野，時任總統的徐世昌下令通緝禍首，直指徐樹錚「稱兵畿輔，貽害閭閻」，嚴令全國軍警一體嚴緝。

徐樹錚起先躲到北平東交民巷日本軍營，一住九十天。但因英美法三國公使幫助直系，力主「驅逐罪魁」，於是他被裝進一隻柳條箱裡，藉日本在天津的駐屯軍司令小野寺之助，「運」赴天津，逃到上海。他住在英租界麥根路，借用前浙江督軍皖系大將軍盧永祥部下一名師長陳樂山的房子，不久又搬到英租界南洋路九號。民國十年（一九二一）十二月，他到廣州。十一年（一九二二）元月，由廣州往桂林，和孫中山先生會晤，談得十分融洽。十月二日他到福建延平，會合他的老部下旅長王永泉，通電成立建國軍政制置府，自任總領，奉孫中山先生和段祺瑞為領導。然而王永泉不久又把他攆走，徐樹錚返滬，旋去日本。十二年（一九二三）九月二十一日又回上海，仍舊在南洋路住著。他在福建轟轟烈烈的那一幕，對於國民革命軍消滅陳炯明，以及往後的完成北伐事業，自有很大的幫助。

十三年（一九二四）齊盧之戰，盧永祥兵敗，三天後，英租界巡捕房立將徐樹錚加以軟禁，又五天，更派人強迫他登上達達魯斯貨輪，遣送到英國利物浦，規定他一路不許下船。徐樹錚離國未幾，北方政局發生變化，直系垮台，段祺瑞出當臨時執政，立即給徐「考察歐美日本各國政治專使」名義。十四年（一九二五）十一月徐樹錚回到上海，由於段執政徒有虛名，大權握在張作霖、馮玉祥手裡，而任何一個有野心的軍閥，都雅不欲段徐之攜手合作，進而促成國民革命軍和安福系的南北呼應。所以徐樹錚的歸來，到處都隱藏著殺機。國人莫不密切注視他的行蹤和消息。

徐樹錚周遊列國，他是從日本乘大洋丸回來的，輪船抵步之前，有一位神秘人士來到杜公館，他和杜月笙是舊相識，早先曾在盧永祥的部下，他也是皖系人物之一。

他率直的向杜月笙提出請求，徐樹錚這次到上海，關鍵重大，希望杜月笙能夠公開加以保護。這個任務很艱鉅，很危險，若以當時的政治情勢而論，更是極其微妙，因爲徐樹錚在意大利時，曾經和墨索利尼訂立協議，支持段徐，供給大量軍火，如果徐樹錚能夠回到段祺瑞的身邊，段祺瑞即將由傀儡而重新掌握軍事實力，這一個關鍵對於爭權奪地，年年征伐不休的軍閥，確是無比重大。所以，一般人認爲徐樹錚這次回國，隨時都有遭到暗害的可能。保護這樣的一位政治人物，真是談何容易？

杜月笙和黃老闆、張大帥，籌思密商，黃、張兩位不盡贊成。黃老闆的意思：徐樹錚的公館在大英地界，以法租界的力量擔任保護工作，豈非隔靴搔癢，難免力所不逮。張大帥呢，他當時和奉系軍閥正親近，而皖系早已徒有其名，毫無實力，爲皖系的首腦公然露面，冒險從事，他說他百分之百的反對。

可是，杜月笙卻獨持異議，他針對黃老闆和張大帥提出的反對理由說：

「盧督軍和何豐林，多年來和我們的交情不錯，患難之中，派人來請託，這是他們看得起我們；這件事就人情上來講，我們不便推脫。再則，儘管徐樹錚住英租界，我們一樣可以保護他，正是我們露臉的機會。還有，」他望了一眼張大帥說：「錦上添花的事讓人家去做，我們多來幾次雪裡送炭，這才是江湖上所講的義氣。」

黃老闆贊許的點點頭，張大帥啞口無言，杜月笙心裡很歡喜，他還怕張嘯林臨時翻悔，先約好了說：

「船到的那天，我們一道先上去接。」

張大帥剛把眉頭皺起，杜月笙又搶在前頭說：「這是件大事體，一定要我們三個同去。」

當日，大洋丸抵吳淞口，黃金榮、杜月笙和張嘯林，黃浦灘上威鎮八方的三大亨，輕裘緩帶，乘一艘小火輪，官方歡迎人士尚未出現，他們便已先上了輪船，專誠迎迓徐專使，徐樹錚滿面春風的接待他們。

碼頭上，摩肩接踵，人羣麕集，其間有的是官方爲了敷衍段執政，派來歡迎的官員，也有的是報館記者，跑來看熱鬧的小市民，以及杜月笙事先安排好的羣眾，他們才是實際負保護之責的無名英雄。

大洋丸徐徐駛近，徐專使穿一襲西服，在甲板上含笑出現，看熱鬧的眼見滬上三大亨，黃老闆、杜月笙、張嘯林一致出動，站在徐專使的身邊，寸步不離左右。人叢中爆出了歡呼，這是一個極難獲覯的盛大場面，三大亨保護徐樹錚，三個人在上海的實力總加起來，何啻十萬雄兵！

黃、杜、張一路護送徐樹錚到英租界南洋路，自此派人輪班守護，日以繼夜。時已統一東南自稱五省聯帥的孫傳芳，不愧足智多謀，做功十足。他晚一步從南京「匆匆」趕來，迎接徐專使。於是，第二天便由上海各民眾團體，假市商會舉行大會，隆重歡迎徐專使與孫馨帥——馨遠，是孫傳芳的大號。

住了一天，孫傳芳和徐樹錚，聯袂專赴南通，拜訪南通狀元，中國第一任實業總長張謇。這位東南耆彥，當年已經七十多歲了，仍還是朝野同欽，舉足輕重的政治人物，張季直和徐、孫兩人幾度長談，其間並曾請他們往遊東奧山莊，張季直以年老體衰爲詞，不曾奉陪兩位佳賓同去，他命人備一桌素席招待。

十二月初，徐樹錚從南通回上海，他要到北平去見段執政。段祺瑞打電報來叫他暫緩動身，以免危險。他不肯聽，十九日乘順天輪離開上海。杜月笙全始全終，保護之責總算是盡完了。二十四日徐樹錚到北平，跟段祺瑞晤見，兩人對面跪拜，抱頭痛哭。他在北平住了五天，力勸段祺瑞下令討赤，二十九日他忽然起意南下，段祺瑞以次皖系人物勸他再等些時，他又不理，三十日遂在廊房車站，被馮玉祥的部下拖下火車槍斃。

55

張宗昌來豪情勝概

民國十三年底，奉軍支援盧永祥，大舉南下江蘇，驅逐齊燮元和孫傳芳。張宗昌統兵爲前鋒，直指京滬，一路收繳齊燮元敗兵的軍械，孫傳芳自浙援蘇的部隊也退到新龍華，雙方劃地而治，暫時相安。後來由於上海老百姓不勝「鬍子軍」的橫征暴斂，奸淫擄掠，迭次電請段政府勒令奉軍撤離。奉軍仍命邢士廉留鎮淞滬，楊宇霆督蘇，企圖控制江南。到十四年十月，孫傳芳組織浙蘇皖贛閩五省聯軍，驅走駐蘇奉軍，形勢才爲之一變。

張宗昌是山東掖縣人，人高馬大，胳臂粗腿子長，因此他綽號「張長腿」，坐在汽車裡面，都是蜷身縮腳，又因爲他嗜賭一翻兩瞪眼的牌九，北方人稱賭牌九爲「吃狗肉」，於是他又有個「狗肉將軍」的雅號。辛亥革命，他曾投身上海光復軍。現在他捲土重來，也算是舊地重遊。有許多舊日朋友，爭先恐後的爲他洗塵接風，花天酒地，一席千金，爲黃浦灘上的人慾横流，紙醉金迷，恰似夕陽落照，添了最後的一筆絢爛彩色。

張嘯林那個大帥是開頑笑喊出來的，如今八面威風的真張大帥到了上海，他比誰都高興。一力慫恿杜月笙，要作盛大熱烈的歡迎，杜月笙欣然同意張嘯林的提議，他心裡卻在另有打算。

事先，杜月笙和張宗昌的駐滬代表單先生，接觸頻繁，他們是老朋友，這次招待應該怎麼樣辦，單先生把張宗昌的性格脾氣與所好，跟杜月笙分析得清清楚楚。

民國十四年元月二十九日，張宗昌率領奉軍一萬餘名，源源開入上海華界，他的部下有白俄軍隊，山東大漢，和東三省改編了的紅鬍子，凶猛粗暴，軍風紀極壞，他們頭戴皮帽，身穿灰棉軍裝，個子高大，穿得又復臃腫，見人眉一揚，口一開，不是「媽特個×」便是「媽拉個巴子」，上海人不曾見過這班紅眉毛、綠眼睛的人物，鬧了幾次姦淫燒殺案件，把華界居民嚇壞了，逃長毛賊似的，爭先恐後往租界裡搬。

另一個角落裡，上海的幾家闊佬公館、豪華酒樓，正忙於佈置燈彩，安排山珍海錯，粥粥群雌，牌九麻將，「盛大熱烈」歡迎張大帥。張宗昌辛亥年于役上海光復，他是在李徵五的手下，現在李徵五是上海商報的老闆，聲望地位，相當的高。老部下親率「十萬雄兵」，賁臨上海，這位老上司，自然要搶在前頭，聊盡地主之誼。這一天，由於杜月笙派人婉轉示意，李徵五便備了分請帖，請杜月笙和張嘯林到席作陪。

這一次宴會豪奢而隆重，杜月笙已經看得出來，胸無城府，粗魯不文的張宗昌，對於那些繁文縟節，絲毫不感興趣。他記起了單先生供給他的情報，張大帥就是喜歡玩，玩什麼呢？除了食色性也，便是打牌。

於是他暗中決定了他的招待方式，乾乾脆脆，他請張宗昌到長三堂子裡去吃飯。

上海的長三堂子，多半設在四馬路東西薈芳里和會樂里，略同於現今臺灣的酒家，卻是以「人」為主，而非湊集許多「人」而去創一個招牌。因之略具家庭風味，主客之間尤其「親切」。所謂長三，則是「公定價格」，出堂差侑酒三元，到堂子裡打茶圍也是三元，這是基本定價，倘若擺酒席或設賭局，一桌牌，一席酒，其價爲大洋十餘元。可是自從杜月笙他們這班亨字號人物，經常利用長三堂子，作爲應酬交際的場合，由於杜月笙一手進錢兩隻手花，出手之濶綽是天下聞名的，豪興一起，信手撒漫，早先的規例全部打破了，他曾有在長三堂子裡一賞千金，打一次牌，抽頭三五千元的豪舉，引得叫化子們，將杜月笙的豪情勝槪，編了道情在堂子門口唱，然後黑壓壓地來一大堆人領賞的大場面。

被杜月笙捧紅了的名妓，數十年來，何止車載斗量，但是其中最美的一個，應推所謂「花國大總統」富春樓老六。富春樓老六也是姑蘇佳麗，長身玉立，艷光四射，她愛梳橫愛司（S）髻，一口吳儂軟語，眉目傳情，明眸皓齒，風姿極爲迷人。她因爲一登杜門，聲價十倍，特將香閨設在汕頭路，門前下馬停車盡是滬上的達官巨賈，也可說是「往來無白丁」了。

杜月笙假富春樓老六的香閨，設宴歡迎張大帥。他曉得張宗昌的脾氣，又代爲邀集花國的十大美人，環肥燕瘦，情意綢繆，直在張宗昌身邊穿梭般來往。那一夜，由於主人殷懃，美女留情，使得張大帥手舞足蹈，樂不可支。席間，富春樓老六開個頑笑，她美目盼兮，鶯聲瀝瀝的說：

「哎呀，今朝我們這裡有了兩位張大帥了。」

張宗昌忙問緣故。單先生把張嘯林的綽號也叫「張大帥」一說，張宗昌呵呵大笑，他竟來了個頗爲可人的幽默，他說：

「你是張大帥，我是張小帥。」

張嘯林不好意思，掙得滿臉通紅的說：

「大帥不要開頑笑。」

「真的嘛！」張宗昌叫嚷起來：「不信你問，我的號叫效坤，我手底下的人都喊我『效帥』，你們上海人說『效帥』，可不就是『小帥』嗎？」

於是，舉座鬨堂。杜月笙翌日回家以後說起這件事，他說：別看張宗昌外貌像個粗人，他的肚皮裡還不簡單。

灼鵝燔鼈，金虀玉版，這一席盛讌，吃到十點多鐘，張宗昌賭興大發，麻將間裡，早已備下了賭具，大亨豪客，陪著倚紅偎翠的張效帥，走到隔壁。商量一下，以何者為戲？那一夜，張效帥不曾推牌九，因為他對於上海人要把大牌九拆開來打，分為前後亮牌，而且還有什麼輪流推幾副的賭法，自稱一點不熟，因此，杜月笙他們正好陪他搓了一夜的麻將。

張宗昌在上海整整住了半個月，二月十四日，他便以北上磋商軍事為名，在上海居民的交口咒罵中，率大隊撤走。不過他仍留了一條尾巴，派一個補充旅在滬「協助清鄉」。

辛亥光復前後，杜月笙、黃老闆和革命黨人，早已建立了私人間的友誼，自此以後，由於接觸頻繁，關係唯有越來越密切。尤其杜月笙一向敬仰民黨人物，服膺革命思想，他對偏處粵閩桂等省的國民黨政權，內心十分嚮往，但凡他們對他個人有所請託，他總是盡心盡力，樂於從命。因此，南方來的革命同志，仍然不時和他保持接觸。

杜月笙保護徐樹錚，招待張宗昌，皖系奉系，都很看得起他。如日中天的直系將領，孫傳芳和他的交情則是建立在利害關係上的。四川方面，常在下川東一帶活動的范師長范紹增，和他在業務方面經常都有往還，杜月笙的觸角越伸越遠，他的名字，不斷的跟當代大佬相提並論，於是他成爲了全國性的人物，這一點，不但使他的伙伴和徒眾感到驕傲無比，甚至於連上海人也覺得很有光采。黃浦江濁浪滔滔，千百年來文不拜相，武不拜將，終於出了一個和公卿相平起平坐，稱兄道弟的杜月笙了。

從此，他曉得了交際聯絡的重要，嫌自己的一口上海話外地貴賓聽不懂，同時，他在大場合裡艱於言詞的習慣一直改不掉，於是，他開始重用張嘯林，對「官府」的應酬交際，一概請他的「嘯林哥」代爲操持。每天，他都和「嘯林哥」同進同出，形影不離，爲了表示聲價和派頭，兼且便於代步，他又一次開上海俠林人士風氣之先，買了一部小轎車，領到的汽車執照是「七七七七」，上海人一見四隻七的小包車風馳電掣而過，便會交頭接耳的說：

「是杜先生的車子。」

56

華格臬路甲第連雲

同時，杜月笙在法租界，接二連三建立小家庭。四五年下來，到民國十三四年，陳氏、孫氏兩位夫人，前後添了幾位小寶寶，人丁旺盛，傭人更一批批的添加。鈞培里和民國里三處房子都嫌不夠住，尤其杜月笙聲譽日隆，交遊廣濶，衖堂房子再大，畢竟派頭小些。有一天，杜月笙和黃老闆閑談，談起了他住處不敷的苦經。黃老闆深以爲然，他當時便說：

「你應該造一幢像樣點的房子。」

杜月笙眉頭一皺，答聲：

「就是一時找不到合適的地皮。」

「我有一塊地，買在華格臬路，」黃老闆慨然的說：「足足有兩畝，你要覺得合適，我就送給你。」

華格臬路，就在跑馬廳後隔兩條街，距離大世界不遠。地點適中，交通便利。有兩畝空地，蓋一幢深宅大院，得以鬧中取靜，那是毫無問題的。

杜月笙歡歡喜喜，謝了黃老闆，他去找張大帥，跟他商議蓋房子的計劃。張大帥直心直肚腸，他不管黃老闆和他的交情究竟是深是淺，也不問杜月笙是否心甘情願，他來不及爲杜月笙打算盤，脫口便說：

「好極好極，既然有兩畝地，我們何不一人蓋一幢。兩幢連在一起，以後我們來來往往，不是更加方便了嗎？」

杜月笙說好嘛，就照嘯林哥的意思辦。他跑去跟黃老闆一說。黃老闆地皮送給杜月笙了，君子一言既出，駟馬難追，既使他不曾想過要送張嘯林這筆厚禮，杜月笙答應了張嘯林，他當然無話可說。

華格臬路上，黃老闆所擁有的那兩畝空地，於是便鳩工購料，大興土木，開始造起大洋房來。兩畝地皮，杜月笙和張嘯林一家一半，中間隔一道磚牆，開一扇便門，兩家人跑來跑去，果然十分便利。

房屋的格局和工料，杜張兩家也是大致不差，頭進中式，兩層樓，二進西式，樓三層。以頭進樓下而言，分隔爲會客室、帳房間、文書寫字間，一排三間華屋，另一邊則是古董間和起居室與臥室。

民國十四年春，杜家和張家同時進宅。

杜月笙有三位美慧的夫人，元配沈氏夫人坐鎮樓下正屋，老上海尊之爲「前樓太太」，「二樓太太」則爲二進的陳氏夫人。孫氏夫人更上層樓，她住二進三樓上，被稱爲「三樓太太」。

最盛時期，三位夫人各有男女傭四五名，汽車一總是九部，每車各有司機，助手一人，連屋後園中的狐仙祠，都專設一名寧波老傭人，負責灑掃祭祀。

上海本地的富戶巨商，紳士大亨，慕杜月笙的名，憚杜月笙的勢，紛紛的前來拜望、結交，因此從早到晚，杜公館汽車排隊，門庭如市。早晨八九點鐘的時候，會客室外間，便已經坐滿了等候接見的客人。杜月笙除了通宵達旦的大賭，通常不管睡得怎麼晏，九時必起。他盥洗過後，吃早飯時，萬墨林會從文書間裡，取來一張單子，上面用核桃大的字，開著這一整天應酬約會的時間和地點。

吃好早飯便開始接見客人，有事體的，多半三言兩語解決，杜月笙領悟能力極強，幾乎可以說是天才，他一見到來客，立刻就會聯帶想起他身上的事情，心知他是何所為而來。接看，他學黃老闆的要言不煩，有時不待對方把話說完，他便攔斷了人家的長篇大論，雍容和藹，答以這麼三句：

「你的事體我曉得了。」

「你放心，我會得替你辦好。」

「好，再會。」

說杜月笙「有求必應」，真是一點不差，每一個去見他的人，不論為錢財，為糾葛，為天大的事情，他必定可以得到圓滿的答覆，圓滿的解決。事無大小，找到了杜月笙，他便會一力肩承，看他整天忙成那個樣，賠錢受累，費盡心血，到處替人家化除困擾，排難解紛，他的太太、親朋友和替他辦事的，有時候免不了要絮聒幾句：

「吃自己的飯，管人家閑事，好處嘸沒，還要倒貼，這是何苦來哉？」

於是，杜月笙便這樣意味深長的回答他們：

「人家有事情來託我，那是人家看得起信得過我杜某人。就憑這一點，我也應該幫他們把事體辦好。」

或者是：

「一個人做到了沒有人上門來請託，那還有什麼意思？」

「助人爲快樂之本」，「人生以服務爲目的」，杜月笙不曾讀過這兩句格言，但是他能將它們的真義，發揮得更其淋漓盡致。

中午沒有應酬，杜月笙喜歡在家裡吃飯，和他的妻子兒女，樂敘天倫。但是這種機會畢竟難得，於是，他的家人如果對他有什麼報告或請求，他們幾乎要搶著在飯桌上發言。

除非家有喜事，或者在家裡請客，晚間想要和家人一道，清清靜靜吃頓飯，簡直絕無可能。曾經有一次，杜公館一連賭了兩個多月的錢，由於杜月笙睏極了便睡，爬起來又賭，家裡面的人，竟然七八十天找不到跟他說句話的機會。

57

脫下鑽戒著起長衫

當時在杜公館行走，一般賭友的規矩，打頭子分為兩種，一曰彩頭，一曰小頭。彩頭小頭打了兩個多月，結算數目，真正嚇壞了人。吃一桌魚翅席不過五六隻洋，普通人家的娘姨一月工資只有大洋一兩塊，而那一次杜公館積下來的頭子，白花花的大洋錢，居然有十五六萬元之多，可以像模像樣開几爿廠了。

偌大一筆頭錢，應該怎麼樣分法呢？趁賭局終於散場，杜月笙去睡了，江肇銘還不曾走，杜公館的總管、賬房諸人先商量起來。

江肇銘出來說了話：

「照規矩嚒，彩頭歸老闆，貼補開銷。小頭呢，上下人等大家分分。」

焦文彬年紀大了，杜公館的賬房先生，已經換了楊漁笙，楊漁笙跟萬墨林開頑笑，他悄悄的拉他一把說：

「墨林，算算小頭也有十多萬。啥個上下人等大家分分？我兩人分分脫子拉倒吧！」

「這個不行，」萬墨林緊張的喊了起來：「我們兩個分了，馬上就會出事體！」

楊漁笙哈哈大笑。當天晚上，萬墨林便去請示杜月笙：這筆小頭，應該如何分法，方始可以「擺得平」？

杜月笙的答案，使萬墨林，甚至楊漁笙都大出意料之外，他不假思索的說：

「帶上隔壁頭，大家一道分分。」

華格臬路杜公館的隔壁頭，如所週知，是張嘯林張大帥的住宅，那邊的上下人等，幾乎就跟杜公館差不多了。「爺叔」這樣交代，萬墨林唯有遵辦，他和楊漁笙按著人數一個個點，一個個分，統計下來的結果，單說杜公館：杜月笙、三位太太和一大群少爺小姐不算在內，光是分小頭的，便有一百單八將。

由此可知杜公館昔日之規模，樓下書房裡有常駐辦公，一天到晚忙個不停的秘書，頭一位是翁左青，翁先生處理文翰忙不及，又重金禮聘徐慕邢。杜月笙一生一世最敬重讀書人，他當然不會叫秘書老爺分頭錢，把秘書、帳房、管家一例剔開，當時杜公館一共有九部汽車，每車設司機一人，助手一人，這便有了十八位。此外，前樓、二樓和三樓，彷彿一樓成一個單位，自有其大司務、下手、聽差、娘姨、小廝和丫頭，每一位少爺或小姐，也都擁有三四個傭人。誠所謂「僕扈如雲，漪歟盛哉」！

早年上海，白相人「混世界」，穿的是紡綢紬緞短打，一襟中分，單排鈕扣，胸前要冒出一條金錶鍊，錶鍊越粗越表示有身家。金錶鍊在左胸繞個弧形半圓圈，鍊末繫以西洋打簧金掛錶，塞入衣袋，除此而外，手指上還必得佩隻油光閃亮的金剛鑽戒指，倘若少了這三樣，那就是寒酸得很了。

民國十六（一九二七）前，杜月笙未能免俗，也曾作這樣的裝束與打扮，他甚至別出心裁，在右手腕上刺了一只藍靛的小小鐵錨，指拇大小，若將雪白的袖裡往上一捲，小小藍錨便赫然出現。還有，他所佩戴的那隻火油鑽，寒光熠熠，奪目欲眩，重量是四克拉半。

有一天，杜月笙出席一個達官貴人，紛至沓來的盛大宴會，高冠峨服，衣香鬢影，他由於自卑感作祟，已經覺得混身都不自在。偏偏有人提議請杜先生講幾句話，他急窘無比，正想站起來打恭作揖，加以推辭。卻有張嘯林出來替他解圍，他說還是讓他來代表杜月笙致詞吧。

杜月笙那天著的倒是長衫馬褂，張嘯林大放厥詞的時候，他坐在上席閑來無事，暗暗打量那些有身家、有地位，而且有教養的紳士，他忽然有所發現，——在座的人，沒有一個手上戴戒指，戴他那種惹人注目的大鑽戒，因此他覺得大爲不安，他一向是從善如流，進步神速的，他當時便將手上的鑽戒轉了一圈，把那隻大鑽石緊緊的握在掌中。

那天他回家以後，手上的大鑽戒脫下來了，放進保險箱裡，從此不再佩戴。同時，他經常穿著長衫，不時注意領口的扣子可曾扣好，三伏暑天，他在家裡也從不袒胸露臂，或者就著汗衫馬甲。俠林中人最講究上行下效，杜月笙改了裝，風氣一開，毋須通令，不必告白，黃浦灘上最少脫掉了上千萬隻鑽戒，白相人和大紳士，同樣的衣冠楚楚，謹言慎行了。

58

粉墨登場滿座鬨堂

民國十四五年，杜月笙三十八九歲，幾爿賭公司生意興隆，鴉片煙買賣做來得心應手，光是「大公司」裡派定的「公費」，他每月已可收入現大洋一萬元，其他種種收益，更可能十倍於此。

於是，幼艾父母雙亡，童稺孤苦無依，小時瞎摸亂闖，青年孜孜矻矻，一直到了如日方升的鼎盛中年，杜月笙開始擺個場面，稍微有些風光；將那成功滋味，淺淺的嘗一嘗，他倒是有過一陣子神怡心曠，快樂歡暢。

他的興趣向多方面發展，而且，每每證明無論他學什麼，進度都是相當的快。不過有一點，由於時間和精力的有限，使他唯有淺嘗輒止，無從深入。

譬如說唱京戲，他有一個願望：凡是他所看過聽過的好戲他都想杭不啷噹照單全收，因此，生旦淨丑，文武場面，他樣樣都能來上兩手，或則整齣，或則一段。譬如說：他昨天聽了一齣姚玉蘭的捉放宿店覺得過癮，今天他便會請姚老生親自傳授，明天又看了楊小樓的起霸邊式又好看不過，後日他又要請楊老板來教他練武功了。唱不唱得像，練不練得成，他卻是並不在意，反正是好白相的，杜月笙決不會去吃開口飯。

不過，「這話又得說回來了」，杜月笙雖然不靠唱戲吃飯，倘使他若興致一來，粉墨登場，卻比任何京朝名伶，海派大角，還更叫座，更有號召力，票房價值更高。前後二三十年間，每一次上海發起勸募捐款，杜月笙不是主任委員，便是當總幹事，他擔任提調，必定排得出令人歎爲觀止的戲碼，請得齊天下聞名的角兒，而在精采百出，好戲連臺的節目單裡，總歸要排上一場滬上名票大會串。這裡所謂的名票，實則爲「名人」的代名詞，如杜月笙、張嘯林、沈田莘、王曉籟、張蔚如，以及許多黃浦灘上字號響噹噹的大亨。看他們的戲，台上汗流浹背，台下陣陣鬨堂，荒腔野板，忘詞漏場，不但照樣引起滿座的彩聲，而且立即被人偷「學」了去，傳爲佳話，笑痛肚皮。這是台上台下，親切而純摯的感情交流，戲演得越糟，反倒越加討好。因此，只要排出杜月笙他們的戲目，義演場中，準定全場爆滿之外，還有人千方百計的想弄張站票。

杜月笙會哼的戲很多，唱得好的卻少，原因要歸罪他那一口浦東腔調。他學的是老生和武生，由於南北名伶無人不敬杜先生，和「名師們」研究切磋機會之多，當代不作第二人想。尤其往後姚玉蘭和孟小冬兩位菊壇祭酒先後來歸，閨房之樂，往往一曲繞樑，時人曾有「天下之歌，盡入杜門」的讚嘆。有這兩位夫人的盡心指點，加上杜月笙的興趣，如果他有志於此，他很可能成爲平劇角兒。

在平劇方面經常指點調教的，有金少山的令兄金仲仁，和名小花苗勝春。杜月笙會的老生戲，多半出自金仲仁所授，苗勝春則每逢杜月笙票戲，從訂製行頭、排練到檢場，統統歸他一手包辦。

能夠成齣搬上台去唱的，杜月笙一共會六齣戲，——他生平票戲也只票過這六齣。頂拿手的是「天霸拜山」、「落馬湖」，以次類推則爲「完璧歸趙」、「刀劈三關」、「八蜡廟」，還有一齣和「伶王」梅蘭芳合演的「四郎探母」。其中那齣「刀劈三關」，是姚玉蘭夫人所授。再末，便是有一次證券交易所理事長張蔚如票演「蘇三起解」，「三堂會審」那一大段戲裡，杜月笙和張嘯林應邀客串「紅袍」與「藍袍」，兩大亨全部嶄新行頭，一左一右，陪著堂上王三、階下蘇三，分明是「活道具」似的陪襯角色，但當兩大亨唸一次道白，台下準定會轟起滿堂彩來。各方友好贈送的花籃，從劇場大門口，沿路排滿直到戲台，這兩位滬上聞人收到的花籃總共四百多隻，漪歟盛哉，兩位配角十足搶盡了主角的風光。

民國十三年，大江南北爆發了齊盧之戰，齊燮元加上了孫傳芳，跟浙江軍務督辦盧永祥，在江南一帶炮火連天，鏖戰不休。各地難民，扶老攜幼，紛紛逃往上海避難，他們席地幕天，餐風露宿，眼看著就要成爲餓莩。杜月笙登高一呼，籲請上海各界，同伸援手，加以救濟。那一次，他所舉辦的平劇義演，極爲成功。連日滿座之餘，觀眾紛紛要求，請杜先生也出來唱一齣。

這是他平生第一次公開登台，心情之緊張熱烈，自是不在話下，除了加緊惡性補習，他更自掏腰包，做了一套簇新漂亮的行頭，那一回，他唱的是「天霸拜山」，飾演黃天霸一角。

戲裝店的老板，親自來給杜月笙量尺碼，做行頭，一群朋友，在旁邊七嘴八舌，提意見，出主張。其中有一位說：

「杜先生，這個戲裝裡面，頭盔是頂要緊的，你不妨多用兩鈿，把它做得特別漂亮。」

杜月笙問他：

「怎麼樣個漂亮法呢？」

「人家角兒的頭盔都用泡泡珠，杜先生你何妨用水鑽？五彩燈光一照，光采奪目，那不是要比泡泡珠漂亮得多嗎？」

一時高興，杜月笙脫口便說：

「好，就用水鑽。」

於是在他身旁又有人提出建議：

「天霸拜山裡的黃天霸，出場下場一共是四次。杜先生，你應該做四套行頭，每次出場換一套。」

「好，就做四套。」

回到前樓太太沈月英的房間，把這番經過一說，沈月英笑得合不攏口問：

「唱戲又不是做新娘娘，何必出一次場就要換一回裝呢？換上換下，只怕時間趕不及啊。」

「哎呀，這個妳就不懂了，」杜月笙聊以解嘲的回答她說：「人家角兒唱戲，有的靠唱工、有的靠做工，看戲朋友不是飽了耳福，就是飽了眼福。我呢，唱工不靈，做工又不行，只好多做兩套行頭讓大家看看了。」

四套戲裝全部做好，從裡到外，一色湘繡，精工裁製，價錢大得嚇人，由苗勝春幫忙他一套套的試著。杜月笙站在大穿衣鏡前，做了幾個邊式，環立周圍的人，忙不迭的叫好。卻是杜月笙愁眉苦臉的轉過身來，雙手一甩袍袖，神情沮喪的說：

「算了罷！我身材又瘦又長，天生不是衣服架子，再漂亮的行頭，著在我身上也會走樣！」

於是，大家很落胃的哈哈大笑起來。

59

泰山蓋頂壓出毛病

「天霸拜山」裡的二主角，大花臉竇爾墩，杜月笙挽請「嘯林哥」客串，張嘯林一口答應，他的黑頭戲出於金少山的傳授，因此，他是相當有把握的，最低限度，他運腔咬字要比杜月笙準確得多。

公演之夜，盛況空前，上海早期三老之一，黃浦灘人人呼之爲「洽老」的虞洽卿，和商界名流王曉籟，端張椅子坐在文武場面旁邊，雙雙爲杜張二人把場。台上台下，嫣紅奼紫的鮮花，堆得花團錦簇，層層疊疊，戲院裡全場爆滿不算，作「壁上觀」者更大有人在。尤有顧嘉棠、葉焯山等小八股黨，以及杜月笙、張嘯林的保鑣親隨，在人叢中昂首挺胸，擠來擠去，彷彿是他們在辦什麼大喜事。

輪到杜張兩大亨相繼登場，掌聲與采聲，差點把戲院的屋頂掀開，張大帥一張口，全場頓時鴉雀無聲，觀眾們大概都曉得張大帥的毛躁脾氣，怕他光起火來要罵：「媽特個×！」

繡帘一掀，杜月笙在上場門口出現，掌聲如雷，采聲似潮，觀眾的熱烈情緒到最高峯，觀眾裡還有人在高喊：「喏，杜先生！杜先生出來了！」他身上全部湘繡的行頭燦爛奪目，蟠龍繡鳳，珠光寶氣，最精采的尤數他頭上那頂「百寶冠」，上千粒熠熠生光的水鑽，經過頂燈、台燈、腳燈，十幾道光線交相映射，水鑽幻爲五彩輝芒，看上去就像霞光萬道，瑞氣千條。

演的是「黃天霸單騎拜山」故事，杜月笙親赴落馬湖，拜見張大帥。兩個人分賓主之位坐定，開始大段的對白。台下的觀眾這時又發現：杜月笙的臉孔始終向後仰著，兩隻眼睛居然是瞇起了的。

還有人以爲他是學三麻子唱關公戲，照例不睜眼呢；台上的張大帥一陣心慌，忘了詞兒，台下沒有人敢喝倒采；但是他從容自在，不驚不慌，右手甩開了大摺扇，兩隻眼睛落在扇面上。扇面上寫得有全部戲詞，「竇爾墩」得救了，他繼續將江湖上的言語，細細的再與杜月笙講。

眼睛珠子移到眼角邊，杜月笙一眼看見嘯林哥玩的把戲，他不禁又驚又羨，竇爾墩上場照例要帶大摺扇，那把摺扇此刻發揮了莫大的作用。回頭想到自己，暗暗的喊聲糟糕，自己演的是黃天霸。黃天霸在「拜山」的時候是要赤手空拳單騎拜山的，嘯林哥的扇子上有「夾帶」，待會兒要是自己也忘了詞兒，那可怎麼辦呢？

心中一急，果真就把詞忘了，竇爾墩的道白唸完，他滿頭大汗，目瞪口怯，頭一個字就接不上。前台後台個個都在爲他著急，這齣戲該怎麼往下續呢？僵住了時，杜月笙一眼看見有人擎個小茶壺在向他走來，他不覺眼睛一亮，精神驟振，來人正是降格擔任檢場的名小花苗勝春；苗勝春趁他喝茶的時候，嘴巴貼緊他耳朵，將他忘了的那幾句詞，輕輕的提上一提。

杜月笙用他濃重的浦東腔，繼續往下唸道白。管他唸的是什麼呢？在台上的虞洽卿、王曉籟，和張嘯林，以及台下的小八股黨、保鑣親隨，還有成千上百，滿坑滿谷的觀眾，齊齊的吁出一口氣。

黃天霸在「拜山」一劇中「出將入相」，四上四下，照說，每一次上下場之間，杜月笙正好輕鬆輕鬆，歇一歇氣。可是沈月英的警告不幸而言中，備下了四套戲裝，隔場便要換一套。所以他一出下場門，馬上就有人忙不迭的爲他卸行頭，人纔步進後臺化妝室，又有手忙腳亂替他換新裝的，在他周圍忙碌緊張。這麼一來，把杜月笙開口說句話的時間都給剝削了。

第二度上場，臺下開始竊竊私語，議論紛紜，因爲滿場的看客，祇見杜月笙額汗涔涔，身體搖搖晃晃，看起來彷彿頭重腳輕，搖搖欲墜，誰也想不透究竟是怎麼一回事？好不容易，等他痛苦萬狀的把這齣戲唱完，回進下場門，早有太太少爺，跟班保鑣，爭先恐後，把他攙牢。然後踉踉蹌蹌，跨進他的化妝室，不管那個如何焦急關切問他的話，他始終置若罔聞，一語不發。

卸罷裝，更過衣，手巾把子和熱茶，一大堆人服侍了他好半天，方始看見杜月笙呼吸調勻，臉皮由白轉紅，他浩然一聲長嘆，連連的搖著頭說：

「這只斷命的水鑽頭盔，真正害死我了！」

沈月英連忙將那頂特製的頭盔捧過來，「啊呀！」她驚叫一聲，這才明白過來，頭盔上的水鑽，層層匝匝，密若繁星，總共有好幾百粒之多，那水鑽的分量好重！這頂頭盔，比普通頭盔要重得多了。可不是差一點兒把杜月笙壓垮了嗎？

後來他常說：唱那一齣戲，等於害了一場大病。

60

浦東戲腔流行滬上

有一段時期，杜月笙喜歡清唱一段「打嚴嵩」，那是老生戲，有大段的唱工。杜月笙唱戲的嗓子倒嘸啥，只是他那一口鄉音，一世不改，唱起戲來，當然不能例外。經過他公開露過一次，黃浦灘上紛起效尤，杜月笙浦東腔「打嚴嵩」，其盛行有如今日之黃梅調。

當時，上海有一位戲劇界怪才，笑舞台的王无能，原是一名丑角，但他獨出心裁，將北方的相聲，南邊的說書，乃至各種戲劇、歌曲、方言、俚諺兼容並蓄，連敍述帶唱做，一人飾數角，名之爲獨角戲，又稱冷面滑稽。專以逗笑觀眾爲能事，果然風行一時。

王无能唱浦東腔「杜月笙打嚴嵩」，當年是他的一絕，老上海聽了，包準笑得翻倒。有一天，一位朋友告訴杜月笙：

「王无能學你的打嚴嵩，確實是維妙維肖。」

杜月笙一聽說是：「真有這個事情?」他乘興吩咐手下，明天下午去把王无能請來。

吃開口飯的朋友，誰不格外敬畏杜月笙三分，王无能因爲自己經常拿杜月笙當笑料，輒感唐突冒犯，難免做「賊」心虛，如今一見杜月笙派人來請，誤以爲他要加以懲處，或是教訓。當時嚇得魂飛天外，向來人鞠躬作揖，聲聲討饒，於是來人哈哈大笑的說：

「你放心，去了自有你的好處。」

王旡能硬起頭皮，跟來人進了華格臬路杜公館，大廳上，不但公館裡的人少長畢集，還有臨時趕來看熱鬧的要好朋友，或坐或立，擠了一屋。

不曾進門以前，顧嘉棠等好在客廳門口，他一拉王旡能的手臂，悄悄的吩咐他說：

「你要學得像，杜先生才開心。」

王旡能蒼白著臉，點了點頭。進門以後，喊了杜先生，臉上堆著強笑。杜月笙對他很客氣，談幾句閑天，方始請他表演一段。

黃浦灘上正在流行「杜月笙打嚴嵩」，杜公館裡無人不知，無人不曉，唯獨杜月笙一個人被蒙在鼓裡，因此，當王旡能字正腔圓，才唱了三句，滿屋子人全部都撐不住了，望望杜月笙，望望王旡能，一個個笑得彎腰呵背，流出眼淚水。杜月笙不慍不惱，他也隨著眾人高聲大笑，一疊聲的誇獎王旡能：

「學得像，學得真像！」

唱唱笑笑，笑笑唱唱，鬧了一兩鐘頭，杜月笙神情愉快，爲歷來所罕見，他笑得闔不攏嘴。王旡能告辭時，他關照聽差，奉送兩百大洋。王旡能去了很久，他還在不停的向家屬親人們說：

「蠻開心格，蠻開心格囉！」

受到黃金榮和金廷蓀的影響，杜月笙除了愛好平劇，他對於全國各地來滬獻藝的伶人，一概親近愛護。上海俠林人物，用浦東腔暱稱「角兒」，就是他由北方話轉來的獨創名詞。上海是我國第一大都市，洋場十里，笙歌處處，民元前後，自譚鑫培以次的京朝名角，莫不競往上海淘金，這些伶人到達上海，照規矩免不了要拜碼頭，而黃杜張金四大亨都是必須先拜爲宜的。這四兄弟對角兒們也真能盡心盡力的照應，彼此來往，親密有如家人。因此之故，自杜月笙出道以後的三四十年間，國內知名的伶人，幾乎沒有一個不崇仰杜先生，感激杜先生，天大的事情，只要杜先生出面，立可一言而決。而名伶們置身滬上，但如曾經拜過杜門，自此就祇需一心一意把戲唱好，高枕無憂，穩賺鈔票，卽令天坍下來，也有杜月笙替他們撐腰。

杜月笙一生結交過的名伶車載斗量，多如過江之鯽，私下他頗爲推許紅遍大江南北，曾使上海萬人空巷的梅蘭芳。梅蘭芳第一次到上海，時在民國二年（一九一三），演出於許少卿開設的丹桂第一台。他到同孚里黃公館去拜望過黃金榮，杜月笙和他見過一面。

梅蘭芳二度南來，杜月笙已經身爲滬上聞人，華格臬路杜公館冠蓋雲集，車馬盈門，梅蘭芳再次謁見，兩個人都是黃浦灘上家喻戶曉，最出風頭的人物，但是主與客的謙沖自抑，虛懷若谷，卻也同樣的是等量齊觀，毫無軒輊。於是，杜、梅由於氣味相投，互傾仰慕；從此結爲莫逆之交，梅蘭芳在上海，無論唱戲酬酢如何繁忙，經常都會特地抽出時間，到杜公館去望望。

杜月笙幾個在上學的孩子，因爲父親的啓發獎誘，從小便對平劇饒有興趣，兼以戲聽得多，學習起來特別便利，唸小學時便能粉墨登場，票幾齣戲。其中以老大杜維藩、老三杜維屏工老生，老二杜維垣唱黑頭，這三位小兄弟合演一齣「黃鶴樓」，拖出金廷蓀的大兒子金元聲飾演趙雲，居然有聲有色，苗頭十足。往往梅蘭芳也綠葉牡丹，參加他們，唱齣壓軸子，而小兄弟們的「黃鶴樓」

則掛倒第二，算是軸子戲了。凡此場合，杜月笙和他的家人親友，當然是興高采烈，笑口常開的基本觀眾。

等到梅蘭芳的壓軸子戲唱完，杜月笙帶領大批人馬上後台，當他看見梅蘭芳妝都沒有卸，先趕著向前台後台的夥計道乏，連那些跑龍套的，他也雙手一拱，跟他們連聲的說：

「辛苦，辛苦！」

杜月笙必定會告誡他的孩子們說：

「你們看好，我要你們學的，就是人家的這種謙虛誠懇。這才是真正了不起的。」

杜公館有一名老傭人，名喚阿柄，阿柄死得早，他遺下一個弟弟，小名毛毛。杜月笙乃將毛毛收養在家裡，平時並不把他當作傭人看待，毛毛有小聰明，在杜公館「見多識廣」，皮簧音律，居然無師自通。杜月笙覺得這孩子大可造就，便央託梅蘭芳的琴師王少卿，試試這毛毛有否學胡琴的天分。

王少卿綽號二片，他是梨園世家，梅蘭芳頭回在上海露演，便是給王少卿的父親王鳳卿跨刀。二片一試毛毛的琴藝，也認為他「孺子可教」，便經常把毛毛帶在身邊，親予指教。接連有幾次，毛毛到過梅蘭芳的寓所，幫忙拉拉四胡，往後梅蘭芳吊嗓子，王二片偷懶不去應卯，便叫毛毛為他代勞。

一天下午，杜月笙趁自己的孩子在跟前，特地把毛毛喊了來，和顏悅色的問他：梅老板待你怎麼樣？

毛毛贊歎不置的回答：

「哎呀爺叔，梅老板的做人真叫人沒有話說；像我這樣的小鬼頭，每次到他家裡，他總歸要立起來迎接。告辭的時候，他一定親自送到大門口，把我當個貴客似的，還有，明明是他在教我，他絕口不說什麼教呀指點的，梅老板總是這麼笑嘻嘻的說：『這個地方，讓我們來研究研究。』」

「你們聽聽，」杜月笙立刻指點他的子女：「一個有學問的人懂得謙虛不難，難在梅蘭芳只不過是個角兒，尤其他是個唱紅了半爿天的角兒。」

61

一力促成明星公司

杜月笙的皮簧癖，同樣的影響了他兩位結拜弟兄，張嘯林和王曉籟，張嘯林天生異「嗓」，王曉籟實大聲宏，中氣之足，遠勝杜月笙。所以他們兩個都學黑頭，往後便時常陪著杜月笙票戲，就中那一齣「連環套」，一向是杜張老搭擋，黃天霸一角由杜月笙扮演，張嘯林演竇爾墩，這一齣戲由於一對名票銖錙悉稱，旗鼓相當，笑話多，於是采聲更多。顧嘉棠、高鑫寶、葉焯山、芮慶榮這一班老弟兄眼見老大哥出錢出力，反而挨人喝倒采，哄堂大笑，難免有點氣忿難忍，有時候親自帶領徒眾，到戲院子裡去努目橫眉，把場示威。杜月笙聽到說每每加以阻攔，他會這麼洒脫的告訴他們：

「戲館裡是要鬧猛一點才好！」

杜月笙不喜歡看電影，他嫌電影院裡「漆黑」、「氣悶」、「人多且雜」，而且電影故事「千篇一律，嘸沒意思」，所以他設非必要，決不涉足電影院，中國片不看，外國片也是望望然而去。其實，凡此都是早年的事，我國第一部有聲電影「歌女紅牡丹」，首映之期，厥爲民國二十年三月十五日，在此之前，早期國片製作之簡陋，素材之貧乏，自然不能和往後的蓬勃發展時期，同日而語。因此，杜月笙對電影的批評純係針對早期情形而發。民國十年前後的電影實在是沒有什麼看頭，那些七拼八湊，發不出聲的「閻瑞生與王蓮英」、「王先生和小陳」、「梁祝痛史」、「宏碧緣」等等，看頭一次覺得新鮮，一部部接著往下看，誰都會爲之興致缺缺。

後來電影事業突飛猛晉，水準之提高，與曩昔不能相提並論，當中外電影取平劇、話劇而代之，漸次成爲中國人的主要娛樂，而杜月笙照舊不屑一顧，那是因爲他有了先入爲主的觀念，以及他事務繁忙，和後來的氣喘痼疾，在在不允許他到電影院去泡上一二個鍾頭。

然而，杜月笙卻是我國影業的開山祖師之一，原來，民國十六年以前，上海的國產影業，向爲「天一」、「明星」和「聯華」三大公司鼎足而立。「天一」卽今香港邵氏影業公司的前身，由邵醉翁、邵邨人、邵仁枚、邵逸夫等昆仲一手創辦。「聯華」是往後傾向左派人士的組合。唯獨「明星」，以資金雄厚，人才薈萃的純民營姿態出現，曾經穩執我國影業牛耳二十餘年。而這一爿開風氣之先的明星公司，它的創辦人如周劍雲、張石川等，都是當年杜月笙門下出類拔萃的學生，當他們有意振興中國電影，杜月笙曾經給予多方面的協助，爲他們籌措巨額的資金，甚至把杜美路的房子一度改建攝影棚。因此，不但在明星公司剏辦人的名單上，杜月笙始終榜上有名，同時更從而使他和影業人士關係密切，熠熠紅星如胡蝶、徐來、阮玲玉輩，莫不時爲杜門座上客，卽連鄭鷓鴣、鄭正秋等也成爲他夾袋中的人物。杜月笙的法文秘書李應生，其千金李旦旦稍後亦曾當了電影明星，自亦與杜月笙的大力提攜有關。

無論平劇名伶，電影明星，或者各種游藝員，人人都懷著一登杜門，身價十倍的心理，於是杜月笙難以免俗的收了許多「過房女兒」。家有喜慶，大張盛筵，群雌粥粥，都是花容月貌，國色天

62

洋人樂隊退還賞錢

認得杜月笙的人，都曉得他那邊有個規矩：「杜先生送銅鈿，不許打回票」，但是，卻有一班「吹鼓手」朋友，有一次硬叫打破了杜月笙的規矩，差一點使他當眾下不了台。此一意外事件，是由於杜月笙進跳舞場而來。

十里洋場，蓬拆流行，跳舞廳林林總總，所在多有。杜月笙與大上海同呼吸、共脈膊，他雖然並不怎麼喜歡這個調調兒，但是總也不能說是連會都不會，於是有一段時期，他對交際舞，用過那麼一點點功夫。

杜月笙進跳舞場，派頭一絡都不足以形容：三朋四友，跟班保鑣，還有所謂「跟屁頭」的揩油者流，十念個人一大隊，前呼後擁，一擁而入。於是舞廳裡秩序大亂，老板搶出來歡迎，茶房大班圍攏了巴結，挪好地方，拚長枱子，舞小姐們鶯叱燕語，不請自來，肉屛風般隨侍左右，一心盼望跟杜先生搭兩句腔，貼一貼身。

西洋樂隊總歸高高在上，指揮或鼓手，一見杜月笙，不論當時正在演奏什麼，必定立刻改奏中國調子。因爲大家曉得，杜月笙除開中國調子以外，其他一律跳不來。

當年跳舞，多半是張嘯林、王曉籟二位奉陪，嘯林哥一慫恿，王曉籟再掇促，那末好，杜月笙要下池子了。伴舞的小姐，受寵若驚，曲盡綢繆。其他的舞客，不約而同，大擺測字攤，倒不是怕同在池中碰了撞了杜月笙，而是純粹以一種欣賞者的態度，親切自然，全神貫注於此一難得的鏡頭。

杜月笙跳舞，肩膀聳聳，下巴伸伸，左右兩手，和舞小姐輕輕的一搭，他睥睨群雄，獨步全場。樂隊奏的調子，爲了謀求密切配合，必定是「聲聲慢」，慢之再慢。而杜月笙的步法，則兼採平劇老生和旗人八字之所長，加以他一襲羅衫，仙袂飄飄，老布底鞋，穩如泰山，故所以徜徉多時，不如一曲之既終。

樂曲已了，餘音拖拖，杜月笙挽著舞小姐，回桌落座，於是掌聲四起，歡聲雷動，杜月笙也很開心，轉臉吩咐跟來的人：

「奏樂的朋友，送兩百塊！」

民國十四年，小八股黨之一，杜月笙同生死，共患難的弟兄高鑫寶，買下麥特赫司特路三百〇六號，上海地皮大王程家的華宅，開設一片「麗都花園舞廳」。將就原有亭台樓閣，改建大小舞廳各一，游泳池一，和精舍若干間，酒飯鴉片，鶯鶯燕燕，無美不備，無麗不臻。

「麗都花園舞廳」開張那一天，杜月笙親率大批人馬，蒞場道賀。拚長檯、聚舞女、奏中國樂、蹥方步爲儀；老朋友成了個新事業，杜月笙特別高興，頭也不回，關照跟班陸桂才說：

「奏樂的朋友，送五百塊！」

陸桂才應了聲是，排開人叢，擠上樂隊台。杜月笙這邊正在談笑風生，不一會兒，陸桂才滿臉尷尬的又跑回來了，他傴身附在杜月笙耳邊，低聲報告了幾句。

杜月笙驚詫的喊了起來：

「啥話？我送銅鈿伊拉不肯收？」

陸桂才苦笑著點點頭。

無法置信，再追問一句：

「硬叫要退回來？」

高鑫寶當時正在場，僵極了，他急於向杜月笙解釋，囁囁嚅嚅，說了半天方始說清楚：原來，這班樂隊，是他重金禮聘，到外國去請來的。他們不懂中國「規矩」，更不了然杜月笙的章程，所以才有這個「誤會」。

換一個人，遇到這種尷尬，都會覺得爲難極了。但是杜月笙輕鬆自在，腦筋動得極快，他毫不介意，再一次吩咐身後的陸桂才：

「那末，就送一打香檳上去。」

妙在他把帳都算清楚了，香檳一瓶三十多塊，一打酒，恰値大洋四五百。洋琴鬼敬酒不能不喝，他那送出去的五百塊，當然也並不曾收回。

63

最大嗜好聽聽說書

其實在五花八門各種娛樂之中，杜月笙真正喜愛的，還是聽「說書」。他因爲自幼失學，中年以後，認識的字並不夠多，一部通俗演義武俠小說，他也很難逐字辨認下去，但是他偏又喜歡歷史說部，小說演義。於是前後有很長的一段時期，他每天請來上海最有名的說書先生，替他開講大部頭的小說，如三國、水滸、東周列國，上海的說書先生，有所謂說「大書」，與說「小書」之分。「大書」說的是歷史興替、英雄俠義，「小書」則爲言情小品，民間傳奇。杜月笙由於興趣關係，他只聽「大書」，請個「先生」，一開講便是一年有餘。他對於聽書是很認真的，開了講便決不中輟，每天不論怎樣忙，聽書時間一定要先抽出來。除此之外，他還「邊聽邊讀」，一面聚精會神，聽看說書先生聲容並茂，繪聲繪影的表演。另一方面，他手中要拿一卷「大字本原著」，以便一一對照，幫助自己識字，同時考察說書先生有否偷懶漏脫。

於是乎說書先生往往就很緊張，然而杜月笙在這段時間確是很輕鬆的，那時候他家裡已雇得有法文翻譯、英文翻譯，機要秘書和帳房師爺，這批人連同他的太太、兒女，首先是對舊小說不生興趣，二來要看書不妨買來自家看，不勞說書先生「口傳心授」，因而他和她們向不參加聽書。真正和杜月笙一樣樂之不疲的，全是他那些親隨與舊侶，諸如同參弟兄袁珊寶、馬阿五、馬祥生，以及萬墨林、陸阿發、陸桂才等人，和這班人在一起，或坐或臥，或談或笑，輕鬆自然，不拘形迹，使杜月笙感到分外的欣快和歡愉。他們有時候會渾金璞玉，還我原來面目，開開頑笑，打打棚，甚至拿那些道貌岸然、惺惺作態的紳士貴客，背底下調侃一番。

這種「聽說書」的興趣，杜月笙算是保持了大半輩子，往後他到香港，到重慶，都曾千方百計，自上海重金禮聘說書先生來，替他每天開講。

除了聽書以外，跳舞他是逢場作戲，偶一爲之，聽戲票戲，雖然一向興緻頗濃，但自民國二十年以後，由於事忙體弱，時間鋪排不開，戲還偶或聽聽，唱就不大來事。唯一的例外是民國二十五年，蔣委員長五十華誕，那一天他特別興奮，曾經在漕河涇黃家花園，又登台表演了一次，從此，杜月笙的浦東腔京戲，無疑成爲廣陵絕響了。

唯有賭博，成爲他一輩子裡持續不斷，樂之不疲的「消遣」，杜月笙一生一世，幾乎從來不曾斷過賭，他由兒時的試賭，少年的濫賭，青年的溺賭，直到中年後的豪賭。賭注大小，水漲船高，民十左右，麻將挖花，一場輸贏，動輒上萬，連黃浦灘上都傳爲美談。及後到了重慶，由於幣值日貶，他和四川財閥劉航琛、康心如兄弟輩賭起錢來，勝負之數，更是驚人。

時人以爲杜月笙既以煙賭而起家，開過規模宏大，允稱全國第一的大賭場，若以常理揆之，他的賭術一定很精，事實上，任何一位跟杜月笙常常賭錢的朋友，談到他的賭術，每每笑著搖頭，他們總是說：

「杜先生賭是不靈的。」

不過有一點，杜月笙自己賭術不行，卻是他能捉「老千」而用「老千」。

64

吳家元陣前失風記

吳家元字季玉，美丰姿，重儀表，言詞便給，派頭一絡，他曾經在北方奔走豪門，以清客自居。陪張宗昌打麻將，能使自家場場小勝，而對大師所需要的張子，要啥有啥，供應無缺，使張大帥驚爲奇才，就在牌桌子上，賞了他一個青島鹽務局長的美差。

幹了幾年下來，行囊中有的是賭本，他放眼四海，要找一位殷實可靠的東道主。——難爲他目光遠而且準，他決意到上海來，願爲「春申門下三千客」之一。

他打聽出來，杜月笙經常光臨的賭場是泰昌公司、寧商總會、和公記中華票房，於是他也在這幾處地方日夕留連。「只要功夫深，鐵杵磨成針」，有那麼一天，吳家元居然夤緣更上層樓，他和杜月笙同桌共賭。

賭的是挖花牌，一總一百二十八張，和打麻將一樣，四人一組，先各取牌二十張，可吃可踫，但需湊滿九對，始能和下牌來。末一隻算麻將，卻是單的，現在打的新麻將與二五八將，而挖花牌的麻將頭，則以四六么三爲最尊。

在泰昌公司，吳家元漸漸成爲每日必到的挖花賭友，他賭得精，賭得狠，賭得準，妙在於他每賭必贏，場場得利。接連賭了一兩個月下來，杜月笙輸得最多，爲數不下十萬大洋。

杜月笙大敗虧輸，他自己有說有笑，不以爲意。反是他「化敵爲友」，一心向著杜月笙的嚴老九，越來越光火了。

嚴老九自家就是開賭場的出身，對於賭這一門，他可說是無一不懂，無一不精。但是挖花牌的賭法如此刻板，如此規矩，設非有人會得偷牌，他想不出「挖花」能挖出什麼槍花。

於是有這麼一天，他決心爲杜月笙捉「老千」，他先坐在杜月笙和吳家元之間看牌，看看彷彿不生興趣，他喊茶房拿張申報紙來。

他假裝看報，卻暗暗的把報紙戳一個洞，嚴老九銳利的目光穿過那洞去，注視吳家元的一舉一動。

這夜賭局結束，果然又是杜月笙大輸。嚴老九等大家結好了帳，杜月笙和另兩位牌友坐汽車走了，他拍拍吳家元的肩膀，笑吟吟的說：

「老兄，阿好等等？有椿事體想要請教。」

「豈敢。」吳家元的臉色變了。

邀他到寫字間裡，嚴老九開門見山的問：

「老兄阿曾算過，我們月笙哥，自從和你老兄同桌以來，一共輸了多少錢？」

賭徒永遠是精明機伶的，嚴老九言下之意，吳家元豈有不懂之理。但是他爲更進一步，再探測一下嚴老九的意圖，他乃嘻皮涎臉的問：

「老兄的意思，阿是想要跟我劈塡？」

劈塡，是黃浦灘上專用的江湖暗語，它的意義，可以解作「分贓」。

好伶俐的吳家元，正當嚴老九義形於色，勃然大怒，張口便要開罵的當兒；他連忙打恭作揖，連聲討饒的說：

「嚴老板，我承蒙你的教訓，極其心感。真人面前不說假話，請你放我一碼，從明天起，杜先生那邊我一定會有交代。」

翌日下午，吳家元在華格臬路杜公館出現，他衣冠楚楚，派頭十足，他說他有緊急事體，要求一見杜先生。

杜月笙看到吳家元的名片，殊爲愕然，由於他是登門拜訪的生客，杜月笙一疊聲喊請。於是吳家元被帶到杜月笙跟前，他一見杜月笙便雙眼淚流，甚至不惜跪了一跪，他哀求哭惱的說：

「杜先生，求你高抬貴手，饒恕了我。俗話說得好：君子不計小人過。」

一看吳家元這麼慌亂緊張，卑顏屈膝，杜月笙早已料出了幾分，但是他心慈面軟，不爲已甚，他仍然和顏悅色的說：

「吳先生，何必如此，有話好說麼！」

於是吳家元趁勢站起，一把眼淚，一把鼻涕，他坦然承認，嚴老九已經識破了他在偷牌詐騙做手腳。

再也沒有想到，杜月笙竟然匕鬯不驚，聲色不動，他反而呵呵的笑了，杜月笙笑著問他：

「那麼，你現在預備怎麼辦呢？」

「我要好好的報答杜先生。」吳家元誠恐誠惶的說：「從明天起，我們照舊再去泰昌公司，請杜先生推說跟我合夥，由我代杜先生挑土。杜先生用不著拿一文賭本，以前你輸了多少，我負責替你贏回來。」

「好哇，」杜月笙彷彿這話很聽得進，當下一口答應：「我們就這麼辦。」

第二天晚上，跟嚴老九通過一隻電話，杜月笙一如往常，準時到達泰昌公司，挖花朋友坐好了等他，他卻輕飄飄的跟吳家元說一句：

「老吳，你手氣好，讓我沾沾光，今朝我和你合夥。」

吳家元笑瞇瞇的說：「好呀」，座中立刻有人提出了問題：

「少了一腳，怎麼挖得起來。」

嚴老九大出眾人意外，跑過來，興匆匆的說：

「我來軋一腳，湊湊諸位的興。」

換了普通點的郎中，嚴老九是拆穿了西洋鏡的，吳家元怎敢和他同桌賭錢？然則，他一方面亟於要對杜月笙有所報效，另一方面，仗著藝高人膽大，再加上臨陣難以退卻，吳家元當時不動聲色，一語不發，沉著應戰。

杜月笙這晚悠哉游哉，逍遙自在，他在賭場逛來逛去，有人請他同推磨莊牌九，他笑笑，搖搖頭，謝謝了。有人請他搓麻將，他推托等一歇他還要去挖花，閑得無聊，他便當磨莊牌九桌的「蒼蠅」，飛來飛去，信手押幾只籌碼，完全是小來來，白相相的意思。

瞟一眼挖花桌上，吳家元又在那裡得心應手，贏得不少，杜月笙命人搬張凳子，往吳家元的身邊一坐，吳家元一回頭，看見是杜月笙，不但不加防範，而且將舞弊手法變本加厲，暗砌明摸，擲骰控點，他可以把挖花牌吸在掌心，乘人不備，一個快動作，偷來的牌移到膝蓋上，調換更張，目揮手送，其眼神之準，腦筋之靈，手法之精，真把杜月笙看得眼花撩亂，佩服得五體投地。

爲了表示內心的得意，吳家元側過臉來，向杜月笙微微一笑。

「老吳，」趁此機會杜月笙促駕了：「該讓我來了吧。」

贏得正在風頭上，杜月笙突然來這一手，使吳家元大爲驚異。但是，十目所視之下，他不能不起來讓座，更使他想不到的是杜月笙一落坐，又對他說：

「明天下午，請你到我家裡來一趟。」

這句話一說出口，吳家元無法再事戀棧，他唯有乖乖的走路。整夜惴惴不安，猜不透杜月笙究竟是何用意。翌日下午，他又到了杜公館，杜月笙屏退左右，正色的告訴他說：

「老兄的確聰明得很，昨天蒙你使我大開眼界。不過，老兄的聰明似乎應該用到正途上去。因此之故，昨晚你贏來的錢，對不起，我已經替你輸出去了。」

吳家元滿臉通紅，慭出了一身的汗，他站在杜月笙面前，一句話也說不出來。

杜月笙表明了自己的立場，臉色和緩得多了，他笑吟吟的再說：

「談到賭銅鈿，只要你不再把那一套拿出來，你確實是個好角色；你要是答應我從此不掉槍花，我們還是歡迎你常在一道白相。」

下台階鋪得平整而穩妥，吳家元唯有感激涕零，他在杜月笙面前賭神罰咒，從此洗心革面，決不再施展郎中的手段。於是，杜月笙再跟嚴老九打個招呼，姑念吳家元是個「賭博場中」的人才，放他一碼，不把他的秘密戳穿。而吳家元前後足有十五六年，也能保持信用，決不輕舉妄動。不但如此，他自此對杜月笙懷著知恩圖報的心理，成爲杜月笙賭錢時候的保鑣，任憑那種賭法，如何做弊，誰都逃不過吳家元的一對秋水眼。杜月笙有了吳家元，方始能夠以其並不高明的賭技，縱情豪賭於春申江上，香港九龍，乃至陪都重慶，一輩子裡，幾乎不曾遭過驚風駭浪，險惡波濤。

65

以賭會友識秦聯奎

一般人認爲賭桌上最容易使好朋友傷感情，因而說是至親好友應該避免同桌共賭，但是杜月笙卻在賭台上交結了不少推心置腹，誼切手足的生死患難之交，嚴老九是其一，吳家元勉強可以算半個，而半生之中對於杜月笙幫助頗大的，如上海名律師秦聯奎，竟也是在賭場中「打」成相識的一位。

由於上海祇須繳費，不必上課的「野雞大學」多，發出去的文憑極濫，使得上海的律師，多如過江之鯽，根據抗戰之前的統計，已達一千三百餘名。這許多律師中能有真才實學的委實太少，因之有所謂「強盜」律師，專和捕房中人拆帳，包辦竊盜搶劫案件。又有所謂「茶館」律師，自己往茶館裡一坐，委託黃牛沿街兜攬生意，敲當事人一筆竹槓，再去找相關人士納賄，辛苦一場，賺幾文佣金花用。五花八門，光怪陸離，形形色色，無奇不有。

秦聯奎，字待時，他是上海律師中的前輩，真才實學，經驗閎富，精湛的法學造詣，和多年的體驗閱歷，使他洞澈人情，看破世間百態，判斷能力之強，一時無兩；閑來無事，他喜歡替人拆字，一解疑難，由於臆則屢中，老上海都說他是「通天眼」。

杜月笙和盛宮保的幾位少爺小姐，上海叉袋角富戶朱如山，地產投機大王鍾可成等，日夕豪賭，一博萬金的時候，秦聯奎執業未久，小有積蓄。他艷羨杜公館裡舉國聞名的盛大場面，曾有一次央託朱如山帶他去開開眼界，那曉得一入局中，便免不了手癢，人家推磨莊牌九，他小小的押了幾注，一轉眼間便輸了四千大洋，當時掏出一張莊票，付清賭帳。

他的見獵心喜，輸了以後又極爲懊喪，還了賭帳不待告辭，黯然離去，種種神情表現，恰好被杜月笙冷眼旁視，覷個正著。秦聯奎走後不久，杜月笙便問朱如山：

「你帶的這位朋友，是做啥事體的？」

朱如山老老實實的回答，他叫秦聯奎，是個開業未久的小律師，那日是央他帶來看看熱鬧的，不曾想到他也會下起注來輸了錢。

杜月笙把那張四千元的莊票尋出來，輕輕的丟給朱如山，他說：

「當律師，用心血，搖筆桿，逞口舌，能有幾個銅鈿好賺？我實在不想贏他的錢，請你替我退還給他。」

秦聯奎本來是個心高氣傲，自負不凡的人。照說，朱如山代退莊票時他一定不肯收，但是朱如山一再解釋：杜月笙唯有誠敬之心，決無輕蔑之意，而且杜月笙向來有個不成文法，他送出去的錢萬萬不容推卻。因此秦聯奎收回了這筆錢，對杜月笙更加心儀，往後他和杜月笙自然而然的接近，成爲杜月笙的義務法律顧問，杜月笙對他無話不談，而他更能殫智竭慮，爲杜月笙處理法律事務，甚至運籌帷幄，代爲畫策。

杜月笙的入室弟子江肇銘，不雄於資而豪其賭，有一次在華格臬路搓麻將，牌風「背」得少有少見，將及終場已經輸了五六萬，在杜公館裡都算是罕見的慘敗。江肇銘牌品再好，也忍不住的搔耳撓腮，頭頂心直冒熱汗。為師的怕他下不了台，叫他下來歇歇，親自為門徒挑土，再兩圈依然毫無起色，惹火了隔壁觀戰的張大帥，他推開杜月笙，一面打牌一面連咒帶罵，三字經四字經熱浪滔滔不絕於口，就這麼冷戰熱戰齊來的打到終場，方始給江肇銘扳回來一半。這個場面也只有自家要好朋友跟前偶一行之，否則杜月笙的愛徒心切，反足以給他惹上譏評了。

66

保鏢「江蘇省濟南府」

華格臬路新宅落成，杜公館水木清華，美奐美輪，而且排場之大，尤足驚人。九部汽車，除了上學校的少爺小姐各有四輪代步，同時，專爲臨時採買，也有專車一部。

在姚氏夫人不曾進門之前，「前樓太太」沈月英，只有長子維藩一人，「二樓太太」陳氏，生了老二維垣、老五維翰、老六維寧，「三樓太太」孫氏，膝下則有老三維屏和老四維新。

起先只有維藩、維垣、維屏進學堂，他們三兄弟先唸大東門的育才學校，後讀杜月笙一手叛辦的正始中學。三位少爺上學去，自備汽車以外，杜月笙還給他們請了三位掖槍實彈的羅宋保鏢。

羅宋，係俄國人 Russian 的音譯，就是大鼻子俄國人。公元一九一八年俄國大革命。共產黨推翻沙皇，建立蘇維埃政權，大批的俄國貴族平民，逃入中國國境。其中年富力強的一部分，被張宗昌編成白俄軍，老弱婦孺則輾轉逃到上海，賣盡當光，從此淪爲乞丐癟三。他們自稱白俄，以與共產政權下的「赤俄」有所區別。

洋人討飯，不易維生，於是他們開始就業，女人去當娼妓，專騙中國土老兒開洋葷；男人的主業分三種，上門兜銷俄國毛毯，在馬路邊攔住過路人，一面假裝爲人揩拭身上的油漬，一面高喊：「油揩揩！」藉此強討幾文賞錢。運氣好一點的，則被巨室富戶，招了去充任保鏢，擺闊氣，顯威風。

莫看他們求生之道低賤卑微，在他們之中，還多的是公主、郡主、公爵、伯爵，和沙皇的高級軍官。

杜月笙家裡用了三名羅宋保鑣，杜月笙自己用他們不著，三位羅宋保鑣，專負保護維藩、維垣、維屏三位少爺之責。

少爺們上學散學，出門遊玩，羅宋保鑣必定隨侍在側，嚴密保護，這些羅宋保鑣都有很好的教養，尊敬主子，待人接物彬彬有禮，其中有一個名字叫康士坦・鐵諾夫（Constain Teelov），杜公館的人叫不出來，於是一概稱他：「江蘇省濟南府」。

「江蘇省濟南府」和杜公館上下人等，建立了相當深厚的感情，因為他認真盡責，溫文有禮，俄文英文都很流利，平時又勤於自修，經常手不釋卷，一空下來非讀卽寫，杜月笙自己就很喜歡這個外國人。尤其，「江蘇省濟南府」保少爺們的鑣，真能做到「眼不離人，槍不離身」，杜維藩三兄弟好新鮮，要到外面去孵混堂，三兄弟大有乃父之風，一進混堂便要泡大湯，於是，「江蘇省濟南府」不但奉陪前往，而且還赤身露體，帶著手槍，該下水了，他用乾毛巾將手槍裹了又裹，放在伸手可及的地方。

杜月笙自己貼身的保鑣，自小八股黨個個成為大老闆，無法日夕相隨，經過要好朋友的介紹，他一共延攬了三位彪形大漢。槍法、技擊、無一不精，尤其戒備森嚴，赤膽忠心，歷數十年如一日，隨時準備捨命保主，他們和杜月笙如影隨形，寸步不離，而杜月笙也和他始終維持家人父子般的感情。

這三名保鑣都不是江浙人士，其中如陸桂才是「北邊人」，槍法之精確，不在葉焯山之下，只要陸桂才一槍在手，他可以一身抵擋三五十人，而讓杜月笙從容脫離險境。第二位張文輝則是山東人氏，機警靈敏，沉默寡言，他兼長國術，柔道與西洋拳，槍法技擊都很了得。最末一位到杜公館的保鑣是陳繼藩，籍隸廣東，身手矯捷，他是由李應生介紹來的。

陸桂才、張文輝和陳繼藩，三名保鑣再加上杜月笙的老司機無錫人鐘錫良，有這四個人跟隨杜月笙。杜月笙確實可以水裡火裡，無往而不利。

杜月笙對自己的子女一例愛護，其中最鍾愛者厥為長子杜維藩。他可能是由於自己從小失學的關係，極希望他的八子三女，出洋留學深造，個個學有所長。因此他對子女就學問題，非常重視，除了維藩是長子，他捨不得讓他遠離膝下，二樓陳氏夫人生的次子維垣，是送到美國留學去的，三樓孫氏夫人所生的老三維屏，老四維新，則更在就讀初中的時候，便由他們的母親陪同，遠赴英國倫敦讀書。在他的心目中，無非是使下一代的子女，能夠成為名實相符的「長衫」、「白領」階級。

不僅對待自己的兒女如此，杜月笙更愛屋及烏，華格臬路隔壁頭，嘯林哥娶了四個老婆，卻只有一個寶貝兒子，取名張海堯，後來又改為張法堯。張法堯年紀比杜維藩大，他在民國十四年便由杜月笙一力撮促，得到張大帥首肯，乘大郵輪赴法國，到花都巴黎留學，學的是法律。杜月笙對於張法堯一向寄有很高的希望。

可是張法堯自小嬌生慣養，花錢花慣了，一到花都，沒有人管，信手揮霍，錢到便光。當年顧維鈞博士在國務總理任後，派駐法國公使，每逢有什麼大場面，覺得公使座車派頭不夠，就曾不時的向這位不知名大學學生借用豪華轎車。

張法堯要錢要得太凶，使張大帥不勝困擾，他頓足大罵「媽特個×」，又罵不到花都巴黎去。杜月笙見他苦惱得很，便替他想出了一個辦法，有一天，他對盛怒之中的張大帥說：

「嘯林哥，你何不把法堯的媳婦也送到巴黎去，一方面收收他的心，一方面也好照應。」

張大帥一想，這個辦法確實不錯，買船票把兒媳婦送到巴黎，小張太太一到，法文一句不懂，張法堯替她請個家庭教師。八年後夫妻雙雙回國，眾人發現小張太太的法文，遠比法學博士張法堯高明得多。

杜月笙提供的是「釜底抽薪」之計，可是小兩口子一會面，反而演成「借厝堆柴」，托詞在巴黎建立小家庭，開銷一月月的更大。索款函電，如雪片般飛來。張大帥暴跳如雷，破口大罵——他發誓：「我只當沒有這個兒子，從此以後，一隻角子也不給！」

杜月笙聞言，默然無語，他回去跟沈月英商量：反正是通家之好，彼之子猶我子也。嘯林哥發誓不再寄錢，張法堯從此由我接濟。

67

聘書生輩秘書翻譯

杜月笙在黃浦灘上聲譽鵲起，仁風義舉，名滿天下，因而有各路英雄好漢，紛來投奔。閑情逸緻，生活瑣屑已如上述，回轉來再寫杜月笙方興未艾，如日中天的龐大事業。小八股黨和他幾個得意門生，如江肇銘、張松濤等給他建立了廣大的羣眾基礎，小八股黨的徒子徒孫，卽已動輒成千上萬，而江肇銘和稍後的花會大王高蘭生，在賭界裡同時培植了深厚的勢力。張松濤年輕力壯，智勇雙全，他在黑道裡面很吃得開，杜月笙隨時都要派他的用場。因此也成為杜月笙一日不可或缺的重要幹部。

江肇銘性格柔順，張松濤脾氣剛強，因此杜月笙對江則稍稍放任，對張反而輕易不假辭色，偏偏初期張松濤不能體會乃師用心之苦，就怕他言行稍一不愼，可能惹火上身。於是曾有一度張松濤一怒而走，杜月笙也動了肝火，聲言不再讓這個小伙子進門，後來虧得沈月英苦苦相勸，派人去把張松濤叫回來，師徒兩人方始和好如初，而張松濤確曾為乃師立下不少汗馬功勞。

基本力量掌握得很牢，英租界的朋友大致都連絡好了，表面上看杜月笙的竄頭快極，勢力範圍無日不在擴充，但是唯有杜月笙自己心裡明白，他要想更上層樓，還有兩重隱憂。

頭一樁是他太缺乏「書生輩」的文角色，沒有人幫他運籌帷幄，策劃參謀；其次呢，以英法兩界來說，他的致命傷是和外國人的關係不夠。

於是他先放眼四周，看看有否出主意，動腦筋的人才，終於他知人善任，一挑便挑中了蘇嘉善。蘇嘉善是常州人，早年在英租界做土行生意，是英租界的「土」頭腦。大公司成立，他所開設的土行被兼併，因此他本人也跟著過來，成爲大公司的基層工作人員之一。蘇家住在華格臬路芝蘭坊，和杜公館只有一街之隔。

所有進了大公司的朋友，一致有個通病。由於鴉片煙有得吃，錢又容易賺，近朱者赤，近墨者黑，個個染上了吃喝嫖賭，任意揮霍的惡習，以爲大公司是金山銀海，永遠吃用不光。其中，唯獨蘇嘉善一個人例外，他始終像個規規矩矩的生意人，省吃儉用，做事巴結，別人看他沉默寡言，沒有出息，杜月笙冷眼旁觀，漸漸的覺得他出污泥而不染，其不同流俗，踁踁自守處，正是他的學養與本性所使然。

從此他對蘇嘉善另眼相看，幾度約到公館長談，他很欣喜的發現，蘇嘉善思考縝密，頭腦冷靜，有眼光，有見識，尤其是他宅心仁厚，忠心耿耿，他是杜月笙心目中的第一等人才，「有本領，無脾氣」。

發現真才便立加重用，他把蘇嘉善當作最親信的智囊，每天早晨，蘇嘉善會到杜公館來，杜月笙起床以後，必定先和蘇嘉善密談一次，方始出來處理一應事務。

蘇嘉善暗中爲杜月笙策劃，要創事業，想圖發展，必須從健全人事著手。他首先建議，杜月笙交遊日益廣闊，各方的信函文電，紛至沓來，帳房先生管理帳目已經夠忙，因此杜公館應該設一個文書間，請一位秘書，專司翰墨與文案。

杜月笙對蘇嘉善言聽計從，一日，他和張嘯林談起想請一位秘書的事，張大帥立刻便說：「正好，我這裡有一位翁左青，是我的杭州同鄉，文筆極好，你可以用他。」

由此翁左青進了杜公館，成立了文書間，他是杜月笙的第一位秘書，後來更兼辦總務。他和杜月笙賓主相處甚讙，始終是杜月笙的得力助手。

有關於對於法國人的連絡事項，依蘇嘉善的意見：黃老闆決心退休，他這一座橋樑，往後一定無法利用，如欲建立關係，首須語言相通，因此，他說杜月笙應該重金禮聘一位法文翻譯。

杜月笙說：要找法文翻譯，那很容易，設在法租界的中法學校，畢業出來的學生，個個都精通法文，他們出學校找工作，無非就是當翻譯，何不在那些學生之中，物色一人？

蘇嘉善說不不不，別人找法文翻譯，只要能夠通曉中法語文，準確傳譯，不生錯誤也就行了。唯獨你杜月笙要請的這位，必須熟知彼邦政情，受到法國人的尊敬，可以和法國頭腦平起平坐，也可以替你出出主意，作個主張。簡言之，便是要能負得起顧問、大使、和翻譯這三重的任務和職責。

他說這番話的用意，杜月笙了然於胸，蘇嘉善說得婉轉，卻也懇切；如要杜月笙主動的去和法國人打交道，他的知識和能力，委實還嫌不夠。

因此，杜月笙聘用的第一位翻譯，便是早期法國留學生，在法租界小有名聲的王茂亭。王茂亭不但法文講得好，而且了解法國人的心理，他幫助杜月笙和「老法們」直接建立聯繫，認識了法捕房裡所有的法國巡捕。

杜月笙頗爲驚異的發現，早先那些高高在上，不可一世的法國巡捕，對他伸出去的這隻友誼之手，握得非常之親切與熱烈，他們加予他誠懇歡迎，不僅袪除了他內心裡的自卑感，抑且使他有些兒飄飄然。原來法國人是這麼看杜月笙的，他遏制不住自己的得意，同時更暗暗佩服蘇嘉善的先見。

藉由王茂亭的循循善誘，詳加指點，不久以後，杜月笙便恍然若有所悟，法國人欣然接受杜月笙，實與其自身的利益有關，納賄分贓的玩意見，少一層過門總歸要實惠而穩妥得多。

王茂亭告訴杜月笙，法國人也是人，而且也跟中國人一樣，分爲上中下，乃至三教九流各等各級，法國有王公貴族，也有乞丐癟三。王茂亭說：這些飄洋過海，不遠萬里而來的「老法」，絕少有什麼卓立特行的人物，「萬里遠遊只爲財」，他們刮起地皮來比中國人更厲害。——聽到這裡，杜月笙便情不自禁的微微而笑，底下的話不說他也明白，對付「愛財」、「要錢」的人，杜月笙比誰都有辦法。

過去，那些「老法們」也是按月在吃俸祿；可是，由於紅包送進去要轉幾道手，這使他們心存疑惑，不曉得被經手人中飽了多少？如今拿錢的正主子公然出了面，難怪他們那麼高興，那麼折節下交，對杜月笙極表尊敬，他們是把杜月笙看作財神菩薩的。

以一般追隨杜月笙的人來說，王茂亭的工作時間最短，他離開杜公館是因爲賓主之間有了意見，杜月笙不懂法國話，一切通譯、交涉都靠王茂亭。於是有人說閑話，他們說王茂亭不規矩，跟外國人另有交道。杜月笙聽後將信將疑，他雖然不動聲色，王茂亭卻已有風聞，這一位首先托跡杜門的智識分子很硬氣，「道不同不相爲謀」，他拂袖而去，尤其永不回頭，往後杜月笙成爲上海天字第一號大好佬，他連杜公館的門檻也不踏。王茂亭這一走，使杜月笙耿耿於懷，爲時頗久，他有不盡的懊惱與歉疚，從此，他對絡繹而來的智識分子特別禮重，未始不跟此一憾事有關。

王茂亭的繼任者是李應生，廣東人，也是老法國留學生，自己在上海經營一家珠寶店，很有點身家。李應生的女兒李旦旦，是我國早期有名的電影明星。

照上海人的說法，李應生要比王茂亭更「兜得轉」，他可以跟外國頭腦同起同坐，一口法文講得和洋人同樣的流利，而且他交際手腕靈活，他和杜月笙是朋友，在法國人面前，他是杜月笙的代表，並非傳話通譯的翻譯而已，這使他和外國人交往的時候便利頗多。

李應生得到杜月笙的同意，他開始運用多方面的政治關係，他想使杜月笙「鳶飛魚躍，借步登天。」

68

扶搖直上榮膺華董

如所週知，法租界的最高統治機構是「公董局」，最高權力機關是公董局警務處下面的巡捕房。依照租界的政治體制，駐滬總領事僅負外交與政治之責，一切行政事宜，概由公董局及其附設機構負責處理。因此，我們不妨將公董局視為租界的市政府，公董等於市政委員，總董等於市長。

公董局之下，分設警務、工程、稅捐、分類營業各處，以及衛生局和救火會。警務處下面，更分設政治、刑事兩部，此外還有盧家灣（附設於警務處內）、大自鳴鐘、善鐘路、貝當路、徐家匯、嵩山路等七個巡捕房，自巡捕房到警務處，各有雙軌制的華、西包打聽、探目、和探長，然後在政治部與刑事部，各設總探長（或稱督察長）一名。黃老闆在法租界盡瘁半生，他的最高職位僅是破格升充的警務處刑事部總探長。

法租界公董局，全部公董起初清一色的是法國人，民國十六年（一九二七）一月十五日改選，在十七名公董中，始有五位中國紳士參加，試看這五位華董的顯赫名單：吳宗濂、朱炎、華商電車公司經理陸伯鴻、南市工巡捐局長陸崧侯、商團司令魏廷榮。

百粵人士，多半熱情慷慨，李應生慧眼識人，曉得杜月笙頭角崢嶸，決非池中之物。他不斷的鼓勵他，勸勉他，「將相本無種，男兒當自強」，祇要杜月笙能夠掌握群眾的力量，採取有利途徑，瓊樓玉宇，登峯造極，區區一名華董，實在是算不了什麼的。

杜月笙胸中早有熊熊的火燄，如今又受了李應生的勉勵，雄心壯志，蓬蓬勃勃，內有蘇嘉善的運籌帷幄，外有李應生的聯絡奔走。民國十六年一月十二日，下午八時，法租界商業部聯合會宣告改組，新成立機構名曰：「納稅華人會」，委員名單之內，赫然添上了「杜鏞」的大名。政治運用，縱橫捭闔，終於水到渠成，得心應手。當年三月二十四日，納稅華人會通過組織法，採取「影子內閣制」，公然喊出「以努力爭取華人參政爲職志」的口號。同年七月二十五日選舉「臨時華董顧問」，用這麼一個寓意深遠，妙不可階的職銜，顯而易見，這些「顧問」是在進一步作實際參政的準備。

這一次選擇，杜派人士獲得輝煌勝利，當選「臨時華董顧問」一職的，計有：張寅、杜鏞、程祝蓀、於子水、尙慕姜、吳亮置、魯廷建、沈仲俊和朱聲茂等九人。如所週知，張寅是張嘯林的本名，杜鏞是杜月笙的別號，以次七位顧問，無一不與杜月笙有深厚友誼，密切關係，舉一例而明之，尙慕姜是每天早晨要到杜公館，專爲讀報給杜月笙聽的。

杜派這一次的全面勝利，不僅使法國人對杜月笙刮目相看，即連參與機要的李應生也大感意外，李應生自以爲一手導演了這一齣政治舞台上的好戲，他不曾想到，杜月笙竟會戲中有戲，聲容並茂，大大的露一手。

民國十七年（一九二八），法租界公董局第一位華董出缺，「影子內閣」提供候補人選，人人以爲杜月笙當仁不讓，卻是他又極漂亮的耍一招，以中駟對上駟，華人納稅會公議推舉張寅遞補，於是，嘯林哥成爲法租界第一位民選的華董。大家都在問杜月笙爲什麼不出來呢？杜月笙仍還是不置一詞，僅是深沉的笑笑。

民國十七年一月九日，張嘯林宣誓就職，他以滿口胡柴，裝瘋賣傻的姿態，把公董局的華洋公董們搞得頭昏腦漲，方寸大亂。於是任由這位急先鋒一力堅持，在先一年十二月八號，華人納稅會其餘八位「臨時華董顧問」，居然堂而皇之的在法國總領事署「宣誓就職」。

這麼一來，法租界的「實權內閣」，等於承認了「影子內閣」的存在，而「影子內閣」有了合法合理的地位，法租界公董局就等於架床疊屋，同時具有兩個最高權力機構，誰掌實權，孰真孰僞？連全世界的自由民主先進法國人都大爲困惑了。

青出於藍而勝於藍，李應生在這時候忍不住的聲聲讚歎：

「進步神速如杜月笙者，真叫人歎爲觀止了。」轉眼間到了民國十八年（一九二九），「雙包案」已不容再拖，湊巧那年七月華董吳宗濂「倦勤辭職」，時任法國駐滬總領事柯克林（Kochlin），如逢大赦，他反轉來拜託李應生引他到華格臬路登門拜訪，力勸杜月笙「出山」，遞補吳宗濂的遺缺。

雙方交手到此一回合，勝負已判，杜月笙雅不欲惺惺作態，使法國「大」頭腦過於難堪，於是他「勉爲其難」，「俯允所請」，七月四日他果然膺選法租界公董局華董。法租界當局對杜月笙這一位華董的就任，份外隆重，破格飾以一連串的儀典。七月十七日，杜月笙在萬眾騰歡中，由法國總領事館以一一〇號公事，明令發表新職，滿街貼出紅榜。十月二十一日，又一次發佈通告，確認杜月笙的民選華董資格，有這麼一次公開佈露，杜月笙便超越了在先一年當選的張嘯林，他在法租界公董局全部華董之中，無異居於首席、領導者的地位。全法租界的中國人，不論識與不識，一致爲杜月笙熱烈慶賀，大聲喝采！——這幾乎成爲杜月笙在往後立身處世的一項準則：就算是打一場勝仗，也一定要勝得特別漂亮，因爲他深深瞭解，凡此出人頭地，與眾不同的表現，不僅令人對他刮目以看，而且最能嘩眾取寵，迅速而穩固的建立他的聲望。別人親冒矢石，攻堅摧銳，只是爲了達成勝利的目標，唯有杜月笙更進一步的想到，當他在眾目睽睽下以勝利者姿態出現時，他該怎樣亮相，使他的每一次勝利都顯得格外豐碩與輝煌。

看在黃老闆的眼裡，杜月笙這個小兄弟簡直是以三級跳之勢在「飛黃騰達」，他那一日千里的進展速度，使黃老闆驚喜交集，甚至有點爲他躭心，他自以爲杜月笙的底子，只有他摸得最透。一個華籍巡捕家中豢養的小伙計，如今竟成爲法租界的華紳領袖，最高統治階級之一，要跟那些外國頭腦的頭腦一字並肩，籌商大計了。他曉得杜月笙精明能幹，心思靈活，但是他唯恐他應付不了那種高階層的大場面，於是他開始以老大哥的身分，向杜月笙提供自己和法國人相處三四十年的寶貴經驗，他毫無保留，傳授自家的「獨得之秘」，外國人歡喜的是什麼？討厭的又是什麼？他該如何的巴結討好，事事爭取外國人的歡心。

杜月笙內心裡的觀念，和黃老闆恰好截然相反，這個道理很簡單，黃老闆對外國人唯有浮光掠影的認識，他不像杜月笙那麼對外國人有透澈精闢的研究，黃老闆一生一世都在竭力爭取能爲外國人所用，而杜月笙上台之先便早已訂好如何運用外國人的方案。

永遠不和黃老闆爭辯，也是杜月笙終身奉行不懈的原則之一，卽使黃老闆的殷切叮嚀對他毫無用處，毫無必要，他也總是聚精會神的聽著，嘴裡在嗯嗯啊啊的連聲應諾，他這樣的表現並非全部都是做作，當時，他一心在感念金榮哥對他的愛護和關懷。

黃金榮接連和他作了幾次長談，看他那種敬謹接受的神情，黃老闆覺得非常高興，月笙是大好佬了，自己的經驗和心得，對於他畢竟還用得著。

69

砲竹齊響統統是債

但是當黃老闆耳聞目覩，獲知杜月笙當選華董以後，他的言行表現，治事態度，非特和他的教誨迥異其趣，簡直就是背其道而行之，這次他再不懂杜月笙「葫蘆裡賣的是什麼藥」了，他懷著極爲複雜的心情，對華格臬路那邊的動態，經常加以密切的注視。

首先，杜月笙給外間一種強烈的印象，雖然他很光榮的當選了華董，他似乎早就忘了這個銜頭得來之不易，他並不看重華董這項公職，他的一切表現都很灑脫，套句上海人的打話，那便是「當伊嘸介事」。他和未當選前一樣，他不想利用職權，也無意過分關切公務，他得這個華董就像收到人家送他一塊匾，行過了「贈匾典禮」，他便淡淡的關照傭人一句：

「堆到儲藏室去。」

和十里洋場同生同長，在外國人統治下渡過一生的杜月笙，從前是不穿西裝皮鞋，如今仍然西裝皮鞋不著，不論有什麼盛大隆重的場面，他都是一襲長衫，一雙布鞋充其量加一件馬褂，置身高冠峨服，華洋紳士群中，他反有雍容瀟灑，鶴立雞群之概。他從不想到洋化，洋玩意兒他一概不生興趣，當然，他也決不會想起要打進洋人的圈子。

但是他卻非常了解洋人的心理，他們無法阻止杜月笙當選華董，因此對於他參與公董局，外國人裡普遍存在畏憚與嫌忌，他們駭怕這個掌握實際群眾力量的強人，縱使他身體瘦弱，健康不佳。唯恐他「一旦權在手，便將令來行，」外國人明裡頭代表他們的政府橫征暴斂，暗底下爲他們自己的生活享受拚命搜刮，他們的黑暗內幕早爲杜月笙所深知，他是受統治者選出來華董，他當然要代表大眾的利益，外國人想到自身的弱點，再預覘來日杜月笙所將發揮的力量，他們認爲杜月笙是一重障礙，一股沛然莫之能禦的逆流，他們的畏憚忌刻，阢隉不安，當然不會毫無理由。

另一方面，杜月笙深感自身職責的重大，他當選華董的那天，法租界的中國人，自動買了鞭砲來燃放，當爆竹聲驚天動地，歷久不歇，杜月笙卻關照傭人，推說自己不在家，攔謝絡繹於途的賀客，他獨自在二樓起坐室裡，背負雙手，繞室蹀躞，面容是罕有的端肅與凝重。萬墨林站在房門口，怔怔的凝視著他。杜月笙覺察了，他站停腳步，伸手指指窗外，爆仗還在此起彼落的響，於是他苦笑著告訴萬墨林說：

「這些個砲仗都是債，我不曉得要怎樣才還得清。」

處在外國人的畏憚忌刻，和中國同胞熱烈期望的夾縫裡，杜月笙對於當選華董的反應冷淡，毋寧說是一種必然的兩全之道。如果他聽從黃老闆的告誡，對外國人卑顏奴膝，爲虎作倀，他立將招致中國同胞憎怒憤恨，痛心失望，倘若他擺出一副爲民請命的公事面孔，外國人那邊便會激起反感和敵意，對於他當時所經營的事業，無論土或賭，俱將蒙受極大的不利。

他的淡然處之起先引起驚訝與議論，漸漸地中國人基於對杜月笙衷心敬佩的信任，他們在說杜先生才是真正的大好佬，區區一名華董，何曾擺在他的心上。外國人呢，他們不聞杜月笙的半點動靜，「庸人自擾」，反而覺得忐忑不寧。

於是，又一次使杜月笙擺足派頭，體面風光，法捕房的總巡換了人，青年有爲的費沃里來自巴黎，他就任以後，一連多天看不到杜月笙，這個他耳熟能詳，心儀已久的法租界大亨。他有點沉不住氣了，有一天，他接見一位代表杜月笙前來商議公事的中國紳士，發現他精通法文，極有教養，再一問他居然還是黃浦灘上的富商之一，——費沃里不禁肅然起敬，改容相向，他們很順利的談好公事，又親切的聊了很久的天。費沃里忍不住去問李應生和杜月笙的關係，李應生坦然自承：

「我是杜先生的法文翻譯。」

費沃里更感驚訝了，眼前這位學養俱深，態度雍容的中年紳士，居然只是杜月笙的法文翻譯而已。據此推想，杜月笙一定是位了不起的大人物，因此，他內心中「但願一識韓荆州」的嚮往，越來越熱烈了，他不惜打破法租界建立以來，將近一百年中始終保持維護的傳統，他主動的提出要求，請李應生陪他到華格臬路，登門造訪杜月笙。

全上海的人傳爲奇談，杜月笙卻視爲理所當然，他在私宅接見這位法國大頭腦，東方式的溫文爾雅，繁文褥節，使費沃里大開眼界，衷心佩服。杜月笙輕袍緩帶，謙虛和藹，但仍不失其應有的端莊和矜持，這一次訪問成爲當時的新聞，使杜月笙和費沃里結成最要好的朋友，從此，但凡杜月笙所做每一件事，所說的每一句話，費沃里唯有全力支持，義無返顧。

一齣齣的好戲連臺演出，把鴉片煙榻上的黃老闆，看得眼花撩亂，舌撟不下。這時候他不知怎的想起他的前妻來，他時常搖頭感慨的說：

「桂生是有眼光！是有眼光！」

70

五卅血案挺身而出

民國十四年(一九二五)年五月十五日,日本人開設於上海的內外棉紗廠,由於罷工事件,演成勞資雙方激烈爭執,日本人竟用手鎗射擊一手無寸鐵的工人,當場擊斃顧正紅一名,同時有八名工人身受重傷。

東洋人闖了窮禍,心裡很緊張,他們唯恐激起中國人的公憤,會對他們不利,因此採取高壓手段,竭力彌縫,威脅報界不得刊登新聞,壓迫官廳取締工人行動,更向公共租界工部局請調大隊巡捕,四出彈壓。

一大血案便這麼暫時被壓了下來,報紙隻字不提,上海人都不曉得出了這麼大的事。被壓迫的工人由於停工過久,生活發生困難,商請上海總商會出面調停,總商會駭怕東洋人的蠻橫,意存觀望,一味拖延。工人們乃求助於上海學生聯合會,廿一日文治大學舉行募捐演講,被捕房捕去學生兩名,廿二日有四位上海大學學生前往參加「顧正紅追悼大會」,又被巡捕悉數捕捉。兩校教職員隨赴捕房要求保釋,復爲捕房堅決拒絕。工人和學生們情緒激動,熱血沸騰。

馬超俊正在上海聯絡各大學學生,創立孫文主義學會,促進學生與工人的聯繫,導致青年思想納入正軌。他輾轉聽到了這些消息,他和在上海的國民黨人商議,決定分頭聯絡紳商學工各界,同作正義的聲援。初步決定五月卅日在九畝地舉行民眾大會，向日本人公開提出抗議。

杜月笙是公認的最有羣眾力量之人，民眾大會籌備當局首先便找到了他，希望他登高一呼，廣爲發動。杜月笙當時義形於色，慷慨激昂，他當時便斬釘截鐵的回答：

「我一定盡力。」

不顧手下一部分人的反對，杜月笙大義凜然，精神煥發，持續多日的賭局宣告停頓，所有的應酬一概取消，因爲，他振振有詞的說：

「我要辦正經事體！」

他調兵遣將，分配給他手下人的任務是：

一、儘可能派人出席九畝地的民眾大會。

二、儘可能保護馬先生以及國民黨人的安全。

三、儘可能維護會場秩序的安寧。

四、無異議贊成民國黨人所提的一切意見。

沒有想到，在五月卅日民眾大會舉行以前，上海學生聯合會發動了學生、工人與商民兩千多人，組織了一個聲勢浩大的宣傳隊，分途出發，在各繁盛地區，演講日本工廠槍殺工人的暴行，同時散發傳單。於是竟在南京路、海寧路、老靶子路一帶，和公共租界的巡捕發生衝突。南京路的老巡捕房，一下子抓了三百多人，送進牢監。緊接著便有一萬多名羣眾圍集在捕房門口，要求釋放被捕者，雙方正在堅持，英探目愛霍遜突然向羣眾開了一槍，印度巡捕立刻又開了一排槍，當場血肉橫飛，秩序大亂，羣衆死十三人，重傷二十餘名，又被巡捕拖進了五十多個。如果不是華藉巡捕槍口朝天，死傷人數遠不知道會有多少。

這便是驚天動地，被列爲國恥紀念的五卅慘案發生的經過。

除此以外，凡是通過租界，趕赴九畝地開會的群衆，一概被荷槍實彈的巡捕攔阻。公共租界的巡捕，那天不但全部出動，他們更向吳淞口外的英國軍艦求援，於是英國的海軍陸戰隊全部武裝登陸，公共租界全區宣告戒嚴。

由於民情激昂，人人奮不顧身，九畝地的民衆大會仍能如時舉行，出席大會的群衆多達十餘萬人，馬超俊主席悲不可抑，宣佈今天所發生的大慘案，與會群衆中不時爆發哭聲，大家一致聲討帝國主義者的暴行，他們在中華民國的土地上濫殺無辜，釀成空前絕後的大血案。大會議決籲請全國同胞，發揮團結力量，共同抗禦強侮，——這一項呼籲，立即獲得全國各地的熱烈響應，大規模的示威遊行正在方興未艾。

聽到了一連串的噩耗，杜月笙心情沉重，無比憤慨。南京路上血的教訓，激起了潛伏在他深心的怒火，那天，他竟破口大罵：「外國赤佬真不是人！」

偏偏那些早先堅持反對意見的朋友，此刻還在用幸災樂禍的口吻說：

「我們說過最好不要參加的吧，你看，現在果然鬧出大事體了。」

杜月笙從來不曾在朋友面前這麼失態，當時，他睜大了眼睛瞪住他們，眼裡發射出了熊熊的怒火。

那班人噤若寒蟬，開始悄悄的溜走，就在這時候，電話鈴響，杜月笙親自去接聽，話筒裡傳來口頭通知，當晚八點，在滬國民黨人馬超後、葉楚傖、劉蘆隱，假法租界環龍路四十四號，舉行上海各界緊急會議，商討援救被捕人士的辦法。

剛放下電話，張嘯林發了急，他高聲的問：

「你可不可以不去？」

「不可以。」

「要末，你派個代表去。」

「不，我一定要自家去。」

表現了他從所未有的堅決，連張嘯林也不免為之愕然。勸不動他，只好婉轉的加以解釋。他說：英國巡捕打死了人，自會有官府去辦交涉，杜月笙和他，都是住在租界上的子民，為了所做的生意，又必須儘量拉攏捕房和外國人，種種關係，都是積多年的努力，和無數的錢財所得來，何苦為了毫不相干的事情，得罪了外國朋友？末後他強調的說：

「開會的事情，多你一個和少你一個，那有什麼關係？充其量，他們商量定規了什麼，出錢出力，我們暗底下來好了嚜！」

杜月笙定定的看著他，歇了半晌，他彷彿有許多話要說，苦於一下子不知如何措詞，最後，他僅祇加重語氣說了一句：

「我們住租界，但是我們是中國人！」

話說完，他便轉身上樓換衣服。

張嘯林聳聳肩膀，他向站在一旁看得呆了的萬墨林說：

「靠四十歲的人，就跟個小囝一樣！」

杜月笙上了二樓，立刻便喚人叫萬墨林上去，撥電話是萬墨林的專責，一兩百個電話號碼他可以熟記胸中，無須查閱。杜月笙命萬墨林撥電話給王曉籟、陸伯鴻，約好了夜晚大家一道去開會。

71

民族覺醒怒潮澎湃

那一次的會議，參加者除上述諸人，還有馮少山、余日章、和國民黨員郎醒石、桂崇基、林煥庭等，會中人人悲憤無比，連公共場合絕少開口的杜月笙都作了獅子吼，帝國主義壓迫下的「子民」終於覺醒了，他們一致議決，從明天（六月一日）起，全上海的學生罷課，工人罷工，商人罷市，同時通電海內外，聲訴英日兩國的罪惡，請求世界公理，舉國上下一致支援聲討。

六月一日，英國巡捕蠻橫如故，因為南京路上有人阻止電車行駛，他們又開鎗殺人，當場死四名，傷十餘名，被捕者亦復不少。這麼一來，風潮更為擴大，上海交涉員許沅，向上海領事團抗議南京路英國巡捕兩次開槍殺死學生和民眾案，領事團將抗議書束諸高閣，置之不理。

情勢越來越緊張了，外國艦隊的陸戰隊，和洋商團的團員，紛紛武裝開入公共租界，他們居然搬出了大砲和機關槍，分路據守，如臨大敵，於是零星的衝突，仍在不斷的發生。新世界遊戲場，和四間學校，都被外國兵加以佔領。

上海工商學界組織了一個聯合會，杜月笙自始至終是熱心支持的有力人士，他們為「五卅慘案」提出了六大主張：

一、釋放被捕學生。

二、撫卹。

三、道歉。

四、取消印刷附律。

五、取消碼頭捐。（以上兩款，都是外國人加諸租界商民最不合理的剝削。）

六、收回會審公廨。（亦卽收回司法權）。

到了六月四日，上海已經成爲一座死市。

長時間的罷工，使上海十餘萬工人面臨嚴重的生活問題，有關方面發起捐款接濟，杜月笙又是最先響應，他出錢出力，從不後人，自己捐出了大筆款項不算，更發動他在工商各界的朋友，悉索敝賦，踴躍輸將。據當時的統計，捐款數字約爲一百萬元。當時確實由於這筆龐大的捐款，維持了愛國工人最低限度的生活，方使帝國主義資本家，無從施展其壓力。

北京政府同領事團一再交涉，雙方各派調查團到上海，從事實地調查。領事團調查回到北京，便命令將上海公共租界警監，和督察埃佛遜（Everson）撤職查辦，工部局總董費信惇（Sterling Fessenden）則予以申斥，詎知上海租界當局竟加拒絕，因而又形成了僵持之局。一直拖到八月十二日，由中日官方協商，內外棉紗廠罷工案單獨和解，訂立條件六類，日廠賠償工人傷亡費一萬元，補助工人停工損失十萬元。上海市民爲五卅慘案提出的主張，則由北政府和領事交涉累月，幾經波折，終於獲得部分解決。

不過，由於五卅慘案，引起了舉國一致的對英經濟抵制運動，使英國在中國銳意經營了一兩百年的經濟侵略，自此蒙受極慘重的打擊。舉一個例：自民國十四年六月一日起，迄十月卅一日「五卅慘案」勉稱解決的整整四個月間，廣州、香港，以及我國沿海每一口岸，不曾見過一艘英國輪船的蹤跡。航運的中輟，使不可一世的英商印度支那輪船公司，被迫出售輪隻。而素稱英國皇冕上巨鑽之香港，那年由於貿易停頓，收支無法平衡，香港總督府破天荒的向英國政府緊急借貸三百萬英鎊。英國商務大臣卜賴脫（H.J. Brett）曾在當年提出了一篇滿紙哀鳴的報告，其中有一段就這麼說：

「就目前上海方面與中國其他商業中心之情況而言，總罷工實已癱瘓對外貿易及大部分重要產業。目前抵制運動亦在實施，以其全面對付英國，部分對付日本，此外，過去中國在條約中畀予英國的商業特權，如今且已提出必須撤銷的要求。因此，本人對今日中國的經濟局勢與貿易前途，實難避免發出極悲觀之論調。」

在「五卅慘案」發生及其餘波盪漾的時期中，馬超俊領導國人闡揚國家民族正義，杜月笙則自始自終，參與其事。這次事件激發了他的良知良能，證明他確有濃烈摯切的國家民族觀念。杜月笙不屬於租界，不屬於外國人，他永遠不會成爲洋奴，杜月笙永遠是中華民族，中華民國的杜月笙。如果我們說「愛國家、愛民族」是杜月笙與生俱來的天性，由於「五卅慘案」這次血的洗禮才使他抉自深心，惕厲奮發，應該不是虛妄的臆測。民國四十一年（一九五二）八月十一日杜月笙病逝香江，翌年六月二十八日安厝臺灣臺北之汐止，馬超俊曾哭之以聯：

「義重魯連風，東海長辭完大節；

名高黃歇浦，中原待復迓歸魂。」

語多哀痛，其實這正是他心情的抒寫。馬超俊不曾忘懷二十八年前他在春申歇浦，和杜月笙攜手合作，喚醒中華民族魂，那些令人興奮的往事。

由於「五卅慘案」的發生，東亞睡獅，古老的中華民族甦醒過來，他們從而憬悟，帝國主義加諸中國的侵略，並不曾因中華民國的肇立而停止，自民國建元，十五年來，禍亂頻仍，紛擾不休，人民陷於水深火熱之中，國家瀕臨分崩離析的局面，凡此，都是國際帝國主義者爲之厲階。他們以武力作後盾，以不平等條約爲工具，攘奪我關稅。妨害我司法，壟斷我金融，扼制我工業，把持我農產，草菅人命，恣意屠殺，至於那些竊據各地，擁兵自重的軍閥，他們本身就是洋人的爪牙，每一個軍閥的背後，都有帝國主義者的大力支持。

於是，中國人覺醒了，他們深切體認：必須「鏟除軍閥，打倒列強」，中國始有生機。漢口、北京、廣州，一連串的發生抗議示威運動，因而也一疊聲的傳出列強屠戮的噩耗，終於，這一次民族覺醒加速了北伐大業的完成。——它使杜月笙面臨個人歷史的新頁。

傳記系列002

杜月笙傳——第一冊（四刷）

著　　　者：章君穀
校　　　訂：陸京士
編　輯　者：傳記文學出版社
出　版　者：傳記文學出版社股份有限公司

創　辦　人：劉紹唐
榮譽發行人：劉王愛生、成露茜
社　　　長：成嘉玲
編　輯　者：傳記文學編輯委員會

地　　　址：11670臺北市文山區羅斯福路六段85號7樓
電　　　話：(02)8935-1983
傳　　　眞：(02)2935-1993
E-mail：nice.book@msa.hinet.net
郵政劃撥：00036910・傳記文學出版社股份有限公司
登　記　證：局版臺業字第〇七一九號

定　　　價：新台幣三八〇元（本冊）
（全套五冊共一九〇〇元）
出版日期：中華民國七十八年六月一日
中華民國一〇九年九月（四版）